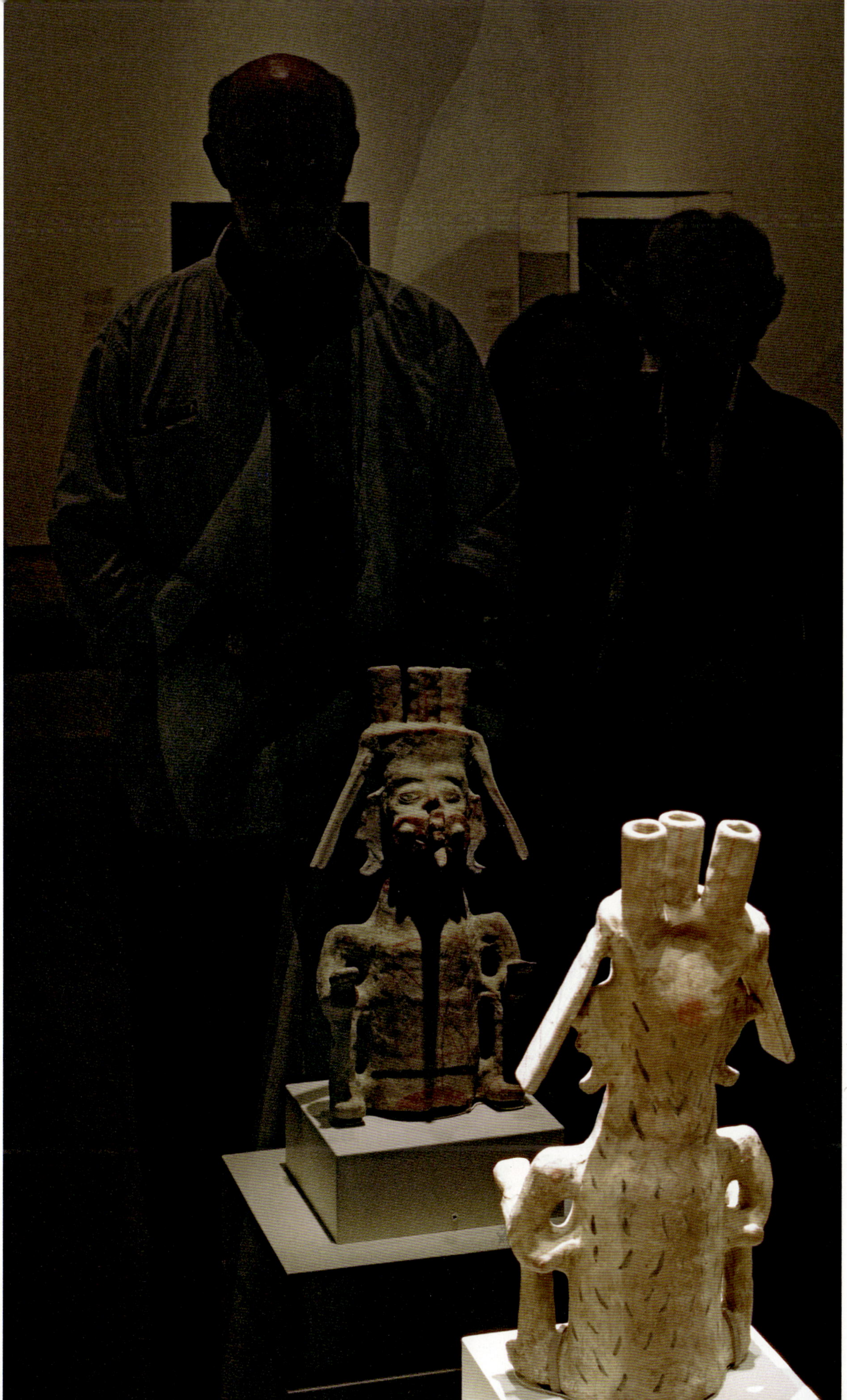

BLACK MIRROR
ESPEJO NEGRO

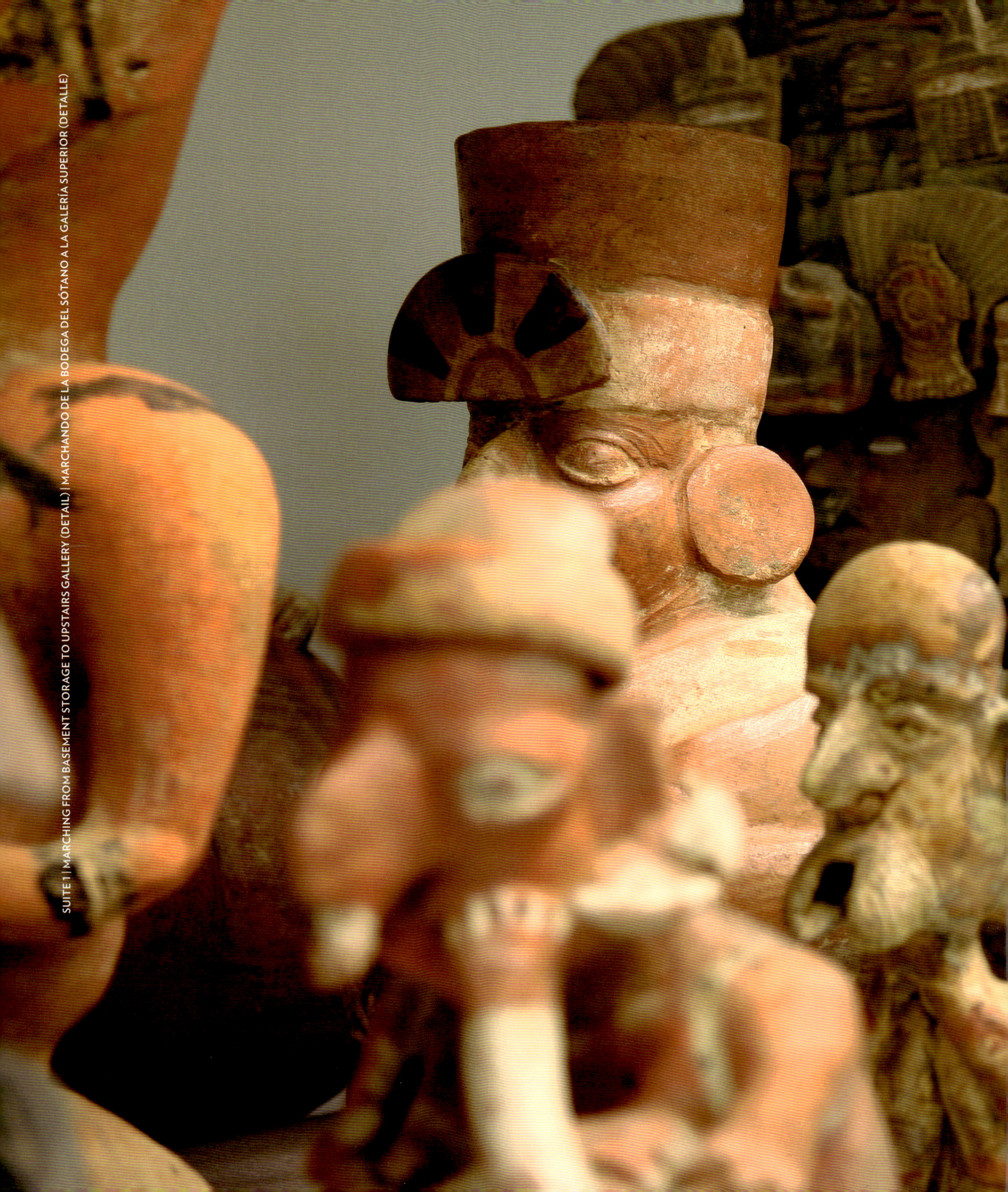

SUITE 1 | MARCHING FROM BASEMENT STORAGE TO UPSTAIRS GALLERY (DETAIL) | MARCHANDO DE LA BODEGA DEL SÓTANO A LA GALERÍA SUPERIOR (DETALLE)

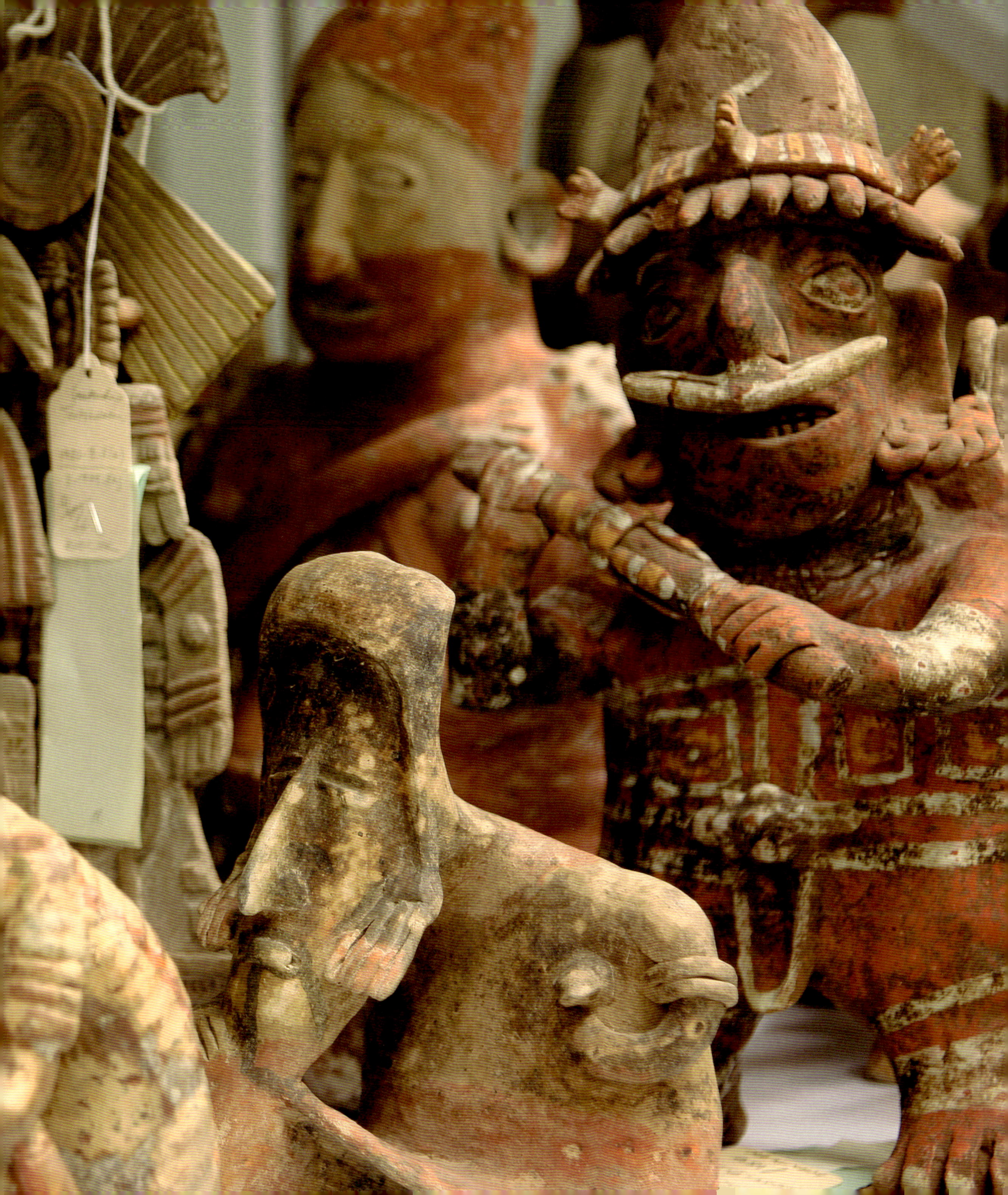

Pedro Lasch

BLACK MIRROR
ESPEJO NEGRO

FOREWORD | PRÓLOGO

Srinivas Aravamudan

ESSAYS | ENSAYOS

Jennifer A. González
Arnaud Maillet
Walter Mignolo
Pete Sigal

JOHN HOPE FRANKLIN HUMANITIES INSTITUTE | NASHER MUSEUM OF ART AT DUKE UNIVERSITY | 2010

para Eberhard Lasch

Published as one of three parts of the project *Black Mirror/Espejo Negro*, comprising an installation of pre-Columbian and colonial-period artworks at the Nasher Museum of Art at Duke University, a series of thirty-nine archival photographs, and this book.

Publicada como una de tres partes del proyecto *Black Mirror/Espejo Negro*, una instalación artística usando obras precolombinas y coloniales en el Nasher Museum of Art at Duke Univeristy, una edición de treinta y nueve fotografías y este libro.

Nasher Museum of Art at Duke University
Franklin Humanities Institute Seminar "Recycle," John Hope Franklin Center for Interdisciplinary and International Studies at Duke University
Duke University, Durham, N.C. 27707

Additional support provided by | Apoyo adicional otorgado por
The Joan Mitchell Foundation 2007 Painters and Sculptors Award.

Distributed by Duke University Press

All translations from English to Spanish are by Esther Gabara; the essay by Arnaud Maillet, originally written in French, was translated into English by Elaine Briggs.

Todas las traducciones del inglés al español fueron hechas por Esther Gabara; el ensayo de Arnaud Maillet, escrito originalmente en francés, fue traducido al inglés por Elaine Briggs.

Library of Congress Cataloging-in-Publication Data applied for
ISBN 978-0-938989-34-9

Designed | Diseño Molly Renda
Copyedited | Edición Maura High
Proofread | Corrección de pruebas Elizabeth Phillips
Printed and bound | Impresión y encuadernado C&C Offset Printing Co. Ltd., China

∞ The paper used in this publication meets the minimum requirements of the American National Standard for Information Sciences—Permanence of Paper for Printed Library Materials, ANSI Z39.48-1192.

Front cover | Portada Suite 2 | Hypnotism and Necromancy | Hipnotismo y necromancia
Back cover | Contraportada Suite 3 | Hypnotism and Necromancy | Hipnotismo y necromancia

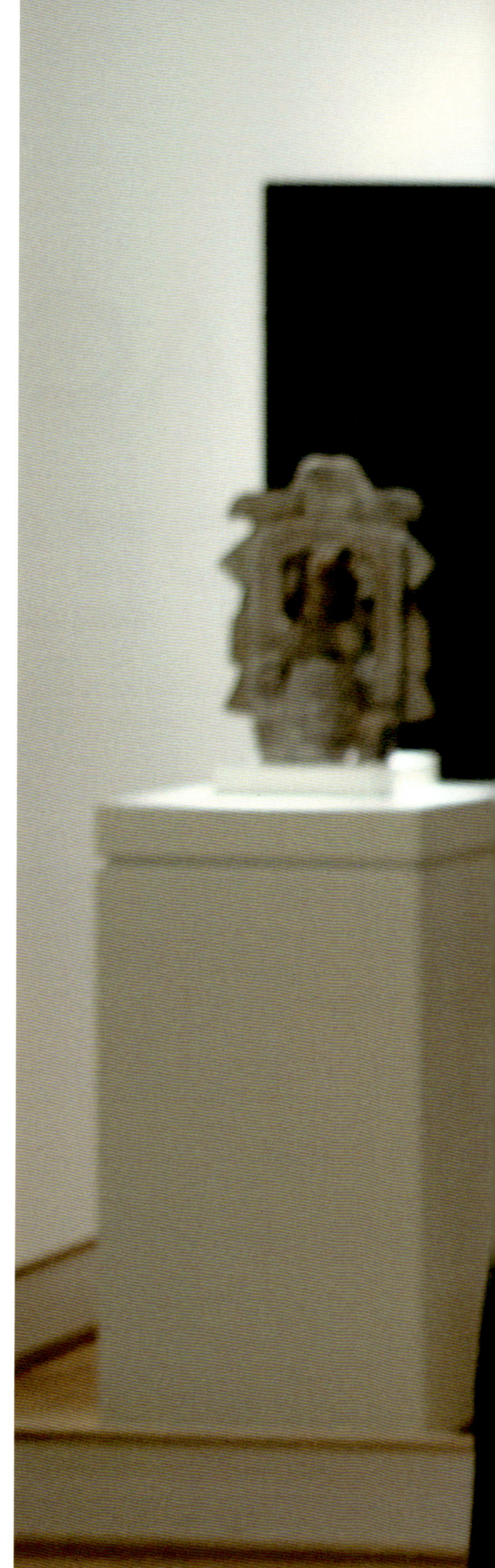

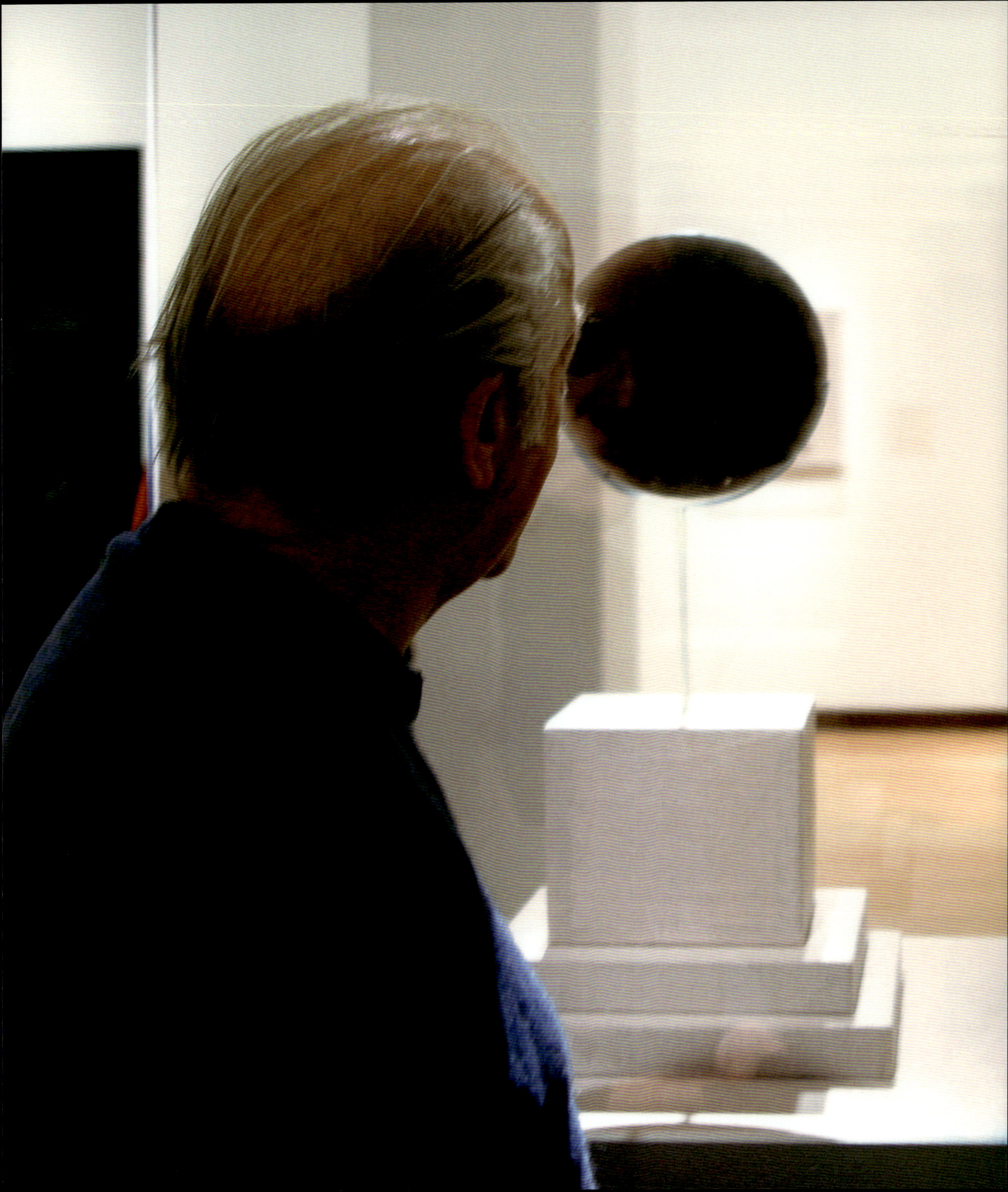

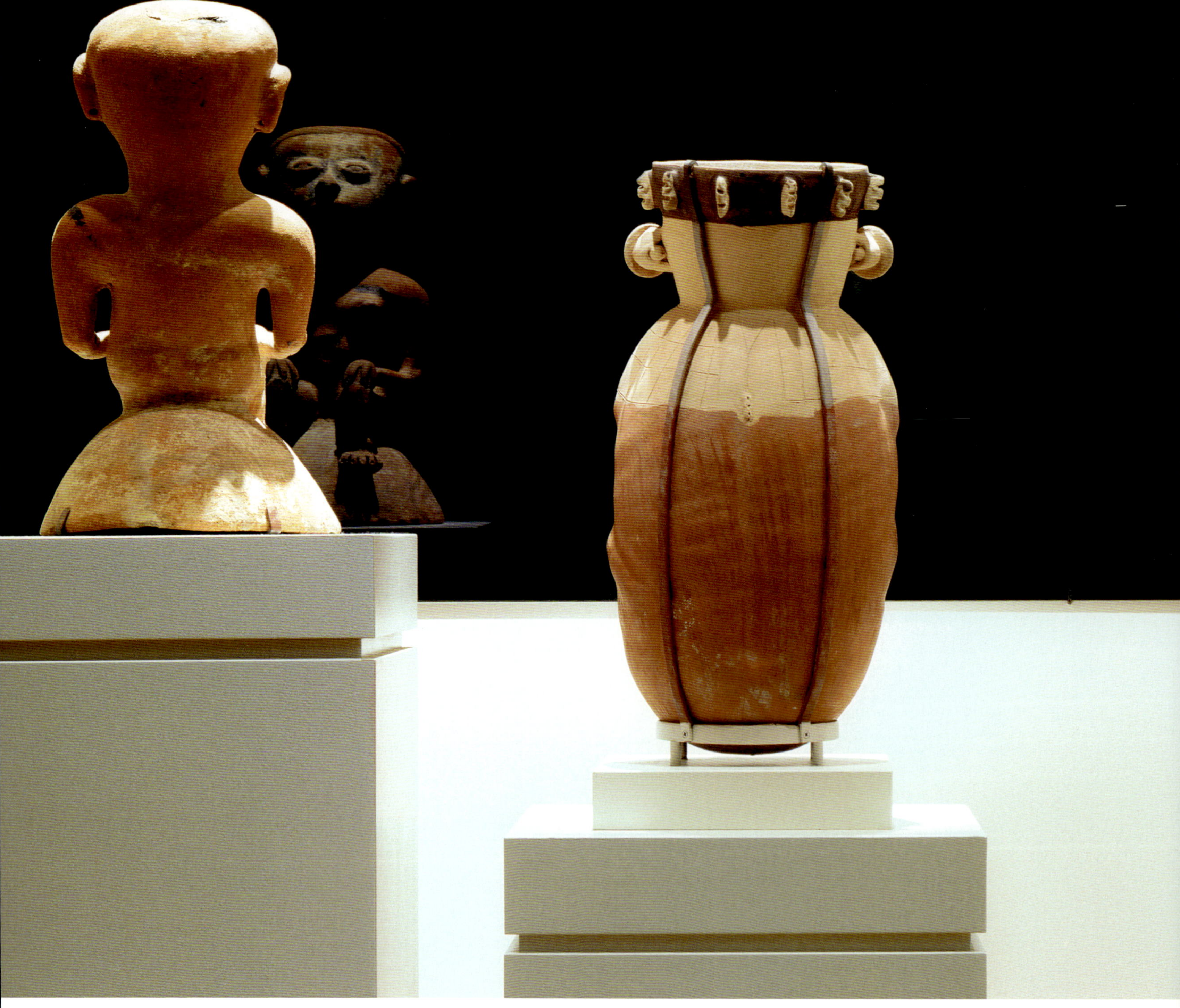

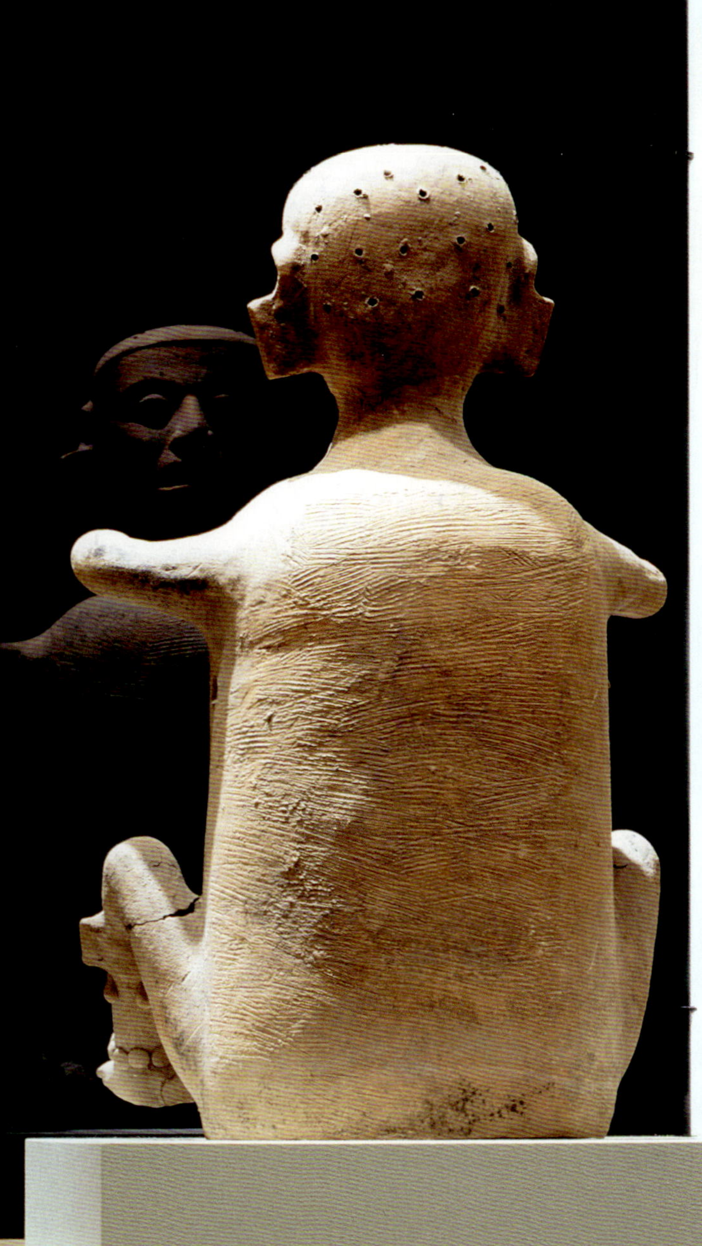

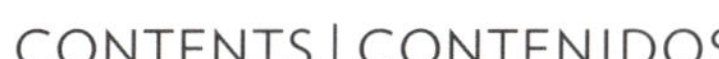

CONTENTS | CONTENIDOS

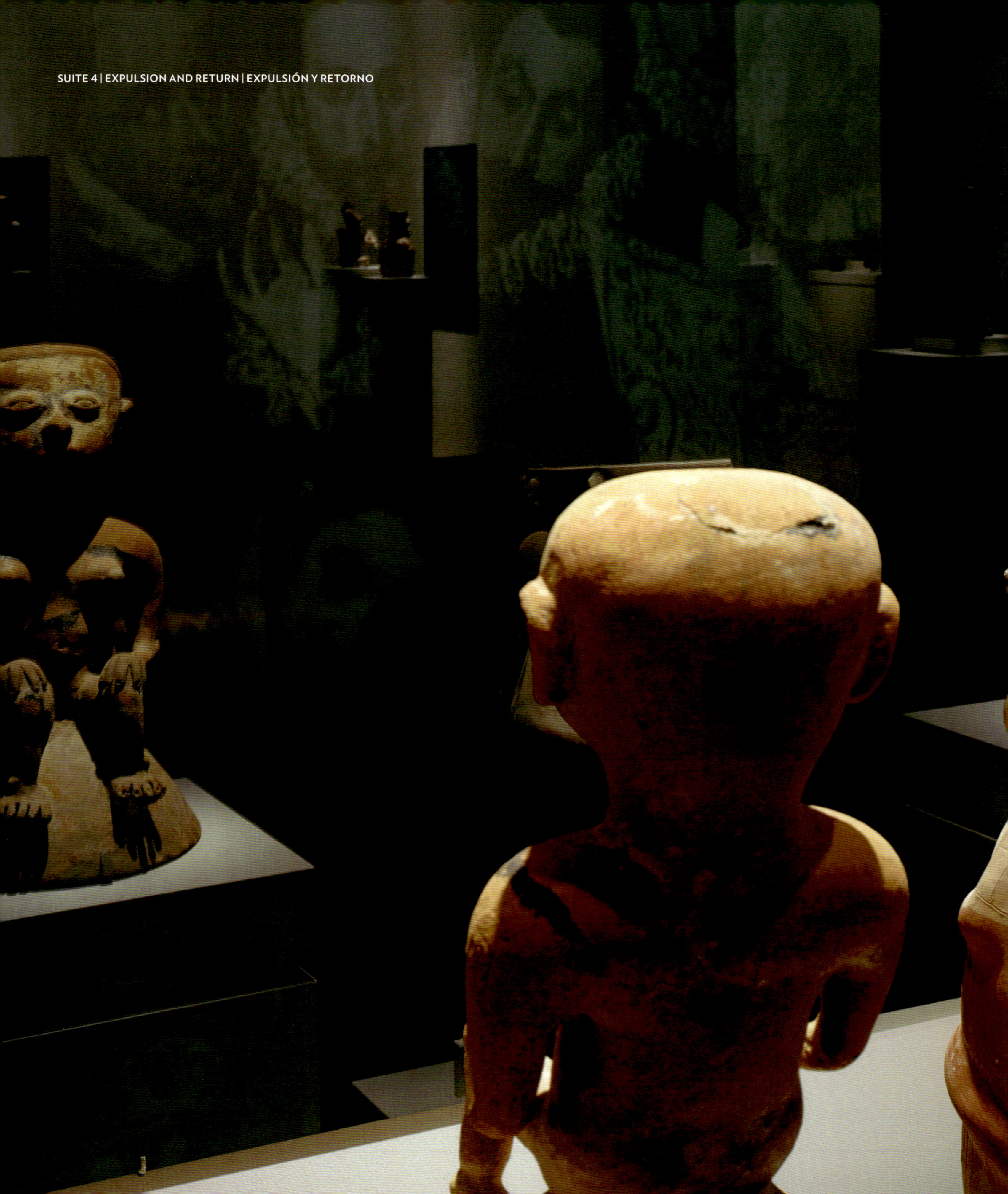

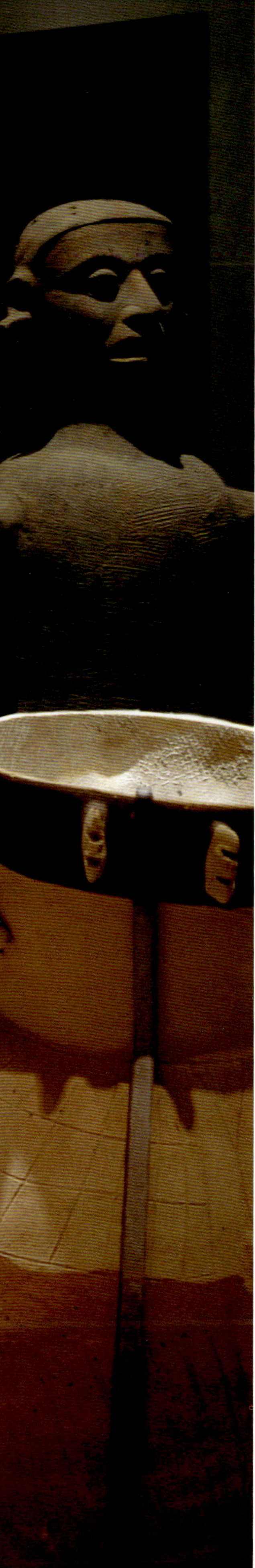

ACKNOWLEDGMENTS | AGRADECIMIENTOS

I would first like to thank the coproducers of this project. The Nasher Museum of Art at Duke University funded the production of the installation, as well as this publication through The Bettie D. Ferrell Estate Fund. Support for photography and selected essays came from the John Hope Franklin Humanities Institute (FHI) at Duke University, via a major grant from the A. W. Mellon Foundation. Significant funding was also provided by the Joan Mitchell Foundation through its 2007 Painters and Sculptors Award. The Office of the Vice Provost for the Arts at Duke University made possible the inclusion of many of the images in the book. Support for the exhibitions and public events in Durham and New York was provided by The Mary Duke Biddle Foundation; The North Carolina Arts Council; The Visual Studies Initiative; the Duke Department of Art, Art History and Visual Studies; The Center for Latin American & Caribbean Studies and Latino/a Studies in the Global South at Duke; and Stephan Stoyanov Gallery in New York (formerly Luxe).

At the Nasher, I would like to thank Sarah Schroth, who first invited me to produce a new work in relation to her exhibition *El Greco to Velázquez: Art during the Reign of Philip III*; Kim Rorschach for her vision and generosity; Juline Chevalier, Julie Thompson, and their fantastic team of docents; Anne Schroder, Trevor Schoonmaker, Wendy Hower Livingston, and Brad Johnson and his excellent team of preparators. Srinivas Aravamudan and Grant Samuelsen at the FHI supported this project from beginning to end. Mark Anthony Neal, Neil De Marchi, and most particularly Annabel Wharton, as well as the other 2007 FHI "Recycle Seminar" fellows, created an ideal intellectual environment for the production of *Black Mirror*. At Duke University, Scott Lindroth's role as vice provost for the arts had a great impact on the project, as did George McLendon's love of pre-Columbian art, and the general leadership of Susan Roth, Gregson Davis, and Peter Lange. I am also very grateful to the support of Ken Wissoker and Duke University Press. Many thanks to Stephan Stoyanov and Nathalie Anglès for bringing the project to New York City, as well as Andy and

Primeramente quisiera agradecer a los coproductores de este proyecto. El Nasher Museum of Art at Duke University financió la producción de la instalación, así como esta publicación a través del fondo del Bettie D. Ferrell Estate. Apoyo para la fotografía y algunos ensayos vino del John Hope Franklin Humanities Institute (FHI) en Duke University, a través de un fondo de la A. W. Mellon Foundation. Un importante apoyo también fue otorgado por la Joan Mitchell Foundation por parte de su 2007 Painters and Sculptors Award. La Office of the Vice Provost for the Arts de Duke University hizo posible la inclusión de muchas de las imágenes en el libro. Apoyos para la exposición y sus eventos públicos en Durham y Nueva York fueron otorgados por Mary Duke Biddle Foundation; North Carolina Arts Council; Visual Studies Initiative; Duke Department of Art, Art History and Visual Studies; Center for Latin American & Caribbean Studies and Latino/a Studies in the Global South de Duke; y Stephan Stoyanov Gallery en Nueva York (antes Luxe).

En el Nasher, me gustaría agradecer a Sarah Schroth, quien me invitó a producir una nueva obra en diálogo con su exposición *De El Greco a Velázquez: Arte durante el reinado de Felipe III*; Kim Rorschach por su visión y generosidad; Juline Chevalier, Julie Thompson y su fantástico equipo de docentes; Anne Schroder, Trevor Schoonmaker, Wendy Hower Livingston y Brad Johnson, así como su excelente equipo de instaladores. Srinivas Aravamudan y Grant Samuelsen en el FHI apoyaron el proyecto de principio a fin. Mark Anthony Neal, Neil De Marchi y particularmente Annabel Wharton, así como los otros participantes del 2007 FHI "Recycle Seminar," crearon un ambiente intelectual ideal para la generación de *Espejo Negro*. En Duke University, el papel de Scott Lindroth como vice provost de las artes tuvo un gran impacto en el proyecto, así como el amor de George McLendon por el arte precolombino, y el liderazgo de Susan Roth, Gregson Davis y Peter Lange. Agradezco también el apoyo de Ken Wissoker en Duke University Press. Muchísimas gracias a Stephan Stoyanov y Nathalie Anglès por llevar el proyecto a Nueva York, así como a Andy y Barbra Rothschild, Isabel Wilcox y William Stover por apoyar el proyecto en esa misma ciudad.

Barbra Rothschild, Isabel Wilcox, and William Stover for their support of the project there.

I am most indebted to the many individuals who helped produce the installation, the photographic suites, and this final publication. They are Jennifer A. González, Arnaud Maillet, Pete Sigal, and Walter Mignolo, whose brilliance and intellectual generosity made this book what it is, Molly Renda, Maura High, and Elizabeth Phillips for their tireless work on the design and editing, Elaine Briggs and Esther Gabara for English and Spanish translations, Jerry Blow for his impeccable assistance in the production of the photographic suites, Ashwin Kulothungun and Alice Zimmermann for their work as my assistants, and JW photo labs in Raleigh for their help with the project. Karen Gonzalez, Erin Hanas, and Ignacio Adriasola were also of crucial help.

My work has become inseparable from the extraordinary intellectual and artistic home I have found in the Department of Art, Art History and Visual Studies at Duke. I thank Hans Van Miegroet for his leadership, as well as all my colleagues, students, and the staff for making it such a wonderful place. Most particularly I appreciate the support and friendship of Stanley Abe, Mark Antliff, Neil McWilliam, Patricia Leighten, Rick Powell, Bill Seaman, Kristine Stiles, and Gennifer Weisenfeld. I am also very grateful for the ongoing collaborations with my fellow artists Casey Alt, Anya Belkina, Emily Cash, Bill Fick, William Noland, Tom Rankin, Raquel Salvatella, and Merrill Shatzman. Duke University as a whole has become a home to me thanks to wonderful people like Francisco Adrián, Anne Allison, Lee Baker, Paul Berliner, Kalman Bland, Christine Chia, Dennis Clemens, Michaeline Crichlow, Roberto Dainotto, Cathy Davidson, Sally Deutsch, Joe Donahue, Ariel Dorfman, Octavian and Catherine Esanu, Wendy Ewald, John French, Margareth Greer, Edna Goldstaub, Michael Hardt, Natalie Hartman, Karla Holloway, Reeve Huston, Deborah Jensen, Laurel Fredrickson, Ranjana Khanna, Robin Kirk, Wahneema Lubliano, Louise Meintjes, Claudia Milian, Fred Moten, Diane Nelson, Jocelyn Olcott, Charlie Piot, Courtney Reid-Eaton, Richard Rosa, Julián Sanchez, Marc Schachter, Rob Sikorski, Jenny Snead Williams, Orin Starn, Rebecca Stein, Ken Surin, Charlie Thompson, Guillermo Trejo, Antonio Viego, Priscilla Wald, Kathi Weeks, and CT Woods Powell, among so many others.

Estoy por demás agradecido a los individuos que me ayudaron a producir la instalación, las suites fotográficas y esta publicación final. Ellos son Jennifer A. González, Arnaud Maillet, Pete Sigal y Walter Mignolo, cuyo genio y generosidad intelectual han hecho este libro lo que es, Molly Renda, Maura High y Elizabeth Phillips por su incansable trabajo en el diseño y la edición, Elaine Briggs y Esther Gabara por las traducciones al inglés y al español, Jerry Blow por su impecable asistancia en la producción de las suites fotográficas, Ashwin Kulothungun y Alice Zimmermann por su trabajo como asistentes, y JW photo labs en Raleigh por su ayuda con el proyecto. Karen Gonzalez, Erin Hanas e Ignacio Adriasola también fueron fundamentales.

Mi trabajo es ya inseparable del extraordinario hogar artístico e intelectual que he encontrado en el departmento de arte, historia del arte y estudios visuales en Duke. Agradezco a Hans Van Miegroet por su liderazgo, así como a mis colegas, alumnos y el equipo de trabajo por hacer este un lugar tan especial. En particular, aprecio el apoyo y la amistad de Stanley Abe, Mark Antliff, Neil McWilliam, Patricia Leighten, Rick Powell, Bill Seaman, Kristine Stiles y Gennifer Weisenfeld. También agradezco las colaboraciones con mis compañeros artistas Casey Alt, Anya Belkina, Emily Cash, Bill Fick, William Noland, Tom Rankin, Raquel Salvatella y Merrill Shatzman. Duke en general se ha convertido en un querido lugar gracias a gente maravillosa como Francisco Adrián, Anne Allison, Lee Baker, Paul Berliner, Kalman Bland, Christine Chia, Dennis Clemens, Michaeline Crichlow, Roberto Dainotto, Cathy Davidson, Sally Deutsch, Joe Donahue, Ariel Dorfman, Octavian y Catherine Esanu, Wendy Ewald, John French, Margareth Greer, Edna Goldstaub, Michael Hardt, Natalie Hartman, Karla Holloway, Reeve Huston, Deborah Jensen, Laurel Fredrickson, Ranjana Khanna, Robin Kirk, Wahneema Lubliano, Louise Meintjes, Claudia Milian, Fred Moten, Diane Nelson, Jocelyn Olcott, Charlie Piot, Courtney Reid-Eaton, Richard Rosa, Julián Sanchez, Marc Schachter, Rob Sikorski, Jenny Snead Williams, Orin Starn, Rebecca Stein, Ken Surin, Charlie Thompson, Guillermo Trejo, Antonio Viego, Priscilla Wald, Kathi Weeks y CT Woods Powell, entre muchos otros.

Por su apoyo al proyecto en Carolina del Norte agradezco a Jeffrey Chambers, Lizette Cruz-Watco, María De Guzmán, Rodrigo Dorfman, Harrison Haynes, Harry Harrison, Marie Junaluska, Bobby Kadis, Barbara Lau, Debbie McGill, Mike Muñoz, Jeff Petus,

For their support of this project in North Carolina I would like to thank Jeffrey Chambers, Lizette Cruz-Watco, María De Guzmán, Rodrigo Dorfman, Harrison Haynes, Harry Harrison, Marie Junaluska, Bobby Kadis, Barbara Lau, Debbie McGill, Mike Muñoz, Jeff Petus, Thomas Sayre, Mary Regan, Teka Selman, Chloe Seymore, Nancy Trovillion, Banu Valladares, and all my partners at the board and staff of the North Carolina Arts Council.

I would like to thank for their inspiration and conversations about this work: Ayreen Anastas, Sylvie Amar, Doug Ashford, Dore Ashton, Tanya Barson, Regine Basha, Dudley Brooks, Laura Carton, Lorenzo Clayton, Brett Cook-Disney, Teddy Cruz, Abraham Cruz Villegas, Adam Decroix, Tom Finkelpearl, Rene Gabri, Geoffrey Garrison, Benj Geerdes, Grady Gerbracht, Day Gleeson, Yannick Gonzalez, Hans Haacke, Larissa Harris, Ellen Harvey, Sofia Hernandez, Brian Holmes, Anna Indych-López, Hitomi Iwasaki, Alfredo Jaar, Emily Jacir, Jesal Kapadia, Susan Kelly, Lan Thao Lam, Lana Lin, Pia Lindman, Angel López, Martin Lucas, David Mabb, Suhail Malik, Iñigo Manglano-Ovalle, Yates McKee, John Menick, Ricardo Miranda Zúñiga, Lize Mogel, Tirso Molina, Stephen Morton, Angel Nevarez, Olu Oguibe, Dalia Patiño, Claire Pentecost, Gabriel Perez Barreiro, Mary Louise Pratt, Walid Raad, Michael Rakowitz, Alex Rivera, Miguel Rojas Sotelo, Renato Rosaldo, Paige Sarlin, Gregory Sholette, Davia Smith, Valerie Smith, Jemima Stehli, Diana Taylor, Javier Tellez, Valerie Tevere, Lori Waxman, Faith Wilding, Fred Wilson, Tomás Ybarra-Frausto, Sven Zbinden, and Julián Zugazagoitia.

This book is dedicated to my father, Eberhard Lasch, who in word and example inspired in me the deepest love of truth, beauty, and justice. He left this world surprisingly and could not see this book come to fruition, but the pleasure of his visit to the Nasher installation will forever be my last precious memory of him. I am most grateful to the Gabara family for accepting an errant Mexican as their son, my mother, Ingeborg Lasch, for her constant love and courage, and my siblings, Cristina, Thomas, and Raymundo, as well as their partners and families. Last but not least, I thank my life partner and true mirror, Esther Gabara, whose mind and presence are the inspiration for everything I think and do.

PEDRO LASCH | MARCH 2010

Thomas Sayre, Mary Regan, Teka Selman, Chloe Seymore, Nancy Trovillion, Banu Valladares y todos mis colegas en el North Carolina Arts Council.

Quiero también agradecer por su inspiración y las conversaciones sobre este proyecto a Sylvie Amar, Ayreen Anastas, Doug Ashford, Dore Ashton, Tanya Barson, Regine Basha, Dudley Brooks, Laura Carton, Brett Cook-Disney, Lorenzo Clayton, Teddy Cruz, Abraham Cruz Villegas, Adam Decroix, Tom Finkelpearl, Rene Gabri, Geoffrey Garrison, Benj Geerdes, Grady Gerbracht, Day Gleeson, Yannick Gonzalez, Hans Haacke, Larissa Harris, Ellen Harvey, Sofia Hernandez, Brian Holmes, Anna Indych-López, Hitomi Iwasaki, Alfredo Jaar, Emily Jacir, Jesal Kapadia, Susan Kelly, Lan Thao Lam, Lana Lin, Pia Lindman, Angel López, Martin Lucas, David Mabb, Suhail Malik, Iñigo Manglano-Ovalle, Yates McKee, John Menick, Ricardo Miranda Zúñiga, Lize Mogel, Tirso Molina, Stephen Morton, Angel Nevarez, Olu Oguibe, Dalia Patiño, Claire Pentecost, Gabriel Perez Barreiro, Mary Louise Pratt, Walid Raad, Michael Rakowitz, Alex Rivera, Miguel Rojas Sotelo, Renato Rosaldo, Paige Sarlin, Gregory Sholette, Davia Smith, Valerie Smith, Jemima Stehli, Diana Taylor, Javier Tellez, Valerie Tevere, Lori Waxman, Faith Wilding, Fred Wilson, Tomás Ybarra-Frausto, Sven Zbinden y Julián Zugazagoitia.

Este libro está dedicado a mi padre, Eberhard Lasch, quien en ejemplo y palabra inspiró en mí el amor más profundo de la verdad, la belleza y la justicia. Dejó este mundo sorpresivamente y no pudo ver el nacer de este libro, pero el placer de su visita a la instalación del Nasher serán por siempre mis últimas memorias preciosas de él. Estoy por demás agradecido a la familia Gabara por aceptar a este mexicano errante como su hijo, a mi madre, Ingeborg Lasch, por su constante amor y valor, a mis hermanos, Cristina, Thomas, y Raymundo, así como sus parejas y familias. Finalmente, agradezco a mi compañera de vida y verdadero espejo, Esther Gabara, cuyo ser y presencia son la inspiración de todo lo que hago.

PEDRO LASCH | MARZO 2010

PREFACE | PREFACIO

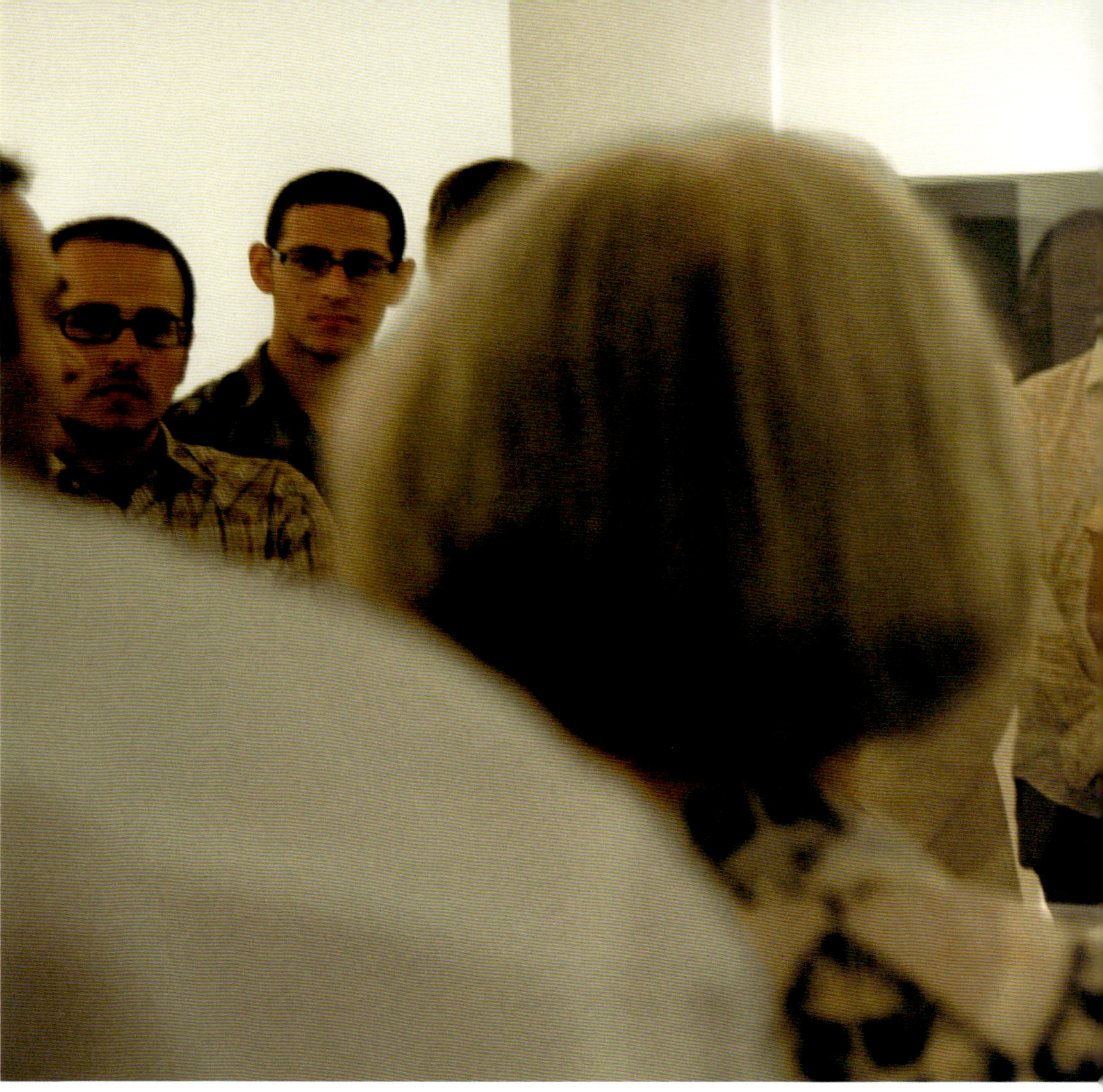

The Nasher Museum of Art at Duke University is honored to participate in the publication of *Black Mirror/Espejo Negro*, a volume that beautifully documents Pedro Lasch's *Black Mirror/Espejo Negro* installation, on view at the museum from 22 May 2008, to 18 January 2009. The Museum invited Lasch to create this work in relation with our concurrent exhibition of seventeenth-century Spanish masterpieces, *El Greco to Velázquez: Art during the Reign of Philip III*, and he responded with an astonishing installation combining works from our pre-Columbian collection with references to seventeenth- and eighteenth-century Spanish painting and the mysterious and enigmatic "black mirror," which resonated through both pre- and post-Conquest cultures. He produced not only the installation itself, but the photographs that document it, which stand themselves as independent and moving works of art.

Pedro Lasch's *Black Mirror/Espejo Negro* installation went even further, in inspiring the thought-provoking pieces by Srinivas Aravamudan, Jennifer A. González, Arnaud Maillet, Walter Mignolo, and Pete Sigal presented in this volume. I am delighted that our initial commission to the artist ultimately gave rise to such a rich and fruitful project, which demonstrates one of the many ways in which a university art museum can serve as a unique catalyst for scholarship and the creation of new knowledge and new views of the world.

I am most grateful to Pedro Lasch, for the energy and dedication he brought to this exciting project. I also wish to thank the Nasher curators Trevor Schoonmaker, Anne Schroder, and Sarah Schroth, who worked with Lasch to develop the concept, and the Nasher chief preparator Brad Johnson, who with his team helped bring it to dramatic physical realization. The installation was supported by funds from the Mary Duke Biddle Foundation and the Bettie D. Ferrell Estate Fund, and the publication of this volume is made possible in part by additional support from the museum's Bettie D. Ferrell Estate Fund.

KIMERLY RORSCHACH
MARY D.B.T. AND JAMES H. SEMANS DIRECTOR
THE NASHER MUSEUM OF ART AT DUKE UNIVERSITY

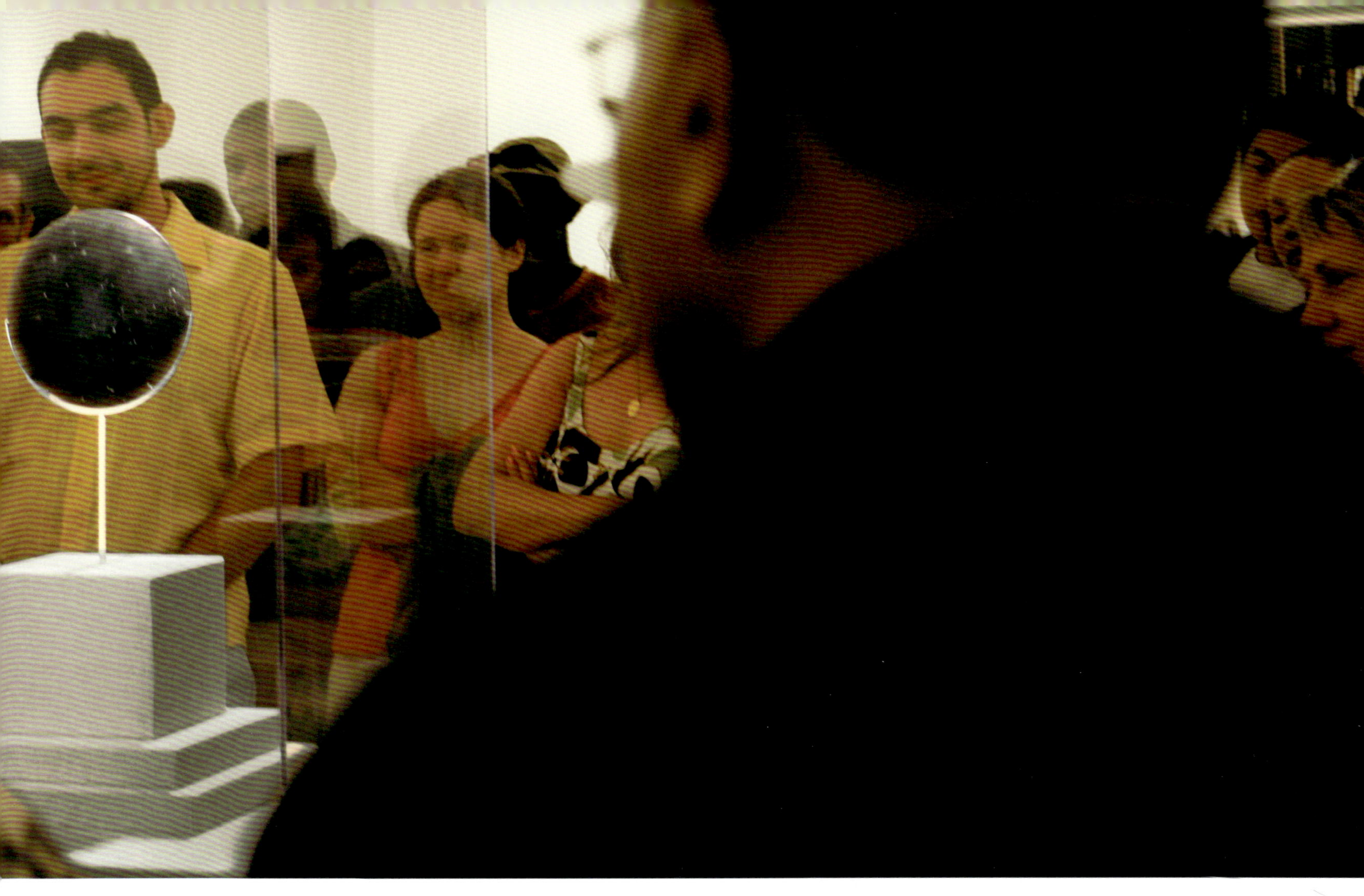

SUITE 1 | MUSEUM VISITORS VIEWING INSTALLATION (DETAIL) | PÚBLICO DEL MUSEO VIENDO LA INSTALACÍON (DETALLE)

El Nasher Museum of Art at Duke University tiene el gran honor de participar en la publicación de *Black Mirror/Espejo Negro*, un volumen que documenta hermosamente la instalación de Pedro Lasch, abierta al público en el museo del 23 de mayo de 2008 hasta el 18 de enero de 2009. El museo invitó al artista para crear una obra que se relacionara con la exposición concurrente de obras maestras españolas del siglo XVII, *De El Greco a Velázquez: Arte durante el reino de Felipe III*. Lasch respondió con una instalación asombrosa, combinando las obras de nuestra colección precolombina con referencias a la pintura española de los siglos XVII y XVIII a través del misterioso y enigmático "espejo negro," el cual resonó tanto con la cultura pre- y posconquista. Produjo no sólo la instalación misma, sino las fotografías que la documentan, las cuales califican como obras de arte independientes y conmovedoras.

La instalación de Pedro Lasch *Black Mirror/Espejo Negro* llegó aún más lejos, inspirando los ensayos de Srinivas Aravamudan, Jennifer A. González, Arnaud Maillet, Walter Mignolo y Pete Sigal, invitándonos todos a la reflección en este volumen. Me da un gran placer que nuestra comisión original al artista engendrara un proyecto tan rico y fructífero, el cual demuestra una de las muchas maneras que un museo de arte de una universidad puede servir como catalizador para las investigaciones y la creación del conocimiento nuevo, así como nuevas visiones del mundo.

Estoy por demás agradecida a Pedro Lasch por la energía y dedicación que trajo a este proyecto tan emocionante. También quisiera agradecer a los curadores del museo Nasher, Trevor Schoonmaker, Anne Schroder y Sarah Schroth, quienes trabajaron con Lasch para desarrollar el concepto, y Brad Johnson, el instalador en jefe que trabajó con su equipo para llevar a la obra a su dramática realización. La instalacion recibió el apoyo de fondos de la Fundación Mary Duke Biddle y del Fondo Bettie D. Ferrell Estate, y la publicación de este volumen se hizo posible en parte por apoyo adicional del Fondo Bettie D. Ferrell Estate del Nasher Museum.

KIMERLY RORSCHACH
DIRECTORA NOMBRADA POR MARY D.B.T. Y JAMES H. SEMANS
NASHER MUSEUM OF ART AT DUKE UNIVERSITY

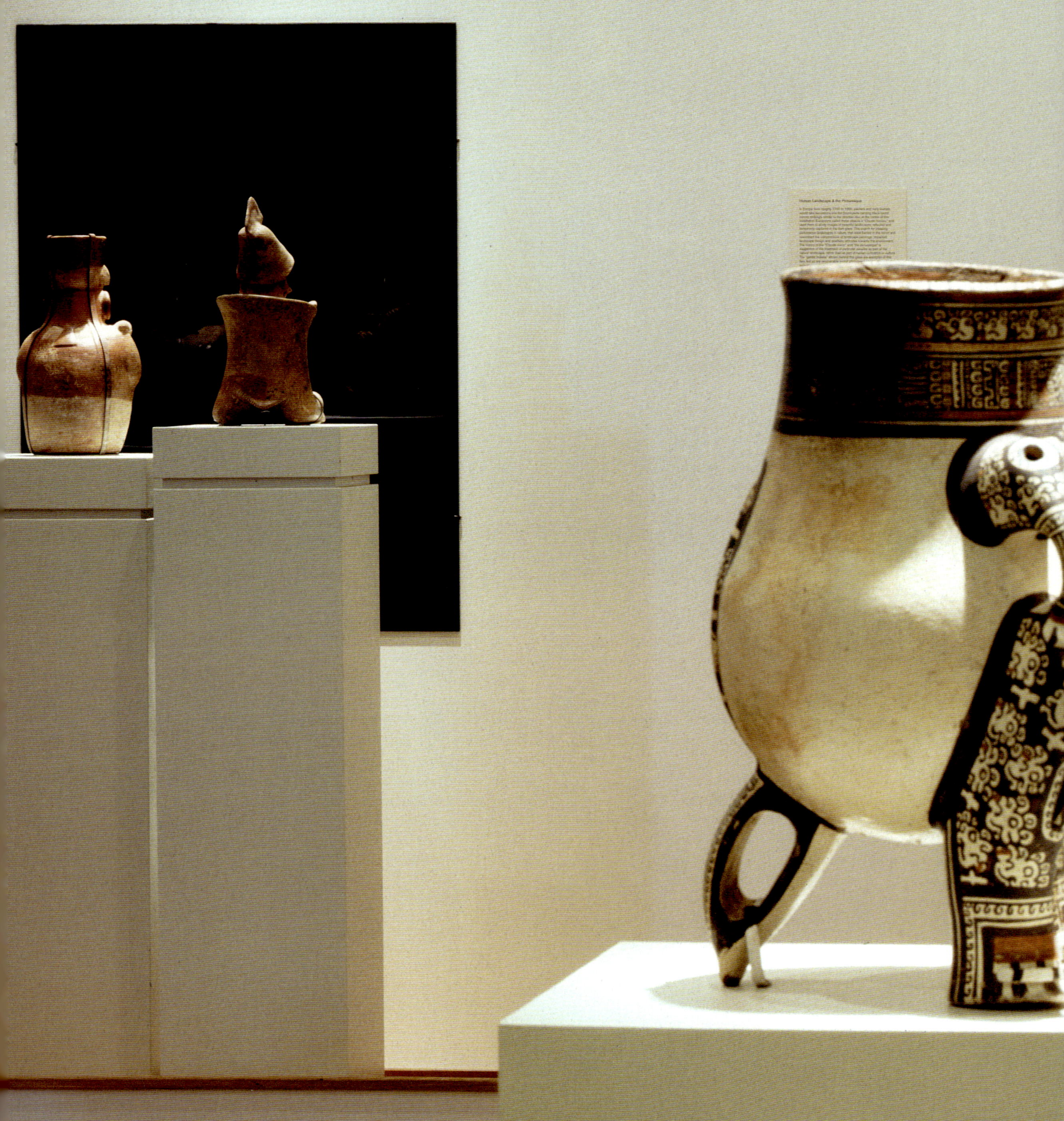

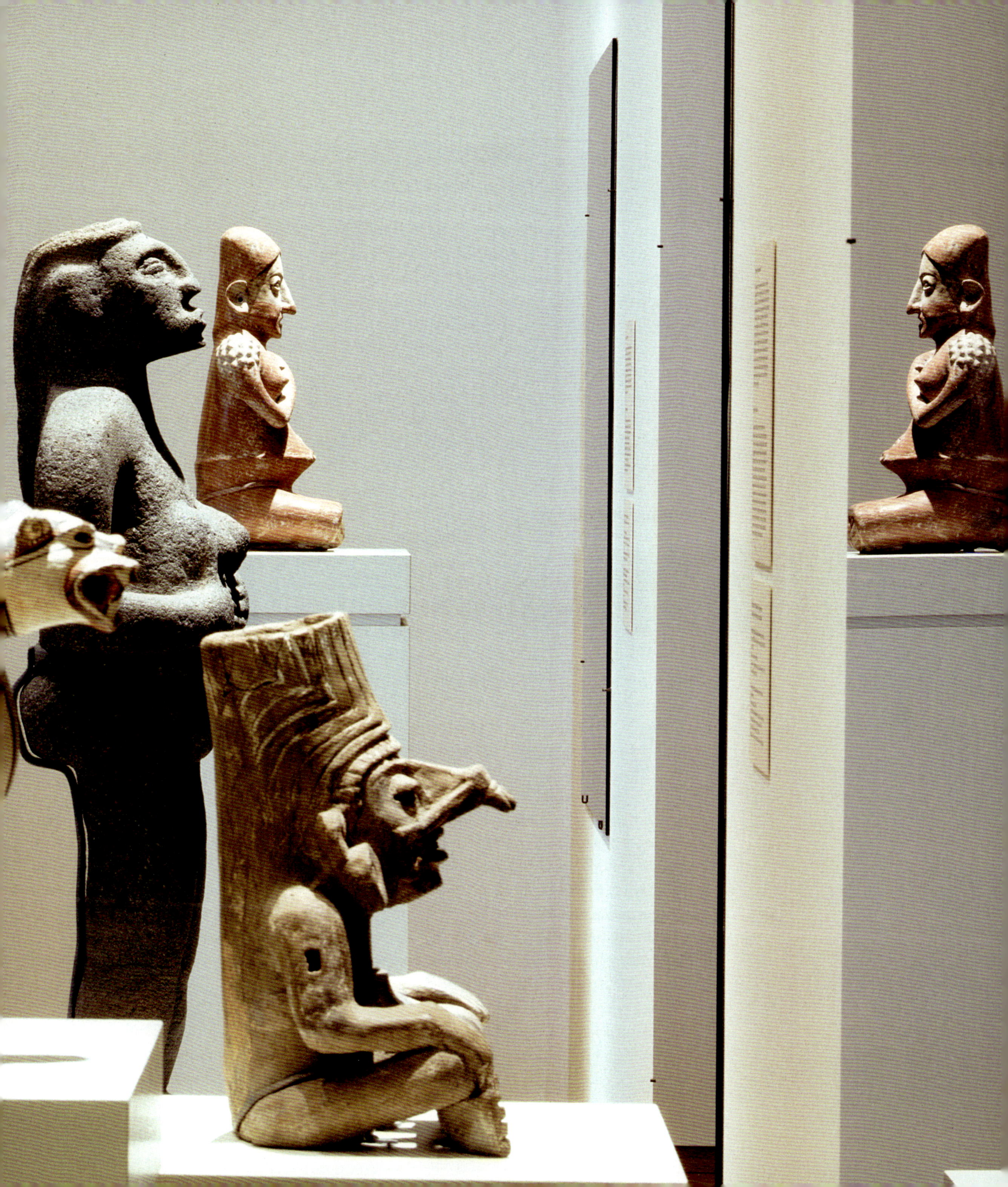

FOREWORD | PRÓLOGO

It gives me great pleasure to write a foreword to the volume that documents the great accomplishment of *Black Mirror/Espejo Negro*, Pedro Lasch's beautiful installation. The occasion for Lasch's meditative arrangement was the Nasher Museum's *El Greco to Velásquez: Art during the Reign of Philip III*, a major exhibit that featured old masterpieces from the Prado and other collections, and that also traveled through important sites including the Museum of Fine Arts in Boston. As you will learn through this volume, Lasch produced an unforgettable experience in the Nasher, and this brief volume recreates and documents that memory, in all its originality.

Lasch's installation was conceptualized by him as parasitical in relation to the Spanish masters' exhibit in three ways. It drew energy and sustenance from a much larger, more substantially funded and publicized venture that acted as its "host"; it was placed in an adjacent space (a *para-site*) that invited viewers to wander in unawares; and, even though it was utterly silent (as there was no accompanying audio-guide for Lasch's exhibit), it created powerful conceptual and theoretical interference (*parasite*, "noise" or "static" in French) that enhanced both of the exhibits and their capacity to make meaning for spectators who visited one in conjunction with the other.[1]

Parasitism models relationality and the transmission of knowledge. The notion of the parasite, as I invoke it here, overturns conventional assumptions and prejudices concerning parasitical behavior. As biological and sentient beings, we are all parasites to a lesser or greater extent, living off other living things, and drawing sustenance from multiple artistic, religious, cultural, and political traditions, whether living or dead. Or to shift metaphors slightly, Lasch's installation was a powerful instance of recycling, relying on an ecology and economy of reuse, paradoxically multiplying and conserving value, as recycling often does. By relying on pre-Columbian sculpture in the Nasher's holdings, Lasch put into service currently undisplayed objects that were both waste and surplus. By putting into play the significant relationship of Spain's Renaissance art with the history of that country's New World empire, Lasch made visible three distinct space-times: the pre-Columbian Americas, the European early modern, and the hybrid global present. However, we discover, through Lasch's installation, that to get from past to present is not a linear operation. Rather, the compressed and unprocessed simultaneities of these multiple epochs occupy one viewing occasion of temporal incommensurability, or what Ernst Bloch called *Ungleichzeitigkeit*.[2] Our contemporaneity is composed not just of one time or space, but involves a compressed multichronic simultaneity of several eras that include indigeneity, coloniality, modernity, and hybridity. Lasch's display cross-pollinates artistic questioning across epochs. Who views whom? Why? What is missing? Can we view without a mediator?

Lasch puts his first artist's note in terms of abstraction and refusal. The white of the gallery space contains the black rectangles with darkened copies of Spanish Renaissance art, and the pre-Columbian sculptural figures are placed resolutely with their backs to the viewers entering the space. The viewer enters with no immediate prospect of a wel-

1. I rely on Michel Serres's *The Parasite*, trans. Lawrence Schehr (Baltimore, Md.: Johns Hopkins University Press, 1982).

2. Ernst Bloch, *The Principle of Hope* (Cambridge, Mass.: MIT Press, 1986).

Me da mucho gusto escribir un prólogo al volumen que documenta el gran logro de la hermosa instalación de Pedro Lasch *Black Mirror/Espejo Negro*. La ocasión de esta composición meditativa fue *De El Greco a Velázquez: Arte durante el reinado de Felipe III* en el Nasher Museum, una importante exposición de las antiguas obras maestras del Prado y otras colecciones, la cual se mostró en el Nasher pero también viajó por otros lugares importantes como el Museo de Bellas Artes en Boston, Massachusetts. Como verán en este volumen, Lasch produjo una experiencia inolvidable en el Nasher, y este breve volumen recrea y documenta esa memoria, con toda su originalidad.

Lasch conceptualizó la instalación en relación parásita a los maestros españoles de tres modos. Obtuvo energía y sustento de una empresa mucho más grande y con más apoyo financiero que le sirvió como "huésped"; se ubicó en un espacio contiguo (*pará-sitio*) que invitó a los espectadores a adentrarse sin darse cuenta; y, aunque era totalmente silenciosa (no había guía auditiva para la exposición de Lasch), creó una poderosa interferencia conceptual y teórica (*parásito*, "ruido" o "estática" en francés) lo cual enriqueció a las dos exposiciones en su capacidad significativa para los espectadores que visitaron ambas.[1]

El parasitismo es un modelo de la relacionalidad y la transmisión del conocimiento. La noción del parásito, tal como la invoco aquí, le da vuelta a las presuposiciones convencionales y los prejuicios con respecto al comportamiento parasitario. Como seres biológicos y sensibles, todos somos parásitos hasta cierto punto, mantentiéndonos de otros seres vivos, y alimentándonos de múltiples tradiciones artísticas, religiosas, culturales y políticas, estén vivas o muertas. O para cambiar ligeramente las metáforas, la instalación de Lasch fue un ejemplo poderoso del reciclaje, dependiendo de una ecología y una economía de reutilizar, paradójicamente multiplicando y conservando el valor, tal como el reciclaje a menudo lo hace. Contando con la escultura precolombina en la colección del Nasher, Lasch puso en servicio objetos actualmente no expuestos que eran tanto desperdicio como excedente. Al poner en juego la relación significante del arte renacentista español con las historias del imperio de este país en el Nuevo Mundo, Lasch hizo visible tres espacios-tiempos: la América precolombina, la Europa moderna temprana y el presente global híbrido. Sin embargo, descubrimos a través de la exposición de Lasch que llegar al presente del pasado no es una operación lineal. Más bien, las simultaneidades comprimidas y sin procesamiento de estas distintas épocas dan ocasión a una visión de la incomensurabilidad temporal, o lo que Ernst Bloch denominó *Ungleichzeitigkeit*.[2] Nuestra contemporaneidad está compuesta no sólamente de un tiempo o un espacio, sino comprende la simultaneidad multicrónica de varias épocas que incluyen lo indígena, la colonialidad, la modernidad y la hibridez. La presentación de Lasch es como una polinización cruzada del cuestionamiento artístico atravesando estas épocas. ¿Quién mira a quién? ¿Por qué? ¿Qué está ausente? ¿Podemos mirar sin mediador?

Lasch escribe su primera nota de artista en términos de la abstracción y negación. El blanco de la galería contiene los rectángulos negros con copias oscuras del arte renacentista español, y las figuras escultóricas precolombinas se ubican decididas con sus espaldas dadas a los espectadores que entran al espacio. El espectador entra sin ninguna posibilidad inmediata de un

1. Me baso en el libro de Michel Serres, *The Parasite*, trad. Lawrence Schehr (Baltímora, Md.: Johns Hopkins University Press, 1982).

2. Ernst Bloch, *The Principle of Hope* (Cambridge, Mass.: MIT Press, 1986).

coming human face; on the contrary, there is the sense that faces are turned away and obscured from view. This arrangement yields several first impressions. The spectator is conscious of the initial refusal to engage implied by the positioning of the figurative sculpture, and yet proceeds to rediscover the pre-Columbian faces as reflections superimposed on dark reproductions of the Spanish faces. Seemingly superfluous to these faces are the necessary reflections of the viewer's own face and body that interfere—as a visual form of static or "parasite"—between any obvious similitudes among the Spanish and the pre-Columbian figurative shapes. The spectator realizes that she/he could be the unwitting support of the arrangement, in the way that the back of every mirror supports a reflection.[3] Is the spectator himself or herself a kind of a metaphorical black mirror looking at a literal one? While a simple mirrored reflection presents us with a 2 + 1 situation—an object, its reflection, and the medium that enables the pairing—Lasch's mirrors involve six anchor points: the standing spectator (1), aware of the sculpture next to him/her (2); the sculpture and spectator positioned side by side and facing the dark obscurity of the rectangle (3); within the rectangle, the Spanish artistic phantom (4), as well as the reflection of two other faces, the spectator's (5) and the sculpture's (6). Therefore, the mirroring black rectangles reflect a 3 + 2 + 1 situation—three phantoms in the dark glass (the sculpture's reflection, the Spanish image, and the spectator's reflection) but two "viewers"—the sculpture as echo effect alongside the spectator—and one viewing medium, the black glass. As spectators, we are looking at ourselves looking, and at others looking at each other, but we are also looking at how looking can deny as well as reaffirm. Vision forces a recalibration of the situation of looking. When the spectators turn away from the black rectangle to view the sculpture's three-dimensional face directly, they lose sight of the three images and also the rectangle. At that point, the unmediated confrontation with the sculptural face (with no mirror involved) functions differently. Given the complicity of standing side by side and looking into the dark, when you turn to your fellow looker, as you would when in a movie theater, don't you look to see a reaction that could function as a stand-in for your own? This could lead further, to disorientation or to rediscovery. Am I just like this archaic residual indigene in real space, dug up from the bowels of the museum, to undergo curatorial mediation? Or am I the bridge—the black mirror—between the pre-Columbian sculpture and the Spanish artistic copy? Who copies whom, and who is the original of what? Who's zooming whom? What are the possible analogies between my body, the representation of the Spanish body in two dimensions, and the actual existence of the sculptural artifact in three dimensions? Sculpture trumps painting with its occupation of space, but the two-dimensional images have greater canonical cachet. The black rectangle could therefore supply the key to what divides and unites all three objects within three different space-times. The obscured copies can paradoxically invite greater attention than the well-lit objects placed before them.

3. In another context this has been interestingly described as the "tain" of the mirror. See Rodolphe Gasché, *The Tain of the Mirror: Derrida and the Philosophy of Reflection* (Cambridge, Mass.: Harvard University Press, 1986).

rostro humano que le otorgue la bienvenida; por el contrario, existe el sentido que los gestos se han dado la vuelta y se ocultan de la vista. Este arreglo produce varias impresiones inmediatas. El espectador está consciente de la negación inicial de su participación, implicada por la posición de las esculturas figurativas. Sin embargo, procede a descubrir de nuevo las caras precolombinas como reflejos superimpuestos en las reproducciones oscuras de las caras españolas. Aparentemente superfluos a estas caras son los reflejos necesarios de la cara del espectador que interviene—como una forma visual de la estática o "parásito"—entre cualquier similtud entre los españoles y las formas figurativas precolombinas. El espectador se da cuenta de que ella/él podría ser el soporte involuntario de la composición, del mismo modo que el soporte de todos los espejos sostiene un reflejo.[3] ¿Es el espectador mismo un tipo de espejo negro metafórico mirando uno literal? Mientras un reflejo sencillo nos presenta con una situación de 2 + 1—un objeto, su reflejo, y el medio que hace posible el conjunto—los espejos de Lasch integran seis puntos de anclaje: el espectador parado (1), consciente de la escultura a su lado (2); la escultura y el espectador ubicados el uno al lado del otro y enfrentándose con la oscuridad del rectángulo (3); dentro del rectángulo, el fantasma artístico español (4), tanto como el reflejo de dos caras más: la del espectador (5) y la de la escultura (6). Por lo tanto, los negros rectánculos reflejan una situación 3 + 2 + 1—tres fantasmas en el vidrio oscuro (el reflejo de la escultura, la imagen española, y el reflejo del espectador) pero los dos "espectadores"—la escultura como un efecto de eco al lado del espectador—y un medio para mirar, el vidrio negro. Como espectadores, nos estamos mirando a nosotros mismos mientras miramos, y a los otros que se miran el uno al otro, pero también vemos cómo el mirar puede negar tanto como afirmar. La visión requiere una recalibración de la situación del mirar. Cuando los espectadores dan la espalda al rectángulo negro para mirar directamente la cara tridimensional de la escultura, pierden de vista las tres imágenes y también el rectángulo. En este momento, la confrontación sin mediación con la cara escultural (sin ningún espejo involucrado) funciona de otro modo. Dada la complejidad de pararse el uno al lado del otro mirando en la oscuridad, cuando doblas y ves a cualquier otro miembro del público, tal como harías en un cine, ¿no miras para ver una reacción que se sustituiría por la tuya? Esto podría ir aún más lejos, hacia la desorientación o el redescubrimiento. ¿Soy igual que este arcáico indígena residual en el espacio real, desenterrado de las entrañas del museo para pasar o sufrir por la mediación curatorial? ¿O soy yo el puente—el espejo negro—entre la escultura precolombina y la copia artísta española? ¿Quién copia a quién, y quién es el original de qué? ¿Quién enfoca a quién? ¿Cuáles son las analogías posibles entre mi cuerpo, la representación del cuerpo español en dos dimensiones, y la existencia real del artefacto escultural en tres dimensiones? La escultura triunfa sobre la pintura con su ocupación del espacio, pero las imágenes bidimensionales tienen más "caché" canónico. El rectángulo negro así puede proveer la clave a lo que divide y une los tres objetos dentro de tres distintos espacios-tiempos. Las copias oscuras paradójicamente pueden invitar más atención que los objetos bien iluminados que están colocados frente a ellos.

3. En otro contexto se ha descrito de una manera interesante como el "tinte" del espejo. Véase Rodolphe Gasché, *The Tain of the Mirror: Derrida and the Philosophy of Reflection* (Cambridge, Mass.: Harvard University Press, 1986).

Spectators in the installation peered in a manner that revealed they were sometimes annoyed at confronting the visual static of their own body images, or the body images of others in the gallery that interfered with the pure play they imagined between the sculpture and the dark copy of the painting. Doing so, spectators ironically wanted to disappear into a disembodied vision, turning themselves into versions of H. G. Wells's Invisible Man. Why do certain kinds of spectatorship make viewers want to forget their own bodies? Lasch critiques the disembodied abstraction and learned disorientation of the museum, where a purist visual epistemology denies the spectator's physical existence as superfluous or extraneous to whatever is on display. By deliberately playing with spectatorial awkwardness and annoyance Lasch makes a powerful point: as spectators, we matter, and our body images might very well be what is centrally in question, as they provide the missing links that make whole the possibility of this juxtaposition of the pre-Columbian sculpture and the Spanish colonial image. We (postcolonials and postmoderns) *are* the hybrid products and the racialized bodies of a dark and deep colonial history, and we *must* actually compare our bodies, and our faces, with the monsters that are presented behind the dark surfaces, and before the bright lights.

To be sure, the fun-house mirror of the carnival fairground is not at work in this installation, even if it relies on the spectator's learned understanding that mirroring almost always runs amok. Rather than mirroring as entertainment, Lasch's black mirrors deeply question the visceral body images that are implicated in our soul making, by recycling images and objects parasitically through different epochs, spaces, and modes of racialization. We are in the realm of monstrosity, as are many of the Spanish images and the received misunderstandings of the pre-Columbian sculptures, but the spectator's body is now but one more monster that flashes into view as a reflection. Lasch's exhibit shows that monsters *de-monstrate* by themselves, showing and telling through embodiment, a fact implied already in the Latin root that both words share. At the same time, the black mirror is a religious and ritual relic, a faint memory of religious monstrances as they were used in Gnostic practice and in Catholic churches once Pope John XXII's 1318 ban on the use of these "Satanic" instruments of divination had worn off. Lasch segues his way through the mediation of the darkened, convex mirror—the "Claude glass," named for Claude Lorrain, which was used to view landscapes in a way valued during the Enlightenment— and pushes us further, to consider the contemporary existence of the (often black) surveillance camera, showing that it, too, is a black mirror, the unobserved underside of surveillance, without which the visual epistemology of body identity in our day cannot continue.

Following this preface are five bracing thought-pieces, which I invite readers of this volume to attend to with seriousness and care. Accompanying the spectacularly meditative power of Lasch's photographic works based on the installation, first we have the artist's own statement, a brief introduction to the haunting images that are entirely his creation and that document an installation that deserves to be a permanent exhibit.

Los espectadores miraban detenidamente la instalación, revelando a veces que estaban molestos por confrontar la estática visual de las imágenes de sus propios cuerpos, o las imágenes de los cuerpos de los otros en la galería, cuerpos que interferían con el juego puro que imaginaban entre la escultura y la copia oscura de los cuadros. Al hacerlo, los espectadores irónicamente querían desaparecer en una visión incorpórea, convirtiéndose en versiones del "hombre invisible" de H. G. Wells. ¿Por qué ciertas formas del espectáculo hacen que los espectadores quieran olvidarse de sus propios cuerpos? Lasch critica la abstracción incorpórea y desorientación aprendida del museo, en el cual una pura epistemología visual niega la existencia física del espectador como superflua o extránea a lo que esté expuesto. Jugando deliberadamente con la incomodidad del espectador y con su molestia al verse incluído en la imagen, Lasch hace una intervención importante: como espectadores, importamos, y las imágenes de nuestros cuerpos pueden ser lo que centra estas cuestiones, lo que provee los eslabones perdidos que forman como una entidad completa la posibilidad de esta yuxtaposición de la escultura precolombina y la imagen colonial española. Nosotros (poscoloniales y posmodernos) *somos* los productos híbridos y los cuerpos racializados de una historia colonial oscura y profunda, y *tenemos* que comparar de verdad nuestros cuerpos, y nuestras caras, con los monstruos que se presentan detrás de las superfícies oscuras, y ante las luces brillantes.

Sin duda, esta instalación no opera como la casa de espejos en la atracción de feria, aunque se cuente en ella con la comprensión aprendida del espectador de que los juegos de reflejos casi siempre se descarrían. En vez de reflejar para entretener, los espejos negros de Lasch se preguntan profundamente las viscerales imágenes corporales que se implican en la composición de nuestras almas, por reciclar imágenes y objetos parasíticamente a través de las diferentes épocas, espacios y modos de racialización. Estamos en el reino de la monstruosidad, tal como lo están muchas de las imágenes españolas y los malentendidos recibidos de las esculturas precolombinas. El cuerpo del espectador ya no es nada más que un monstruo más que salta a la vista como un reflejo. La exposición de Lasch hace evidente que los monstruos también demuestran (en inglés, "monsters *de-monstrate*"), mostrando y contando por la encarnación, un hecho ya implicado en la raíz etimológica del latín que las dos palabras comparten. A la vez, el espejo negro es una relíquia religiosa y ritual, una memoria apenas visible de las apariciones tal como se daban en las prácticas gnósticas y en las iglesias católicas después de que se fuera desvaneciendo la prohibición por el papa Juan XXII del uso de estos instrumentos "satánicos" para la divinación. Lasch hace un vínculo con la mediación del oscuro espejo convexo—el "vidrio de Claude," nombrado por Claude Lorrain, que se usaba para mirar los paisajes de forma valorizada durante la Ilustración—y nos empuja aún más lejos, para considerar la existencia contemporánea de las cámaras de vigilancia (muchas veces negras), mostrando que ella también es un espejo negro, la parte inferior no observada de la vigilancia, sin la cual la epistemología visual de nuestra identidad corporeal no podría seguir hoy en día.

Después de este prólogo vienen cinco vigorosas meditaciones, las cuales invito a los lectores de este volumen que lean con cuidado y seriedad. La primera es la reflección erudita de Arnaud Maillet sobre el espejo negro; discute las tradiciones gnósticas y orientales de la

Next comes Arnaud Maillet's erudite reflection on black mirrors; it discusses the Gnostic and Oriental traditions of catoptromancy or basin-scrying, involving magical divination and the "black arts" of necromancy that such mirrors evoke. After this, we have Jennifer A. González's insightful remarks on how Lasch's work fits within contemporary artistic traditions that critique the institution of the museum, which hierarchizes power and privilege, wittingly or unwittingly, whether these are privileges of class, race, gender, or national origin. The third essay is Pete Sigal's informative exploration of the god Tezcatlipoca and the Virgin of Guadalupe, both of whom show up in the objects on display; their presence allows him to argue that the installation interacts with spectators to create a ritual practice of liminality. Ending this section of the book is Walter Mignolo's experimental and witty invention, a dialogue between an individual talking with an art historian and an archaeologist, who together pool their epistemologies so as to make sense out of the exhibit and proclaim that it represents a decolonial aesthetics of the imaginary that involves unlearning.

As I have noted, and as the essays argue at greater length, the *Black Mirror/Espejo Negro* exhibit parasitically recycled spectators into the show, who ended up being surprised as part objects crucial to the meaning of the installation: shadow doubles and reflections within the black mirrors that captured and interrogated them alongside the other objects and images. And by recycling as well as compressing time, that most important medium or value, which historical exhibits delimit, Lasch drew attention to how time forces us into multiple forms of accountability and representation, especially in the context of museum display. Time redistributes hierarchies of value in ways that lead to systematic critical questioning. Critique is the most abstract goal of all art, before it collapses into mere ornamentation or the back-and-forth accumulation and expenditure of economic value. "Recycle" was, fittingly, the theme of the Franklin Humanities Institute faculty seminar of 2008–9, and Lasch, a stellar participant of that bravura year of interdisciplinary exchange, produced a major work that used recycling both as its method and its theme. This accomplishment of Lasch's will endure as one of that year's rich outcomes, much to the pride of the Franklin Humanities Institute and the Nasher Museum of Art.

SRINIVAS ARAVAMUDAN
DEAN OF THE HUMANITIES
DUKE UNIVERSITY

catoptromancia, o adivinación por medio de reflejos en tinta, que consisten de la adivinación mágica y las "artes negras" de la necromancia que estos espejos evocan. Después tenemos el comentario perspicaz de Jennifer A. González, de cómo el trabajo de Lasch cabe dentro las tradiciones artísticas contemporáneas que critican la institución del museo, que, a sabiendas o no, establece una jeraquía de poder y privilegio, ya sea de poder, raza, género u origen nacional. El tercer ensayo es la exploración informativa de Pete Sigal del dios Tezcatlipoca y la Virgen de Guadalupe, quienes aparecen en los objetos expuestos; su presencia le permite argumentar que la instalación se relaciona con los espectadores para crear una práctica ritual de la liminalidad. Cerrando esta sección del libro está la invención ingeniosa y experimental de Walter Mignolo, un diálogo entre un individo que habla con un historiador del arte y una arqueóloga, quienes juntos producen un fondo común de sus epistemologías para dar sentido a la exposición, proclamando finalmente que ésta representa una estética descolonial del imaginario que involucra el desaprendizaje. Acompañando el poder meditativo espectacular de las obras fotográficas de Lasch, basadas en la instalación, tenemos el texto introductorio del artista mismo, una introducción breve a las imágenes inquietantes que son totalmente su creación y que documentan una instalación que merece ser una exposición permanente.

Como he dicho antes, y como los ensayos argumentan más extensamente, la exposición *Black Mirror/Espejo Negro* parasíticamente recicla a los espectadores, que resultan sorprendidos por ser objetos parciales pero claves del significado de la exposición: duplicados oscuros y reflejos dentro de los espejos negros que los capturaron y los interrogaron junto con los otros objetos e imágenes. Y por reciclar y comprimir el tiempo, ese medio o valor de gran importancia que las exposiciones históricas limitan, Lasch llamó la atención de cómo el tiempo nos confronta con formas múltiples de responsabilidad y representación, particularmente en el contexto de las disciplinas museográficas. El tiempo distribuye de nuevo las jerarquías del valor de modo que nos llevan al cuestionamiento crítico sistemático. La crítica es la meta más abstracta de todo el arte, antes de que colapse en mera ornamentación o la ida y vuelta de la acumulación y el gasto de valor económico. "Reciclaje" fue, debidamente, el tema del seminario profesorial del Franklin Humanities Institute del año 2008–9, y Lasch, un participante estelar de este año de bravura del intercambio interdisciplinario, produjo una obra maestra que utilizó el reciclaje tanto como su método como su tema. Este logro de Lasch perdurará como uno de los resultados ricos de aquel año, causa de mucho orgullo para el Franklin Humanities Institute y al Nasher Museum.

SRINIVAS ARAVAMUDAN
DECANO DE LAS HUMANIDADES
DUKE UNIVERSITY

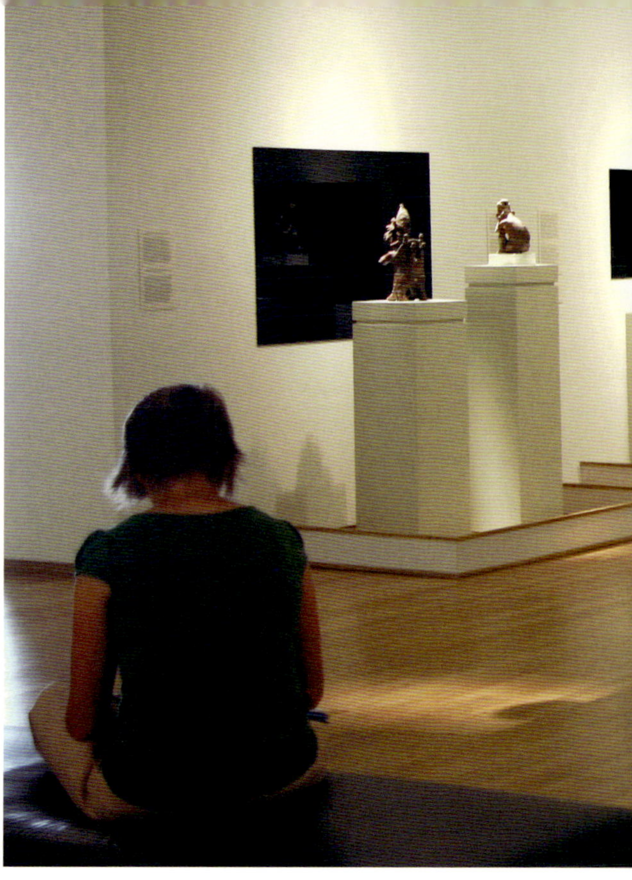

Black Mirror | Espejo Negro: Introductory Statement by the Artist
Black Mirror | Espejo Negro: Texto introductorio del artista

ABSTRACTION AND REFUSAL As we enter the room, black rectangular mirrors of different scales and proportions stand in stark contrast to the white walls, calling attention to the structural aspects of the gallery. Facing each mirror, at different heights and depths, defiant pre-Columbian figures stand on pedestals, all of them turning their backs to the viewer. While their refusal may push us away, their reflections in the mirrors pull us in. Even so, we find that it is impossible to see these figures' faces without also encountering our own faces, reflected in the same mirrors. The dark flat surfaces of black glass transform images of sculptured bodies into ephemeral paintings, incorporating the viewer's reflection, the environment, and the ghostly images of yet another set of gazes, those of Spanish priests and conquistadores.

MEDIATION The individual works that compose the overall sculptural installation are entitled *Black Mirror 2* through *12*, each pairing one or more pre-Columbian sculptures from different regions and periods with a Spanish painting of the colonial period that emerges gradually from behind a dark sheet of glass. At the center we find *Black Mirror 1*, the object that inspired the whole installation. It is an elegantly shaped obsidian disk from the museum's permanent collection. I propose we use this black "rosetta stone" as a tool to decipher ancient Amerindian civilizations, as well as a window onto the wealth of contemporary indigenous civilizations and peoples across the American continent.

TEZCATLIPOCA AND THE OBSIDIAN JOURNEY In pre-Columbian America, as in many other cultures, black mirrors were commonly used for divination, the art of knowing past and future events, and for necromancy, the art of communicating with the dead. The Aztecs directly associated obsidian with Tezcatlipoca, the deadly god of war, sorcery, and sexual transgression. Threatened by similar associations with sorcery and deviance, Pope John XXII banned the use of mirrors for any religious purpose in 1318. Yet centuries later, obsidian plates of all shapes and sizes would be introduced into Christian altars across Spain and its colonies, eventually becoming the surface on which artists, including the Spanish Baroque master Bartolomé Esteban Murillo, would paint saints and virgins.

THROUGH THE CLAUDE GLASS AND INTO THE AGE OF SURVEILLANCE The Spanish colonial works appearing in this installation can be seen as early examples of two key modern and contemporary forms of representation that resemble the obsidian black mirror: the ever-present photographic camera and the "Claude mirror" of eighteenth-century Europe. Named for the painter Claude Lorrain, the Claude mirror was a portable, convex tinted glass or mirror, which painters and photographers used to compose their pictures. This optical device marked a shift to a new period, when ritual and magic gave way to scientific illusionism and colonialist expansion. We no longer use black mirrors to speak with the dead, or to fix a gaze on objects that may last a little longer than we will. Yet little black eyes still hover all around us in the form of cameras placed in many public buildings and outdoor spaces. These black mirrors still act as go-betweens between the present and the absent, the visible and the invisible, the colonizer and the colonized.

Note: All the historical information and interpretative statements accompanying the artworks included in this book were researched, edited, and written by the artist. They accompanied the museum installation as bilingual English-Spanish labels and, as an integral part of the works themselves, are also included in the photographic suites.

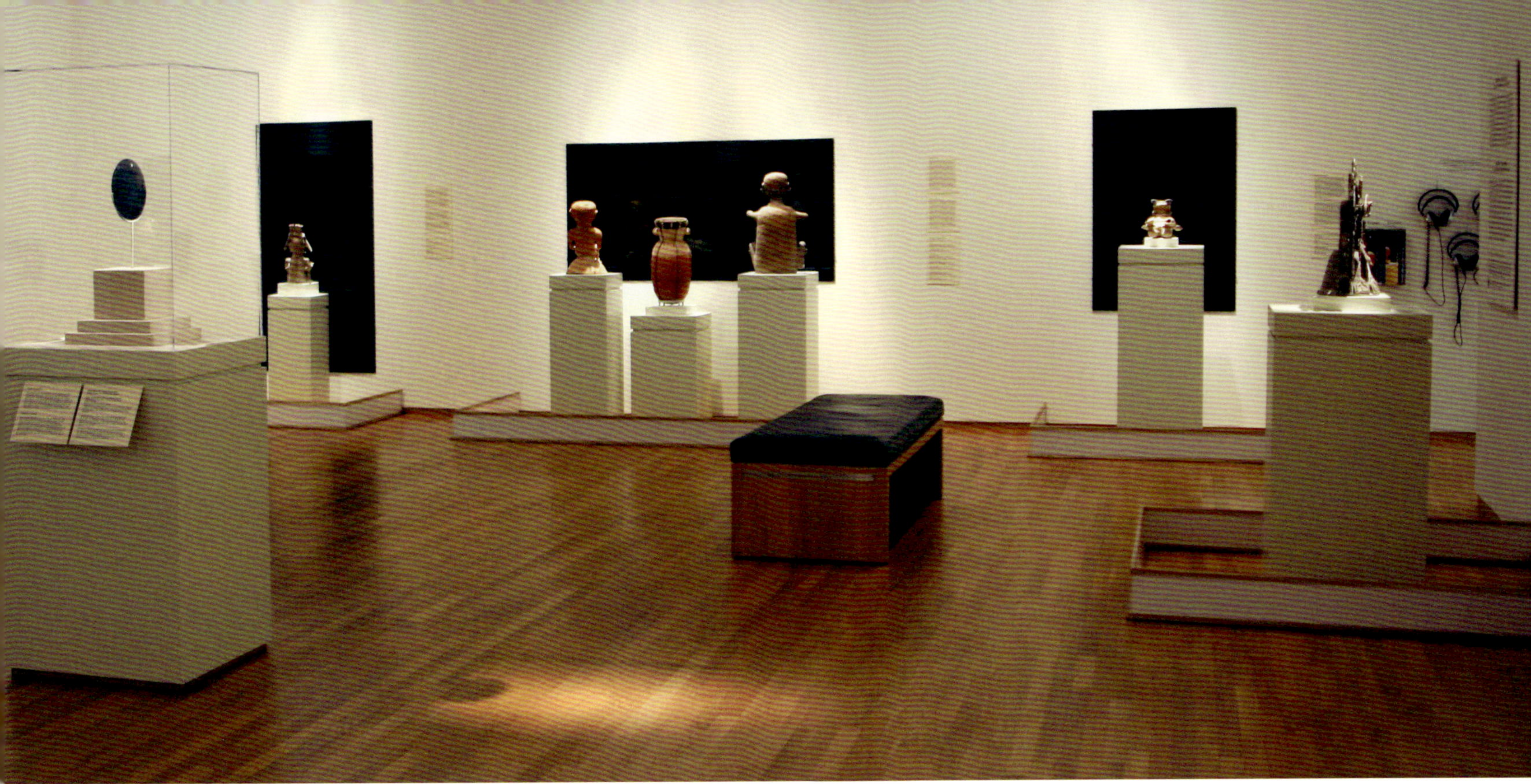

ABSTRACCIÓN Y RESISTENCIA Al entrar en la sala, rectángulos negros de diferentes proporciones y tamaños generan un activo contraste con las paredes blancas, enfatizando los aspectos estructurales de la galería. En frente de estos rectángulos que también son espejos, se encuentran figuras precolombinas rebeldes, dando la espalda todas ellas al espectador. Mientras que su rechazo nos excluye, su reflejo en el espejo nos atrae. Al acercarnos, nos damos cuenta que es imposible ver el rostro de estas figuras sin vernos también reflejados en el plano oscuro de vidrio. La superficie negra transforma cuerpos escultóricos en pinturas efímeras, incorporando el reflejo del espectador, el entorno y un juego más de rostros fantasma antes no vistos, el de conquistadores y religiosos españoles.

MEDIACIÓN Las obras individuales que componen la instalación escultórica se titulan *Espejo Negro 2* al *12* y cada una contrapone a través de un vidrio oscuro una pintura colonial española con una o más esculturas precolombinas de diferentes períodos y regiones. Al centro de la instalación se encuentra el *Espejo Negro 1*, el objeto que inspiró la obra entera. Se trata de un disco de obsidiana de gran elegancia que pertenece a la colección del museo. Propongo que usemos esta "rosetta negra" como herramienta para descifrar civilizaciones amerindias de la antigüedad, pero también como ventana a la riqueza de las civilizaciones y pueblos indígenas contemporáneos que habitan en el continente americano.

TEZCATLIPOCA Y LA TRAYECTORIA DEL OBSIDIANA En la América precolombina, así como en muchas otras culturas, los espejos negros se usaban comúnmente para la adivinación, el arte de conocer el pasado y el futuro, y la necromancia, el arte de comunicarse con los muertos. Los aztecas asociaban el obsidiana directamente con Tezcatlipoca, dios mortal de la guerra, la brujería y la transgresión sexual. Sintiéndose amenazado por asociaciones similares, el Papa Juan XXII prohibió el uso de espejos para cualquier función religiosa en 1318. Pero siglos más tarde, placas de obsidiana de todas formas y tamaños serían introducidas en los altares de toda España cristiana y sus colonias, convirtiéndose incluso en la superficie sobre la cual pintores como el maestro barroco Bartolomé Esteban Murillo pintarían vírgenes y santos.

A TRAVÉS DEL "ESPEJO DE CLAUDE" Y ADENTRÁNDONOS A LA ERA DE LA VIGILANCIA Las obras coloniales que aparecen en esta instalación pueden verse como ejemplos de dos formas clave de la representación moderna que se parecen al espejo negro: la inevitable cámara fotográfica y el "espejo de Claude" del siglo XVIII europeo. Llamado así por el pintor ambientalista Claude Lorrain, el espejo de Claude era un vidrio convexo portable y reflejante que pintores y fotógrafos usaban para crear sus imágenes. Esta herramienta óptica marca de hecho el paso de una época de ritual y magia a otra de ilusionismo científico y expansión colonialista europea. Ya no usamos espejos negros para hablar con los muertos, o para fijar la mirada en objetos que pudieran durar un poco más que nosotros mismos. Sin embargo, pequeños ojos negros flotan en nuestro alrededor en forma de cámaras de vigilancia en todo tipo de espacios interiores y exteriores. Estos pequeños espejos negros todavía actúan como intermediarios entre los presentes y los ausentes, lo visible y lo invisible, los colonizados y los colonizadores.

Nota: Toda la información histórica y los textos interpretativos junto a las imágenes que se incluyen en este libro fueron escritos y editados por el artista en base a sus propias investigaciones. En la exposición estos textos se mostraron como textos museográficos bilingües en inglés y español, e igualmente son parte primordial de la serie de fotografías. El artista los considera parte de la obra visual.

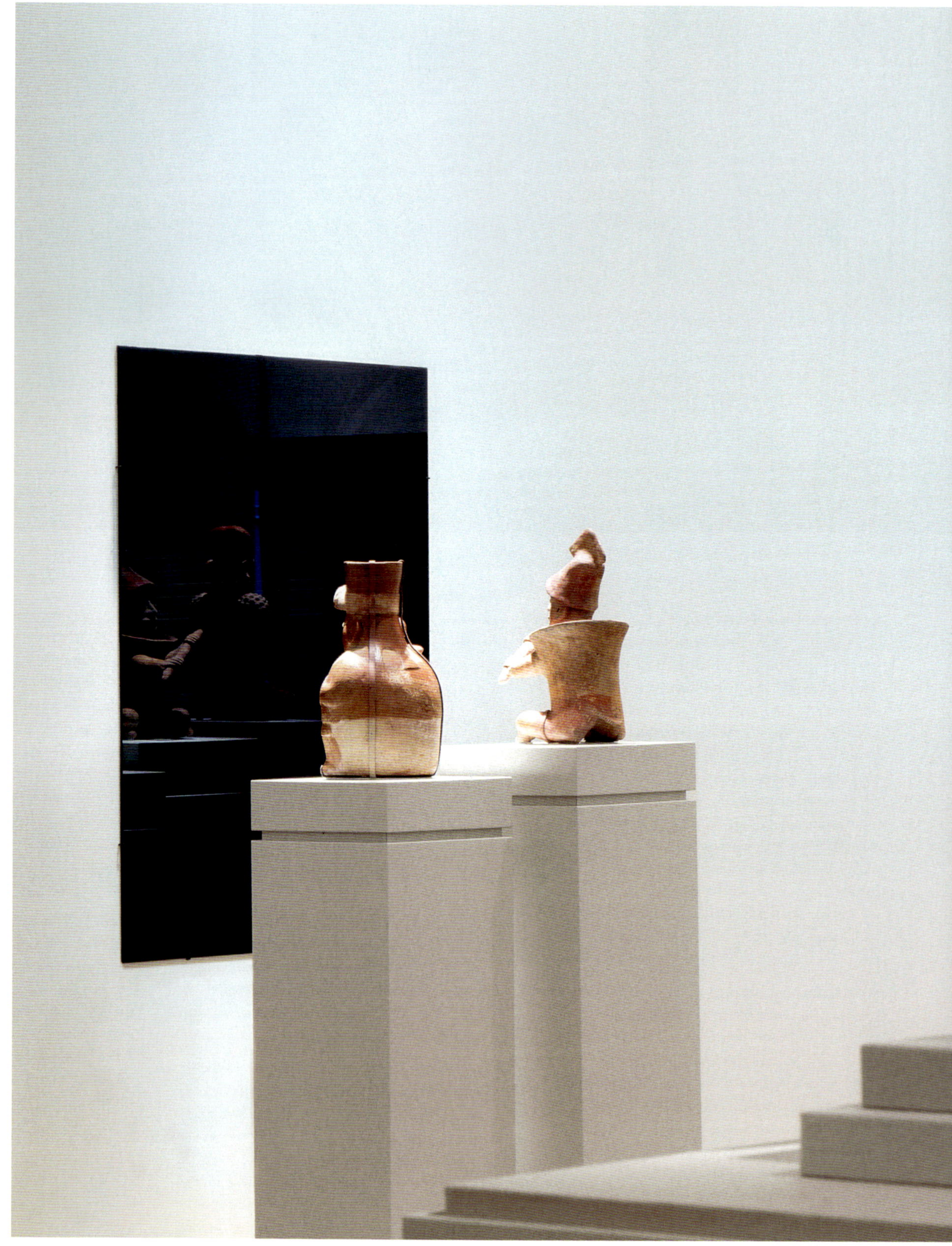

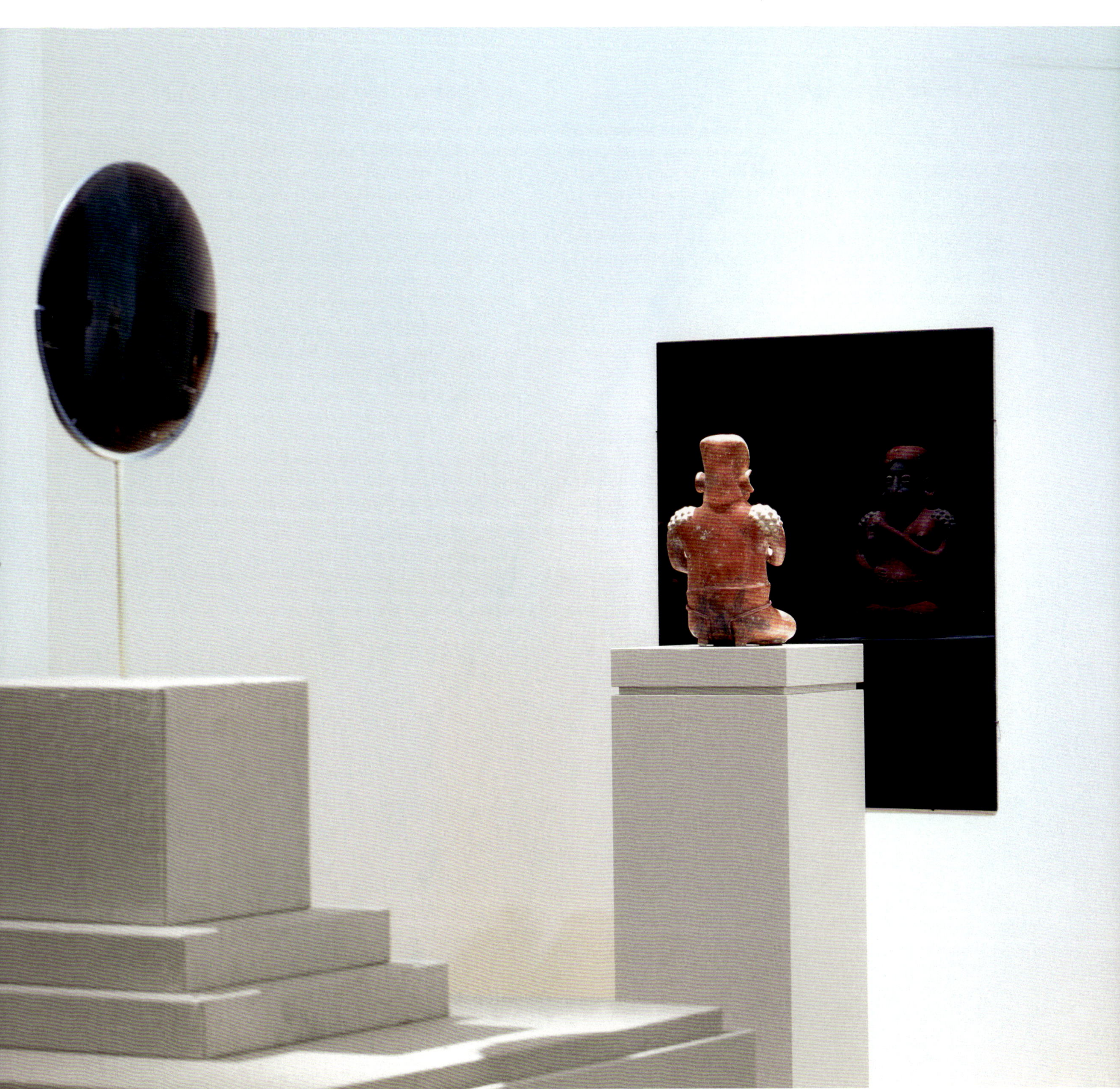

PAGE 26: SUITE 2 | 11 x 30 IN., CIBACHROME PRINT, EDITION OF 5
PREVIOUS PAGE: SUITE 3 | 17 ¾ x 34 IN., CIBACHROME PRINT, EDITION OF 5

1. Liquid Abstraction

This obsidian mirror, the centerpiece of the *Black Mirror/Espejo Negro* project, is rich in historical as well as poetic associations. Louis XIV, the French monarch also called the Sun King, kept a similarly large and rare black disk as a most prized possession in his cabinet of wonders, his private collection of natural artifacts and art objects from around the world. Said to have come from the personal treasure of Moctezuma (also called Montezuma II, the last emperor of Aztec Mexico, ruled 1502–20), Louis's disk is now in the Museum of Natural History in Paris.

"Liquid abstraction" refers to lava, that incandescent liquid that flows under us, beneath petroleum repositories, closer to the heart of the Earth. Obsidian, the material of which this Aztec disc is made, is a naturally occurring glass formed when felsic lava flows from a volcano and cools down without forming crystals. The title also reminds us of another process requiring extremely high temperatures, the founding through which Spanish colonizers melted pre-Columbian sculptures and sacred objects to transform them into gold bricks and other financial abstractions.

Anonymous, Aztec, central Mexico
Obsidian mirror disk, 1300–1521 CE
Polished obsidian, Collection of the Nasher Museum of Art at Duke University, Museum purchase in memory of Reigh Ashton, with funds provided by Craig and Faith Ashton, and additional funds by Reigh Ashton's friends, 2000.6.1

PÁGINA 26: SUITE 2 | 28 x 76 CM, IMPRESIÓN CIBACHROME, EDICIÓN DE 5
PÁGINA ANTERIOR: SUITE 3 | 45 x 86.5 CM, IMPRESIÓN CIBACHROME, EDICIÓN DE 5

1. Abstracción líquida

Este espejo de obsidiana, pieza central del proyecto *Black Mirror/Espejo Negro*, es de rico contenido histórico y poético. Louis XIV, el monarca francés también conocido como el Rey Sol, tenía un disco negro de parecido tamaño y rareza en su colección privada de artefactos científicos y obras de arte. Preciado entre sus objetos predilectos se decía que el espejo provenía del tesoro personal de Moctezuma, último emperador azteca en México que reinó entre 1502 y 1520. El disco negro del Rey Sol se encuentra ahora en el Museo de Historia Natural de París.

"Abstracción líquida" se refiere a la lava, ese líquido incandescente que fluye debajo de nosotros, bajo mantos petroleros, más cerca del corazón de la tierra. Obsidiana, el material del cual está hecho este disco, es un vidrio natural que ocurre cuando la lava félsica que resulta de una erupción volcánica se enfría sin crecimientos cristalinos. El título nos recuerda otro proceso, también de altísimas temperaturas, con el cual colonizadores españoles fundieron esculturas y representaciones precolombinas de oro y plata para transformarlas en lingotes de oro y otras abstracciones financieras.

Anónimo, azteca, México central
Disco espejo de obsidiana, AD 1300–1521
Obsidiana pulida, Colección del Nasher Museum of Art at Duke University, Adquisición en memoria de Reigh Ashton, con fondos de Craig y Faith Ashton, y fondos adicionales de los amigos de Reigh Ashton, 2000.6.1

NEXT PAGE, LEFT: SUITE 2 | 70 x 50 IN., CIBACHROME PRINT, EDITION OF 5
RIGHT: SUITE 3 | 38 x 31¼ IN., CIBACHROME PRINT, EDITION OF 5

2. The Smoking Mirror

The Aztec god Tezcatlipoca is also known as the "Smoking Mirror," and obsidian mirrors are directly associated with him. Such mirrors are still used ceremonially in Mexico and often share space with the burning of incense and other devotional practices associated with the Virgin of Guadalupe, whom we see here in the image behind the dark glass. This installation establishes a parallel between the Aztec deity and the Virgin, who showed herself in the flat forms of apparitions, as seen in her image miraculously imprinted on a cape.

Anonymous, Maya Culture, Tiquisate region, Guatemala

Incense burner, Early Classic period, 250–550 CE
Ceramic, with traces of red, yellow, blue, black, and white paint, Collection of the Nasher Museum of Art at Duke University, Gift of Dr. and Mrs. Francis Robiscek, 1980.3.1A

Earlier judged to be a fake, this incense burner is now considered to be authentic. Such radical swings in the evaluation of ancient artifacts are characteristic of their life in private and public collections, but are especially common with understudied or underappreciated art traditions and regions, such as those of Asia, Africa, and Latin America.

Reproduction behind glass:

Anonymous, Viceroyalty of New Spain

Juan Diego Shows the Miraculous Ayate, mid-1700s
Oil on canvas, Private Collection

PÁGINA ANTERIOR, IZQUIERDA: SUITE 2 | 178 x 127 CM, IMPRESIÓN CIBACHROME, EDICIÓN DE 5
DERECHA: SUITE 3 | 96.5 x 79.5 CM, IMPRESIÓN CIBACHROME, EDICIÓN DE 5

2. El espejo humeante

El dios azteca Tezcatlipoca es también conocido como el "Espejo Humeante" y se le asocia directamente con los espejos de obsidiana. Este tipo de espejo todavía se usa ceromonialmente en México, acompañado con frecuencia de la quema de incienso y otras prácticas devocionales asociadas con la Virgen de Guadalupe, a quien vemos en la imagen detrás del vidrio oscuro. Esta instalación por tanto establece paralelos entre el dios Tezcatlipoca y la Virgen Morena, quien también tiende a aparecer en formas planas, como lo hace aquí en la imagen milagrosa impresa en el lienzo del cuadro novohispano.

Anónimo, Maya, región Tiquisate, Guatemala

Incensiario, periodo clásico, AD 250–550
Cerámica con pintura roja, amarilla, azul, negra, y blanca, Colección del Nasher Museum of Art at Duke University, Obsequio de Dr. y Mrs. Francis Robiscek, 1980.3.1A

Antes considerado como una falsificación, este incensiario de la colección ahora se califica como obra auténtica. Cambios tan radicales en la valoración de piezas antiguas son típicos en colecciones públicas y privadas, pero son especialmente comunes en tradiciones artísticas y regionales menospreciadas y poco estudiadas como lo son las de Asia, Africa y América Latina.

Reproducción detrás del vidrio:

Anónimo, Virreinato de Nueva España

Juan Diego muestra el ayate milagroso, mediados de 1700
Oleo sobre tela, Colección privada

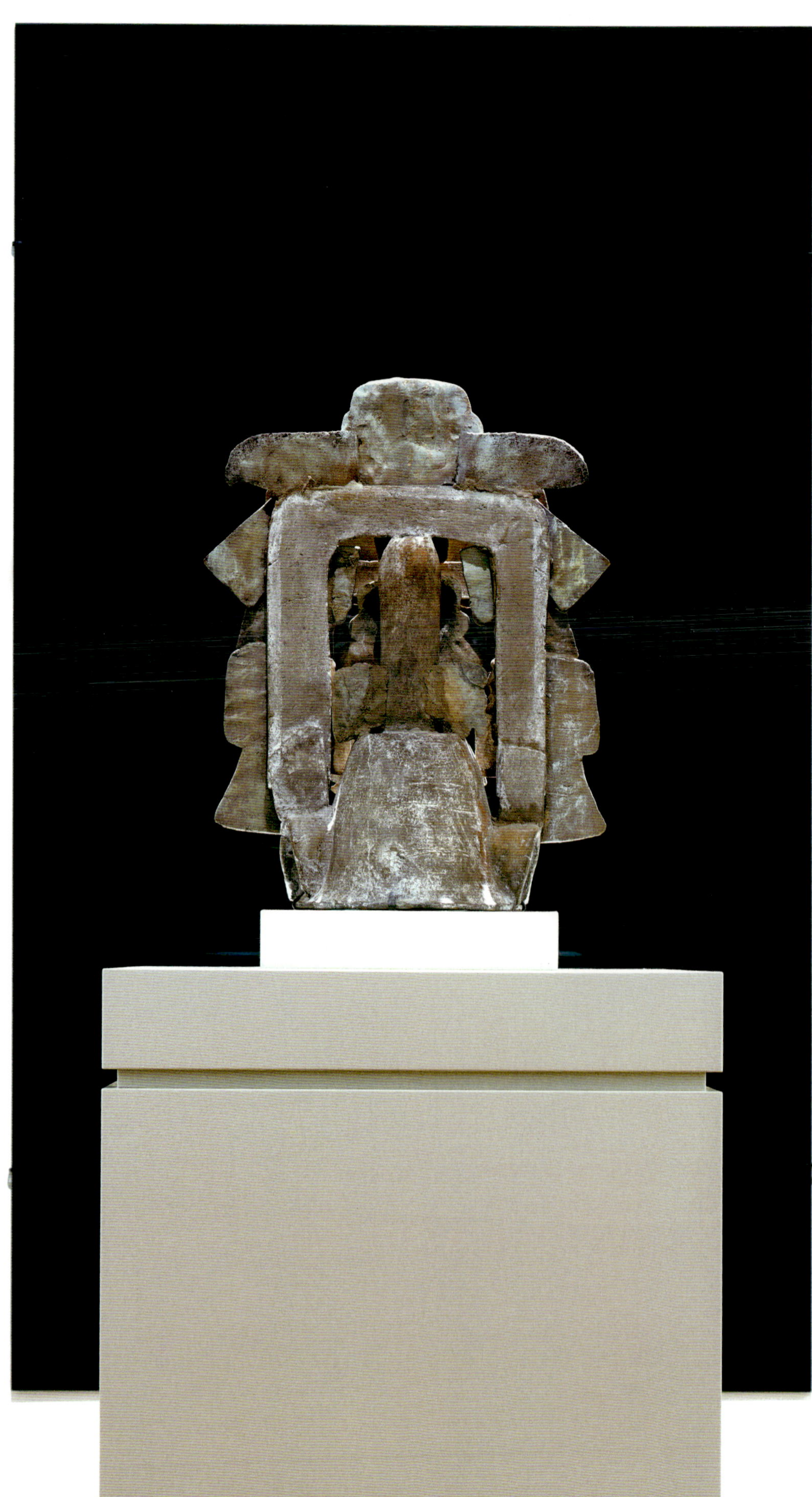

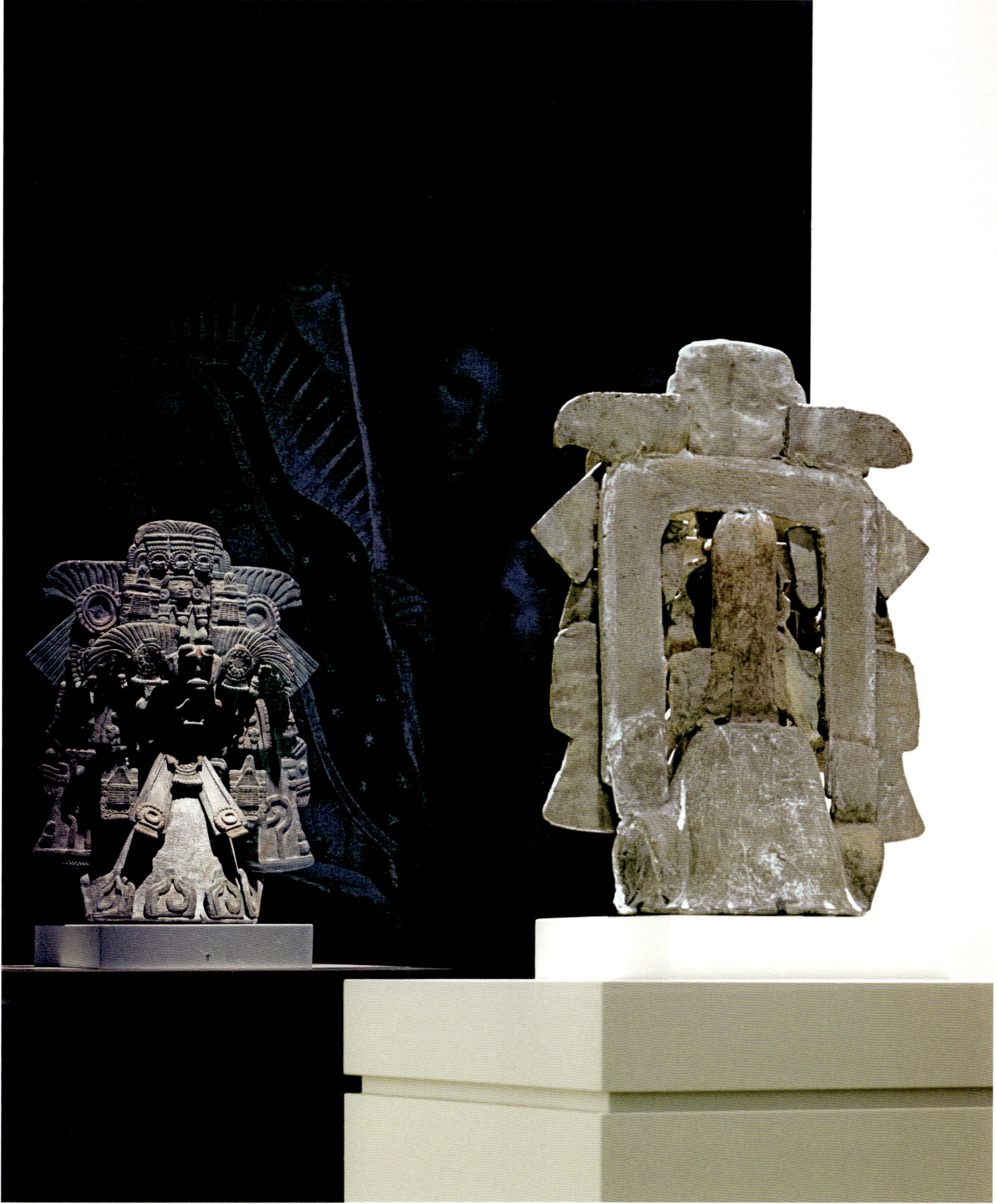

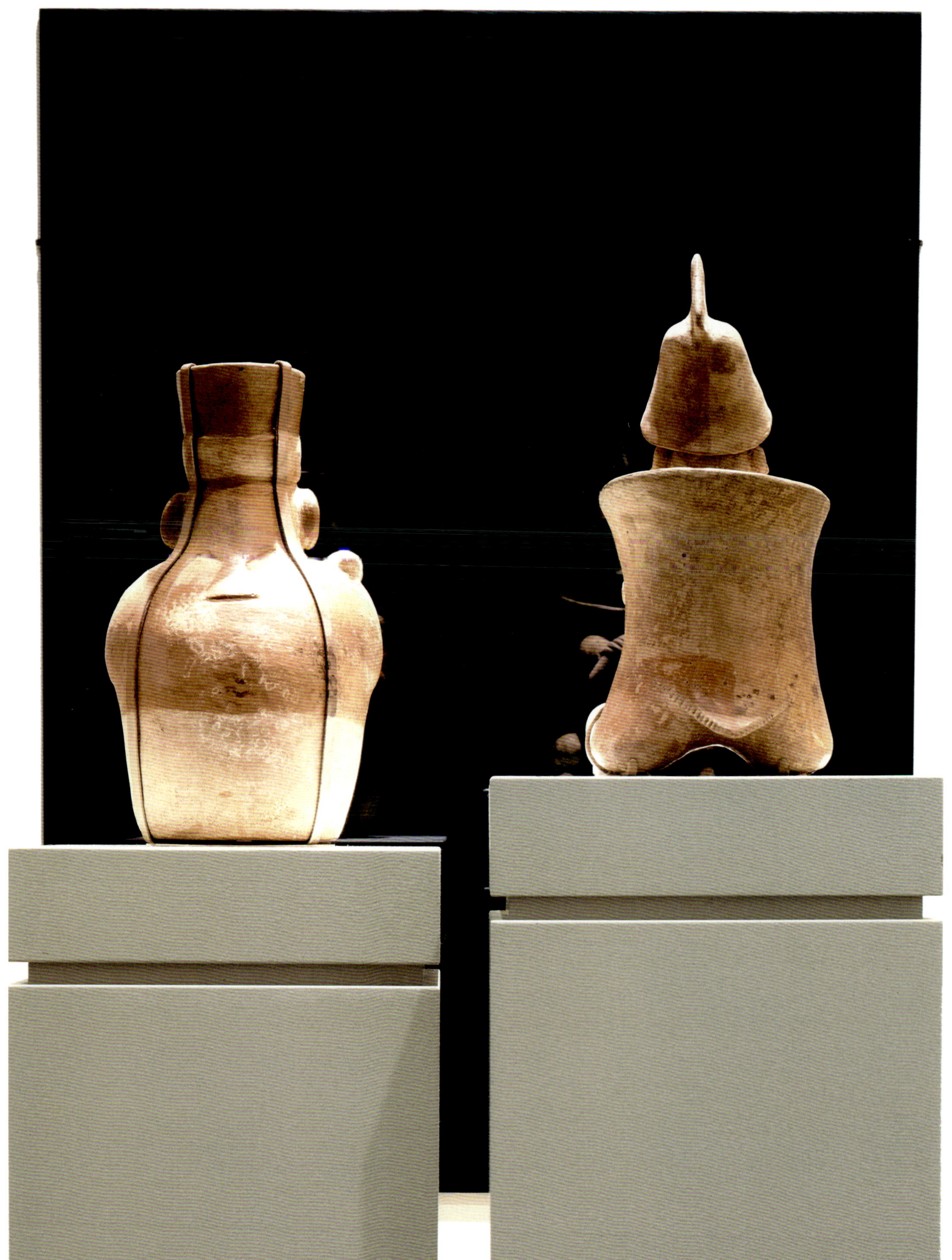

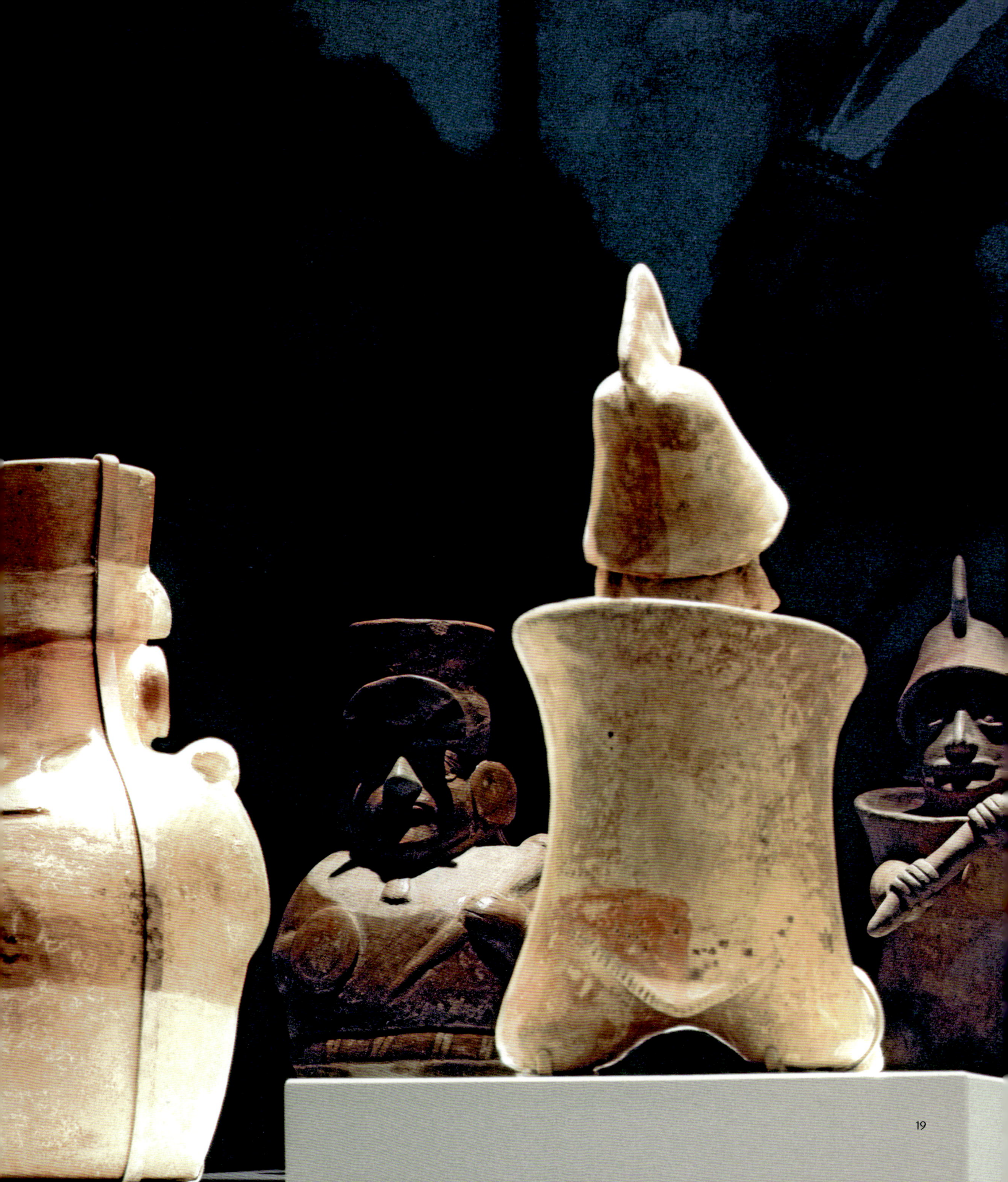

PREVIOUS PAGE, LEFT: SUITE 2 | 48 x 38 IN., CIBACHROME PRINT, EDITION OF 5
RIGHT: SUITE 3 | 27 x 24 IN., CIBACHROME PRINT, EDITION OF 5

3. Human Landscape and the Picturesque

In Europe from roughly 1700 to 1850, painters and early tourists would take excursions into the countryside carrying black, round mirrors strikingly similar to the obsidian disk at the center of this installation. Europeans called these objects "Claude mirrors," and used them to study images of beautiful landscapes, reflected and temporarily captured in the dark glass. This search for pleasing picturesque landscapes in nature, which were framed in the mirror and resembled the compositions of landscape paintings, impacted landscape design and aesthetic attitudes toward the environment. The history of the Claude mirror and the picturesque is suggestive of the treatment of particular peoples as part of the natural landscape, rather than as part of human civilization or culture. The "gentle Indians" shown behind this glass are examples of this fact, but so are innumerable tourist photographs taken today. These typically include not just the landmarks and landscapes of the visited site but also pictures of the "natives" or people who regularly inhabit it

Left to right:

Anonymous, Jalisco style, Jalisco, Mexico
Seated figure with helmet, 100 BCE–300 CE
Ceramic with red and white slip paint, Collection of the Nasher Museum of Art at Duke University, Gift of Rochelle and Alan Kesselman, 1988.6

Anonymous, Moche Culture, Peru
Warrior figure vase, 200–500 CE
Redware with cream and black, Collection of the Nasher Museum of Art at Duke University, Paul A. and Virginia Clifford Collection, 1973.1.521

Reproduction behind glass:

Miguel Cabrera or Mexican school
Gentle Indians, 1763 (from a series of 16 "caste paintings")
Oil on canvas, Museo de América, Madrid

PÁGINA ANTERIOR, IZQUIERDA: SUITE 2 | 122 x 96.5 CM, IMPRESIÓN CIBACHROME, EDICIÓN DE 5
DERECHA: SUITE 3 | 68.5 x 63.5 CM, IMPRESIÓN CIBACHROME, EDICIÓN DE 5

3. El paisaje humano y lo pintoresco

En Europa de 1700 a 1850, pintores y turistas pioneros cargaban en sus excursiones pequeños espejos negros muy parecidos al que se encuentra en el centro de esta instalación. Los europeos les llamaban "espejos Claude" y los usaban para estudiar bellos paisajes, reflejados y capturados temporalmente en el oscuro vidrio. Esta búsqueda por paisajes que se parecieran a cuadros hermosos y famosos o "pintorescos" llegó incluso a crear una cultura del diseño del paisaje y el control del medio ambiente. La historia del "espejo Claude" y "lo pintoresco" sugiere también el trato de seres humanos y pueblos colonizados como parte natural del paisaje, no como culturas o civilizaciones propias. Los "indios gentiles" que se muestran detrás del vidrio son ejemplos de este hecho, pero igualmente lo son sin número de fotografías turísticas que se toman hoy en día. Estas típicamente incluyen no sólo monumentos y paisajes característicos, sino también retratos de los "nativos" que habitan este paisaje.

Izquierda a derecha:

Anónimo, estilo jalisco, Jalisco, México
Figura sentada con casco, 100 BC–AD 300
Cerámica con pintura roja y blanca, Colección del Nasher Museum of Art at Duke University, Obsequio de Rochelle and Alan Kesselman, 1988.6

Anónimo, cultura Moche, Perú
Vasija en forma de guerrero, AD 200–500
Barro rojo con negro y color crema, Colección del Nasher Museum of Art at Duke University, Colección de Paul A. y Virginia Clifford, 1973.1.521

Reproducción detrás del vidrio:

Miguel Cabrera o escuela mexicana
Indios gentiles, 1763 (de una serie de 16 pinturas de casta)
Oleo sobre tela, Museo de América, Madrid

NEXT PAGE, LEFT: SUITE 2 | 45 x 34⅛ IN., CIBACHROME PRINT, EDITION OF 5
RIGHT: SUITE 3 | 48 x 39 IN., CIBACHROME PRINT, EDITION OF 5

PÁGINA SIGUIENTE, IZQUIERDA: SUITE 2 | 114.5 x 86.5 CM, IMPRESIÓN CIBACHROME, EDICIÓN DE 5
DERECHA: SUITE 3 | 122 x 99 CM, IMPRESIÓN CIBACHROME, EDICIÓN DE 5

4. Hypnotism and Necromancy

Many cultures have used black mirrors and other dark reflections to communicate with the dead. But before allowing one to speak to the dead, the mirror induces a state of hypnotic emptiness of mind. In this pairing we see the common Mesoamerican cosmological understanding of life and death as a continuous cycle. The pregnant woman of the pre-Columbian figurine is contrasted with the aging ecclesiastic by El Greco shown in the painting behind the glass. Together they reveal a profound difference between how each gender experiences birth and death.

Anonymous, Ameca gray type, Jalisco, Mexico
Seated female figure, 200 BCE–300 CE
Ceramic with red and gray-white slip paint, Collection of the Nasher Museum of Art at Duke University, Paul A. and Virginia Clifford Collection, 1973.1.58

Reproduction behind glass:

El Greco (Domenicos Theotokopoulos), Greek, 1541–1614, lived and worked in Spain
Portrait of an Ecclesiastic, ca. 1610–14
Oil on canvas, Kimbell Art Museum, Fort Worth, Texas

4. Hipnotismo y necromancia

El uso de los espejos negros y otros tipos de reflejo oscuro para comunicarse con los muertos ha existido en muchas culturas. Pero antes de permitirle a uno hablar con los difuntos, el espejo lo lleva a un estado hipnótico y ausente. En esta obra vemos una representación del común entendimiento cosmológico mesoamericano de la vida y la muerte como un ciclo continuo. La mujer embarazada de la figura precolombina aparece en contraste con el viejo eclesiástico del cuadro de El Greco. Juntos expresan la profunda diferencia de cómo los hombres y las mujeres experimentan la vida y la muerte.

Anónimo, estilo ameca gris, Jalisco, México
Figura femenina sentada, 200 BC-AD 300
Cerámica con pintura gris y roja, Colección del Nasher Museum of Art at Duke University, Colección Paul A. and Virginia Clifford, 1973.1.58

Reproducción detrás del vidrio:

El Greco (Domenicos Theotokopoulos), griego, 1541–1614, vive y trabaja en España
Retrato de un eclesiástico, ca. 1610–14
Oleo sobre tela , Kimbell Art Museum, Fort Worth, Texas

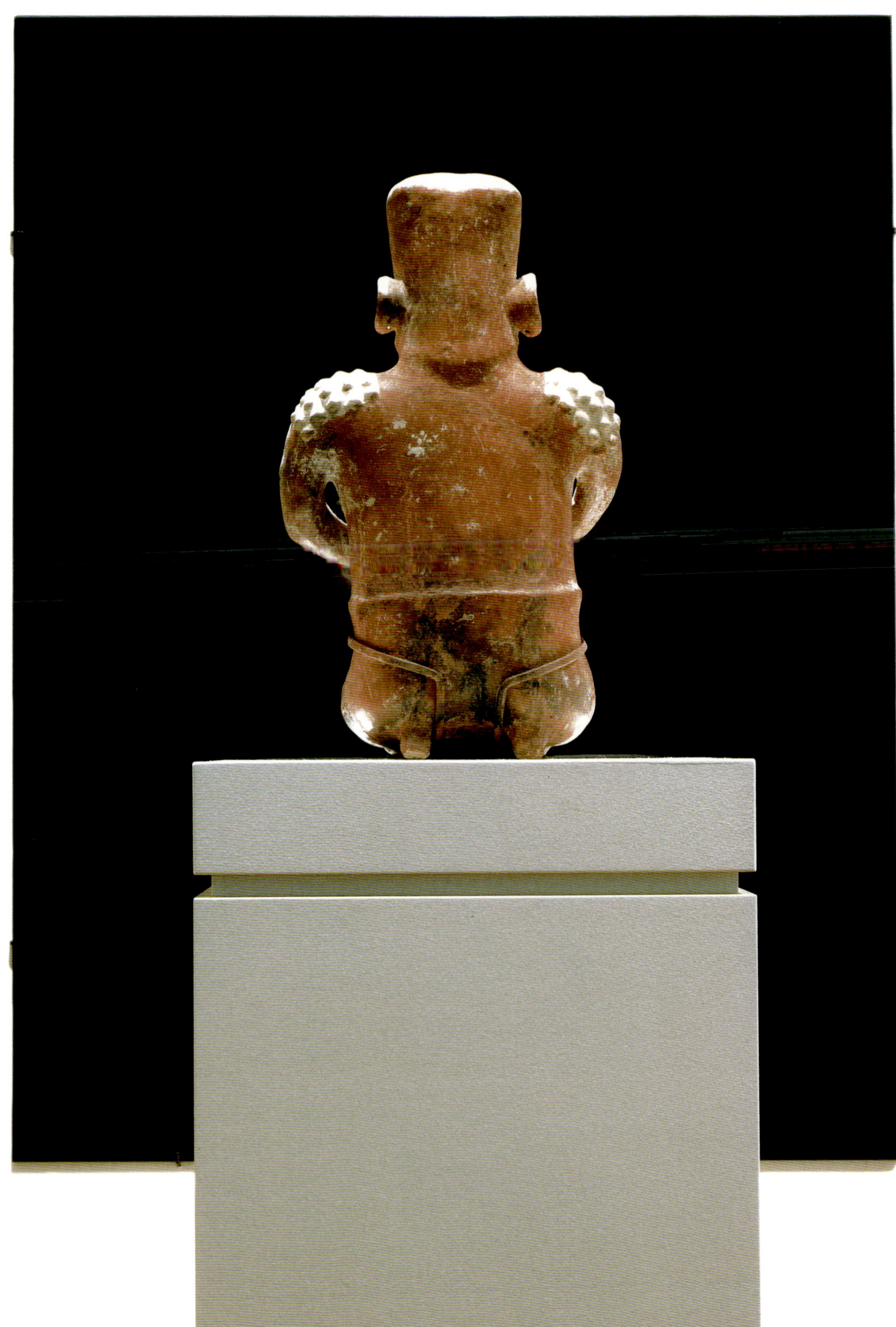

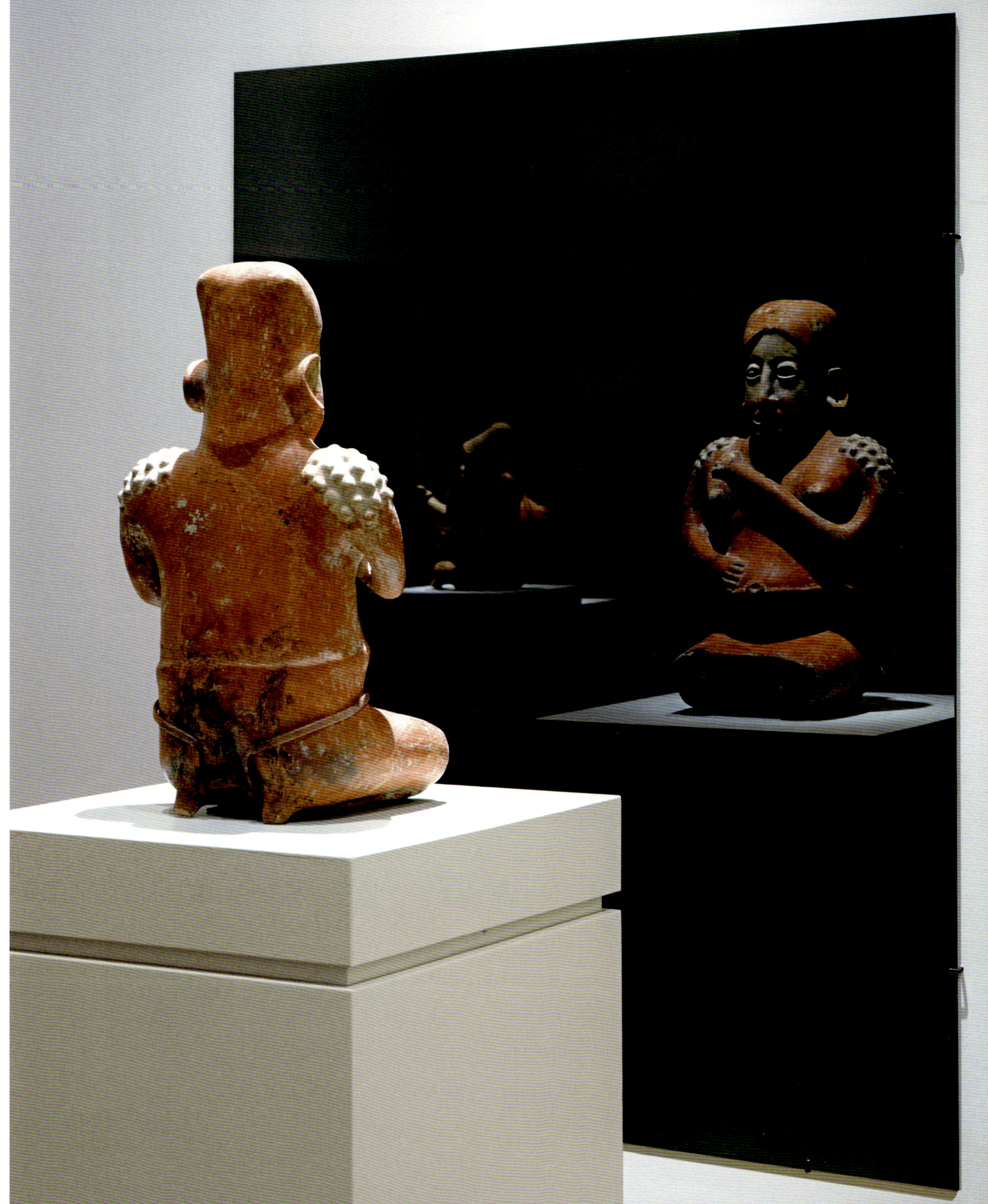

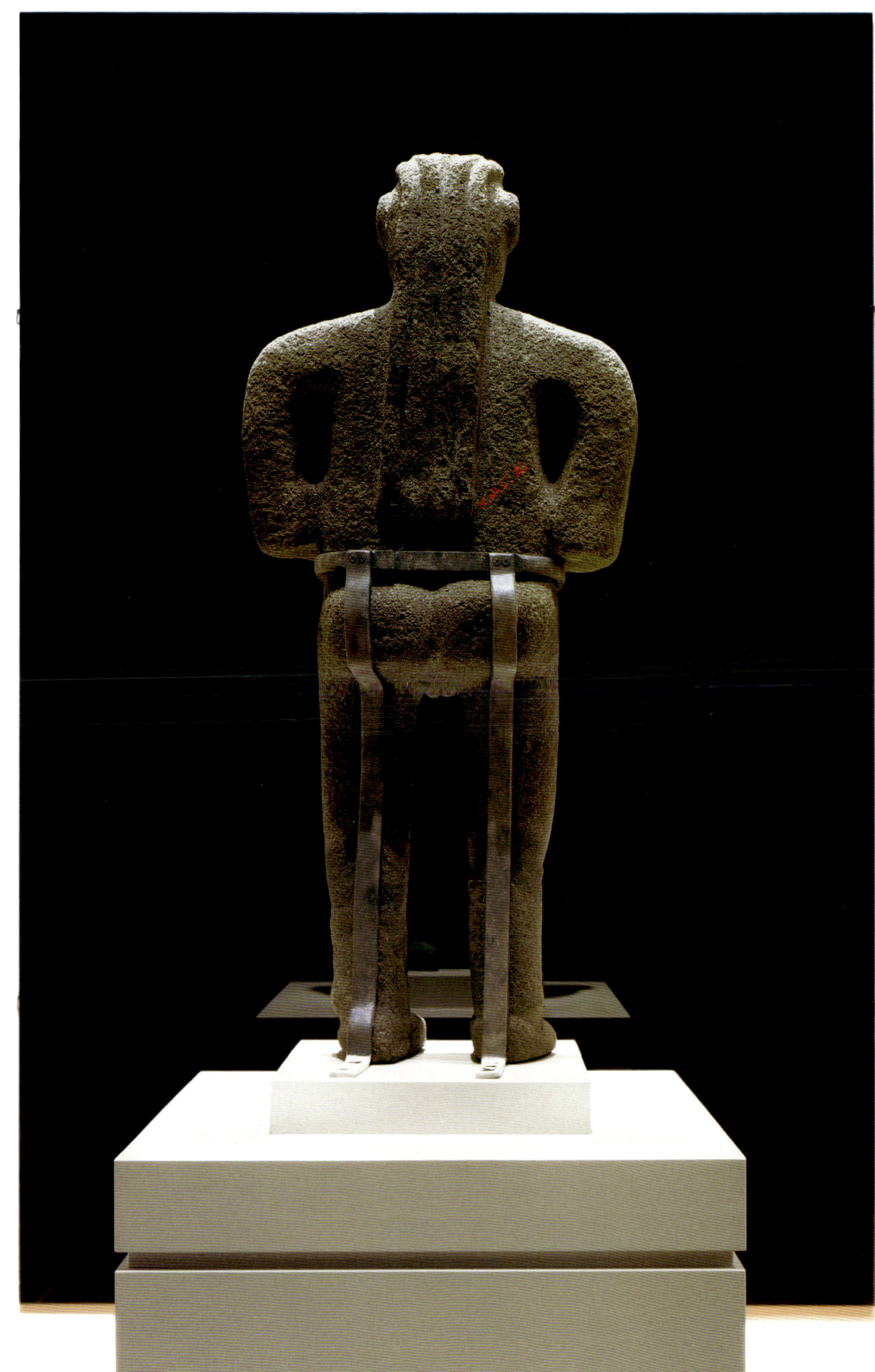

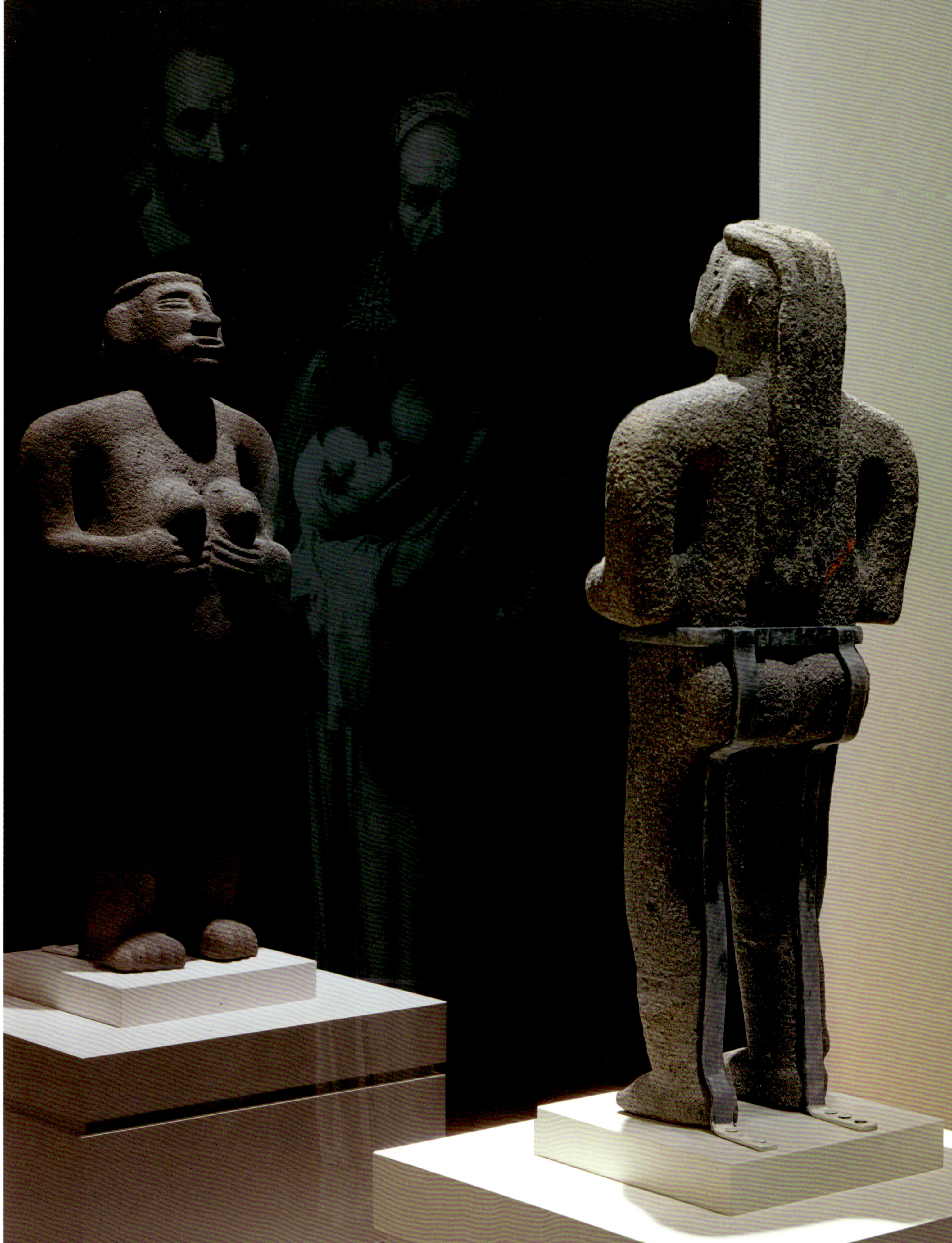

PREVIOUS PAGE, LEFT: SUITE 2 | 71 x 49 IN., CIBACHROME PRINT, EDITION OF 5
RIGHT: SUITE 3 | 54 x 40½ IN., CIBACHROME PRINT, EDITION OF 5

5. Mimesis and Transgression

Transgressions can be understood as intentional or accidental deviations from the norm, the breaking of rules, or the performance of forbidden acts. The breast-feeding bearded woman shown in the Spanish painting behind the glass transgresses norms of gender and of familial relations. On the other hand, the female figure made from volcanic stone standing in front of us speaks of mimesis, or close resemblance. Although the volcanic material of which she is made is close in origin to the polished obsidian of the disk at the center of the *Black Mirror/Espejo Negro* project, they are nevertheless different in their representation of form. The disk, like a painting, depicts a figure through the illusion of two-dimensional reflections, whereas the sculptural standing figure represents the human form by means of a shape in space that we must relate to our own bodies.

Anonymous, Atlantic Watershed region, Costa Rica
Standing female figure, Early Period VI, ca. 1000 CE
Volcanic stone, Collection of the Nasher Museum of Art at Duke University, Gift of Dr. John R. McLaren, 1984.42.2

Reproduction behind glass:

José de Ribera, Spanish, 1592–1652
The Bearded Woman, Magdalena Ventura, and Her Husband, 1631
Oil on canvas, Palacio Lerma, Fundación Casa Ducal de Lerma, Toledo

PÁGINA ANTERIOR, IZQUIERDA: SUITE 2 | 71 x 49 CM, IMPRESIÓN CIBACHROME, EDICIÓN DE 5
DERECHA: SUITE 3 | 137 x 103 CM, IMPRESIÓN CIBACHROME, EDICIÓN DE 5

5. Mimesis y transgresión

Las transgresiones se pueden entender como desviaciones intencionales o accidentales de la norma, el romper de las reglas, o la ejecución de actos prohibidos. La mujer barbuda dando el pecho que aparece en este cuadro español detrás del vidrio representa transgresiones de las divisiones de género y los lazos familiares. Por el otro lado, la escultura femenina que se encuentra en frente de nosotros habla de la mimesis, o el hecho de establecer parecidos o imitaciones. Mientras que está hecha de un material volcánico de origen parecido al del disco de obsidiana en el cual se inspira el proyecto *Black Mirror/Espejo Negro*, ambos son ejemplos muy distintos del hecho de la representación. El disco, como la pintura y la fotografía, representa figuras a través de ilusiones y reflejos bidimensionales. La escultura, por el otro lado, representa la forma humana a través de formas en el espacio que tenemos que relacionar a nuestro propio cuerpo.

Anónimo, región Atlántica, Costa Rica
Figura femenina erecta, periodo temprano VI, ca. AD 1000
Piedra volcánica, Colección del Nasher Museum of Art at Duke University, Obsequio de Dr. John R. McLaren, 1984.42.2

Reproducción detrás del vidrio:

José de Ribera, español, 1592–1652
La mujer barbuda, Magdalena Ventura, y su esposo, 1631
Oleo sobre tela, Palacio Lerma, Fundación Casa Ducal de Lerma, Toledo

6. Incest, Narcissism, and Melancholy

Spanish viceregal and European aristocracies from the colonial period amassed ever larger territories through strategic marriages and reproduction. With intermarriage among fewer and fewer families, resulting in various kinds of sometimes incestuous relationships, these classes grew ever more powerful. This trend, and the luxurious lifestyle afforded by the exploitation of the colonies and their subjects, soon led to lifestyles of great narcissism. But it also produced a culture of deep melancholy, which can be related to the black mirrors in this installation. The association between black mirrors and melancholy was made by artists and writers of the period, who might reference melancholy as a reflective puddle of black bile, where an unknowing subject may lose herself forever, very much as Narcissus, in the classic Greek myth, lost himself by falling in love with his own reflection. The portrait here of the extravagantly dressed young Prince Philip IV and Princess Ana exemplifies how children were expected to perform very important roles in the symbolism of political authority. Facing the pre-Columbian sculptures of the jaguar and the serpent, both symbols of power, the portrait of the infant future monarchs should not be seen here as a representation of two individuals, but as two very young children already invested with the visual representation of exclusivity and power.

Left to right:

Anonymous, Zapotec, Mexico

Seated figure urn with buccal mask of the serpent, Monte Albán II, 300–900 CE
Ceramic, Collection of the Nasher Museum of Art at Duke University, Gift of Fred P. and Jean N. Bruno, 1981.72

Anonymous, southwestern Nicaragua

Jaguar effigy vessel, Late Period VI, 1200–1400 CE
Ceramic with red and black on white slip paint, Collection of the Nasher Museum of Art at Duke University, Paul and Virginia Clifford Collection, 1973.1.210

Reproduction behind glass:

Juan Pantoja de la Cruz, Spanish, 1553–1608

Portrait of Philip IV and Ana, 1607
Oil on canvas, Kunsthistorisches Museum, Vienna

In pre-Columbian times, the jaguar often symbolized a supernatural creature who would eat up the sun and thus create the night. It is thought that the smaller jaguars painted on the limbs of the figure displayed here represent the stars in the nighttime sky, which appear when the sun is devoured at sunset.

6. Incesto, narcisismo y melancolía

La aristocracia novohispana y europea del periodo colonial se hizo de cada vez mayores propiedades a través del matrimonio y la reproducción estratégicos. Con el casamiento sucediendo entre cada vez menos familias, muchas veces resultando en relaciones incestuosas, estas clases se hicieron cada vez más poderosas. Esta tendencia, así como la vida de lujo causada por la explotación de las colonias y sus pobladores, pronto llevaron a estilos de vida de un gran narcisismo. Pero también produjeron una cultura de profunda melancolía, la cual se puede relacionar con los espejos negros en esta instalación. La asociación entre los espejos negros y la melancolía la hicieron artistas y escritores del periodo, quienes se referían en ocasiones a la melancolía como un charco de bilis negra donde se podría perder un inocente sujeto, así como en el mito griego se perdió Narciso mismo al enamorarse de su propio reflejo. El retrato que se muestra aquí de los jóvenes y extravagantemente vestidos príncipes Felipe IV y Ana ejemplifica cómo los niños eran empleados a temprana edad en el simbolismo de la autoridad política. Encarados a las figuras del jaguar y la serpiente precolombinos, ambos representantes del poder, el retrato de los niños y futuros monarcas no debe ser visto aquí como la representación de dos niños, sino como dos individuos envestidos ya con la representación visual del poder y la exclusividad.

Izquierda a derecha:

Anónimo, zapoteca, México

Figura sentada con máscara bucal de serpiente, Monte Albán II, AD 300–900
Cerámica, Colección del Nasher Museum of Art at Duke University, Obsequio de Fred P. and Jean N. Bruno, 1981.72

Anónimo, suroeste de Nicaragua

Vasija efigie de jaguar, periodo tardío VI, AD 1200–1400
Cerámica con pintura roja, negra y blanca, Colección del Nasher Museum of Art at Duke University, Colección Paul and Virginia Clifford, 1973.1.210

Reproducción detrás del vidrio:

Juan Pantoja de la Cruz, español, 1553–1608

Retrato de Felipe IV y Ana, 1607
Oleo sobre tela, Kunsthistorisches Museum, Vienna

En tiempos precolombinos, el jaguar en muchas ocasiones simbolizaba una criatura supernatural que se comía el sol y así creaba la noche. Se piensa que los pequeños jaguares pintados sobre las extremidades de esta figura representan a las estrellas que aparecen después de que el sol ha sido devorado en el atardecer.

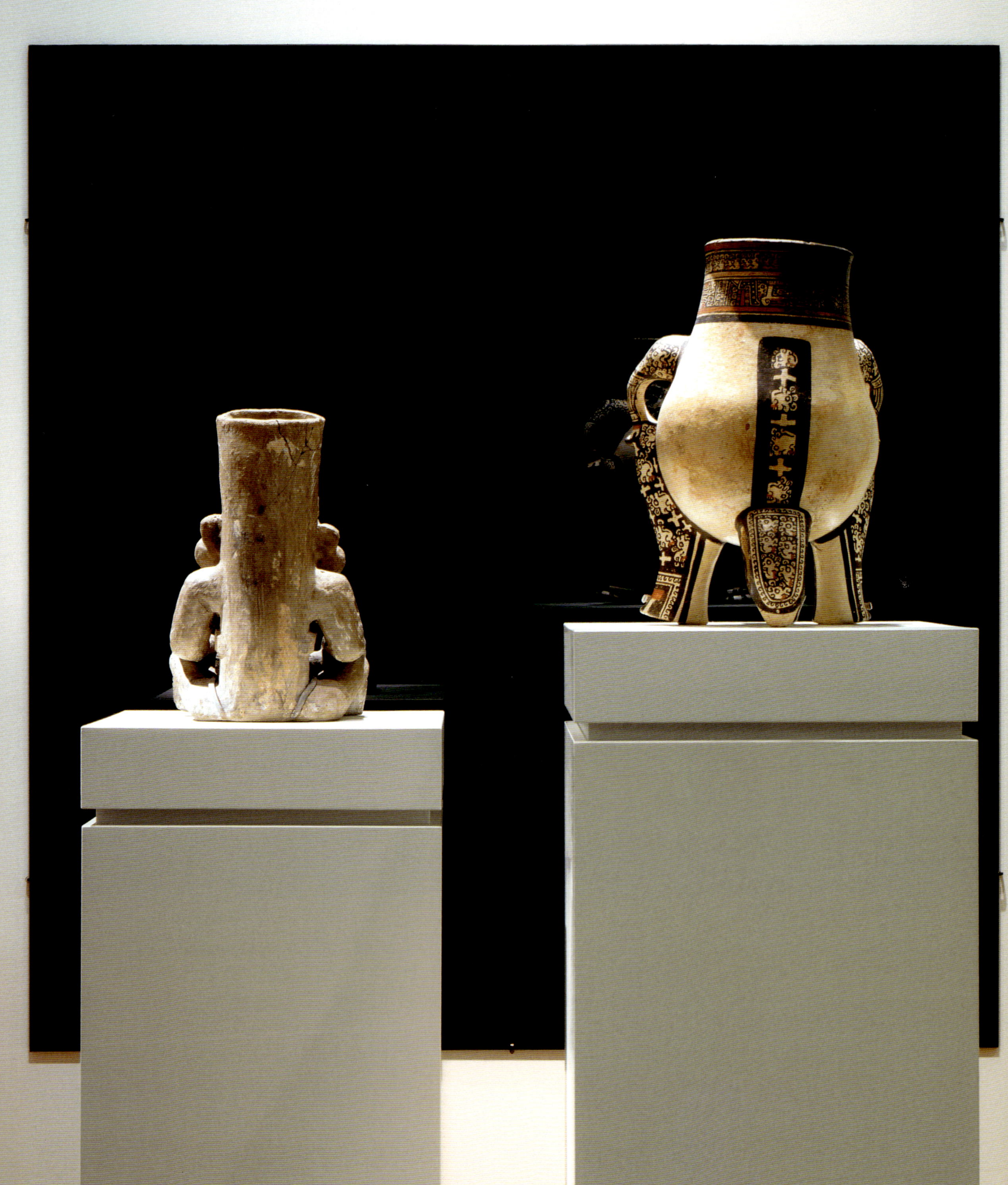

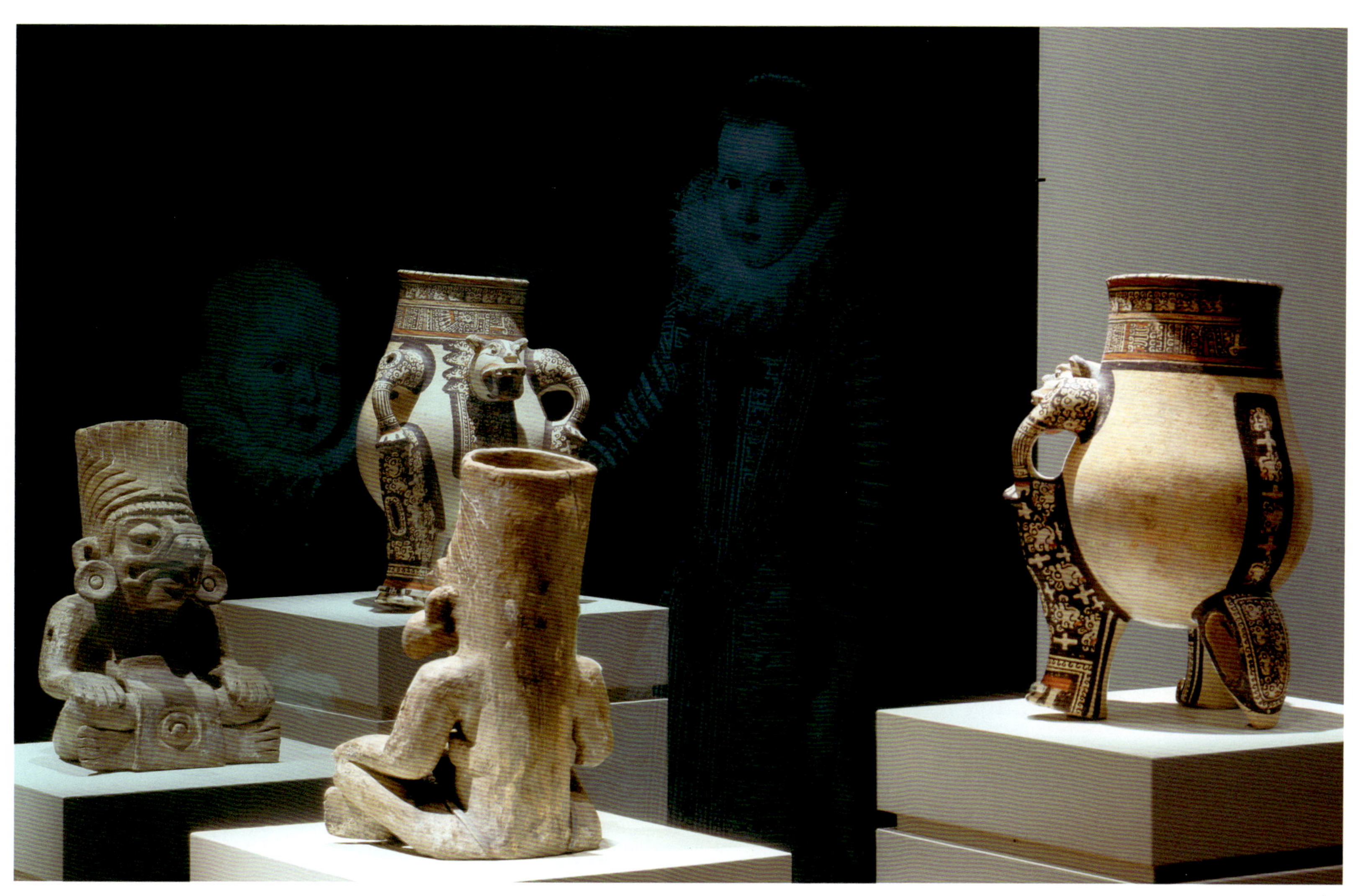

INCEST, NARCISSISM, AND MELANCHOLY | INCESTO, NARCISISMO Y MELANCOLÍA

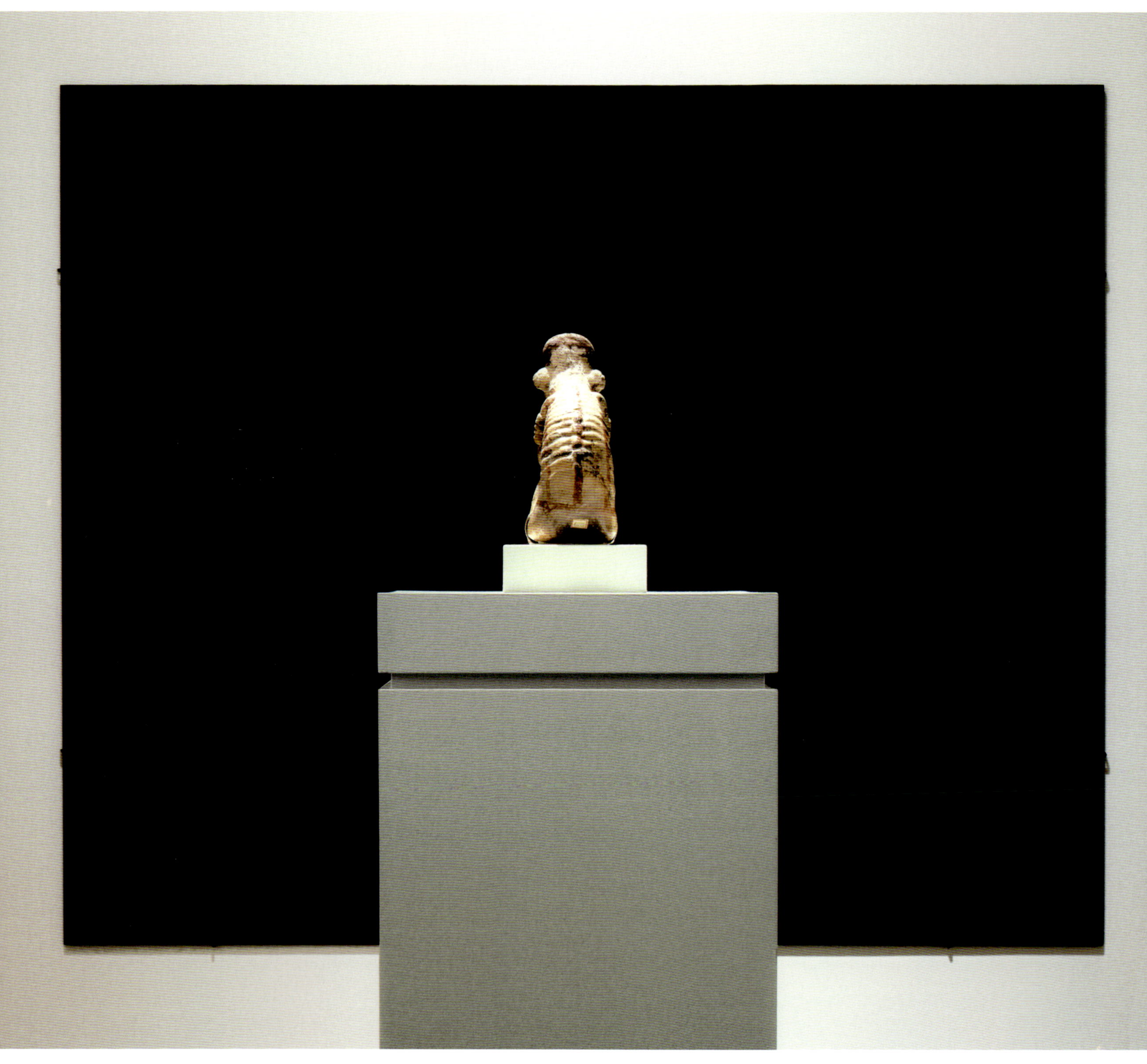

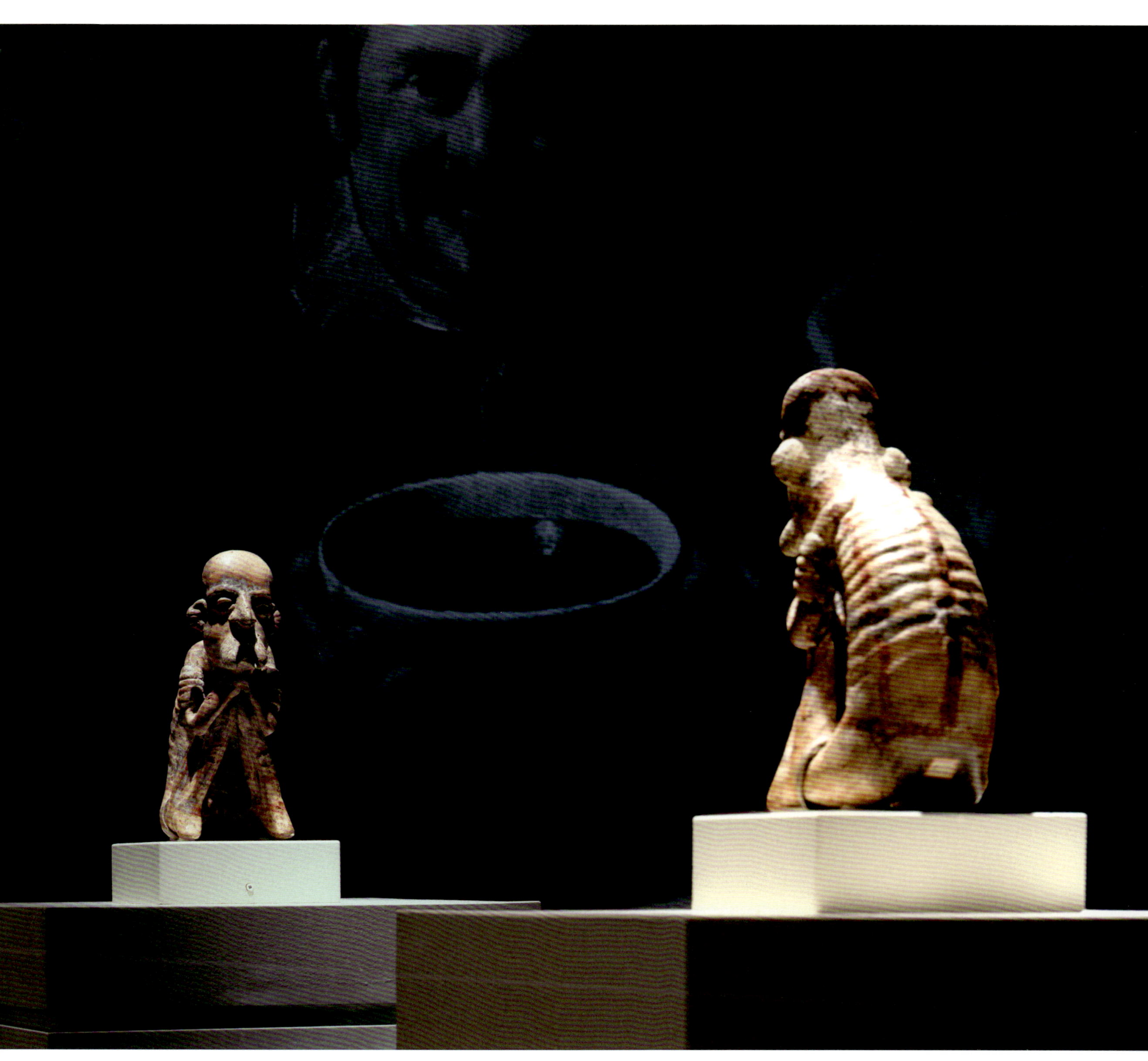

BLIND TASTE | GUSTO CIEGO

PREVIOUS PAGE, LEFT: SUITE 2 | 52 x 60 IN., CIBACHROME PRINT, EDITION OF 5
RIGHT: SUITE 3 | 30 x 38 IN., CIBACHROME PRINT, EDITION OF 5

7. Blind Taste

Black mirrors have long been associated with blindness, and the resulting enhanced use of the other senses. In the painting shown behind the glass a well-nourished man holds a circular mirror of dark blood. He seems to be offering it to the starved figure from Nayarit, Mexico, sitting on the pedestal before him. Her open mouth becomes a reflection of the liquid in his brimming bowl.

Anonymous, Nayarit, Mexico
Seated female, emaciated, with ribs showing, 250 BCE–200 CE
Ceramic, Collection of the Nasher Museum of Art at Duke University, Gift of Mrs. Ivan B. Hart, 1986.8.1

Reproduction behind glass:

Attributed to Alejandro de Loarte, Spanish, 1595–1626
Kitchen Scene or Bodegón, ca. 1620
Oil on canvas, Rijksmuseum, Amsterdam, on deposit at the Museum Boijmans van Beuningen, Rotterdam

PÁGINA ANTERIOR, IZQUIERDA: SUITE 2 | 132 x 152.5 CM, IMPRESIÓN CIBACHROME, EDICIÓN DE 5
DERECHA: SUITE 3 | 76 x 96.5 CM, IMPRESIÓN CIBACHROME, EDICIÓN DE 5

7. Gusto ciego

Los espejos negros se han asociado por mucho tiempo con la ceguera y su resultante intensificación de los otros sentidos. En la pintura detrás del vidrio, un hombre rotundo sostiene un espejo circular de sangre oscura. Parece estar ofreciéndolo a la figura desnutrida de Nayarit, México, que se encuentra frente a él. La boca abierta de la figura se convierte en el reflejo del líquido que se desparrama de su tazón.

Anónimo, Nayarit, México
Figura femenina desnutrida, mostrando costillas, 250 BC–AD 200
Cerámica, Colección del Nasher Museum of Art at Duke University, Obsequio de Mrs. Ivan B. Hart, 1986.8.1

Reproducción detrás del vidrio:

Atribuído a Alejandro de Loarte, español, 1595–1626
Escena de cocina o bodegón, ca. 1620
Oleo sobre tela, Rijksmuseum, Amsterdam, depositado en el Museo Boijmans van Beuningen, Rotterdam

NEXT PAGE, LEFT: SUITE 2 | 38 x 49 IN., CIBACHROME PRINT, EDITION OF 5
RIGHT: SUITE 3 | 32 x 49 IN., CIBACHROME PRINT, EDITION OF 5

PÁGINA SIGUIENTE, IZQUIERDA: SUITE 2 | 96.5 x 124.5 CM, IMPRESIÓN CIBACHROME, EDICIÓN DE 5
DERECHA: SUITE 3 | 81.5 x 96.5 CM, IMPRESIÓN CIBACHROME, EDICIÓN DE 5

8. Collecting, Categorizing, Colonizing, Racializing

The painting behind this glass belongs to the first known set of works of a complex genre called "caste painting." A form of art and decoration, and a powerful tool of indoctrination, this genre established visual racial codes, rigidly assigning a specific status to each skin tone in the Spanish colonial order. Here, for example, a couple of "Spanish" and "Indian" blood is explained as producing "Mestizo" offspring. Highest in this colonial hierarchy stood the Spaniard and his whiteness. Below was the brown-skinned colonial majority. Lowest, and representing the extreme opposite of all things fair and European, was the blackness associated with African slaves. This pairing reflects on the violent history of race, as well as the crucial role that art and visual culture have often played in the creation of racist social structures.

Left to right:

Anonymous, Nayarit, Mexico

Warrior, 200 BCE–300 CE
Ceramic with red, white, orange, and black slip paint, Collection of the Nasher Museum of Art at Duke University, Gift of Lucy M. Handler, 1984.9.1

Anonymous, Nayarit, Mexico

Ixtlan kneeling figure, Proto-classic, 200 BCE–400 CE
Ceramic, Collection of the Nasher Museum of Art at Duke University, Paul and Virginia Clifford Collection, 1973.1.42

Reproduction behind glass:

Anonymous, Mexican school

From Spanish and Indian Results Mestiso (from a series of 14 caste paintings), ca. 1725
Oil on canvas, Private Collection, Breamore House, London

8. Coleccionar, categorizar, colonizar, racializar

La pintura detrás de este vidrio pertenece al primer juego que se conoce del complejo género llamado "pintura de castas." Una forma de arte y decoración, así como una poderosa herramienta de indoctrinación, este género establecía códigos visuales y raciales que asignaban un lugar específico a cada tono de piel en el orden colonial español. Aquí, por ejemplo, la pareja de "español" e "india" producen hijos "mestizos." En lo alto de esta jerarquía se encontraban el español y su blancura. Debajo se encontraba la gran mayoría morena. En el lugar más bajo y al extremo opuesto de todo lo claro y europeo, se colocaba lo negro y la población de esclavos africanos. Este espejo negro refleja la violenta historia de la raza, así como la labor fundamental que han tenido el arte y la cultura visual en la creación de estructuras sociales racistas.

Izquierda a derecha:

Anónimo, Nayarit, México

Guerrero, 200 BC–AD 300
Cerámica con pintura roja, blanca, naranja y negra, Colección del Nasher Museum of Art at Duke University, Obsequio de Lucy M. Handler, 1984.9.1

Anónimo, Nayarit, México

Figura de Ixtlan en cuclillas, proto-clásico, 200 BC–AD 400
Cerámica, Colección del Nasher Museum of Art at Duke University, Colección Paul and Virginia Clifford, 1973.1.42

Reproducción detrás del vidrio:

Anónimo, escuela mexicana

De español y de india produce mestiso (de una serie de 14 pinturas de casta), ca. 1725
Oleo sobre tela, Colección privada, Breamore House, Londres

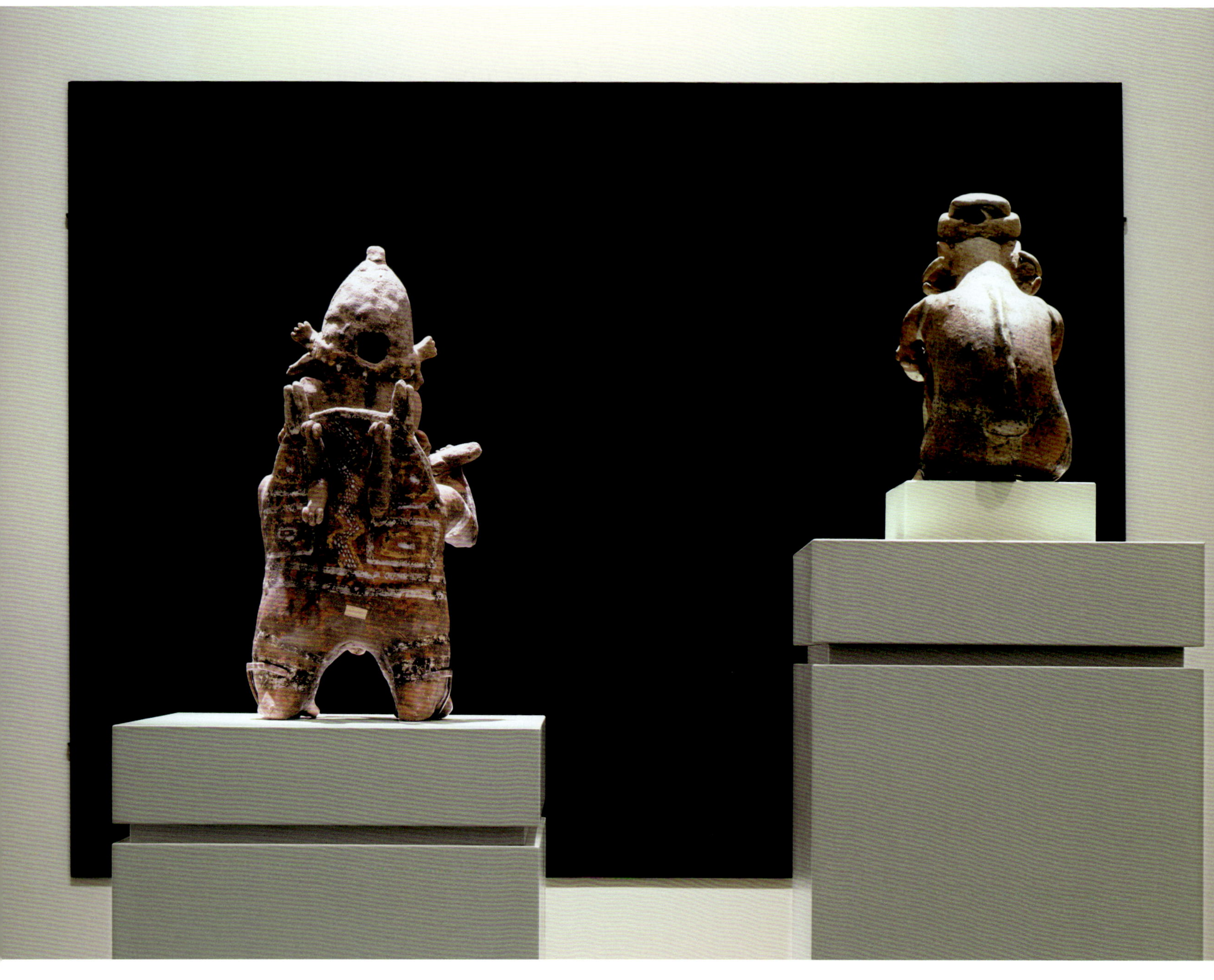

COLLECTING, CATEGORIZING, COLONIZING, RACIALIZING | COLECCIONAR, CATEGORIZAR, COLONIZAR, RACIALIZAR

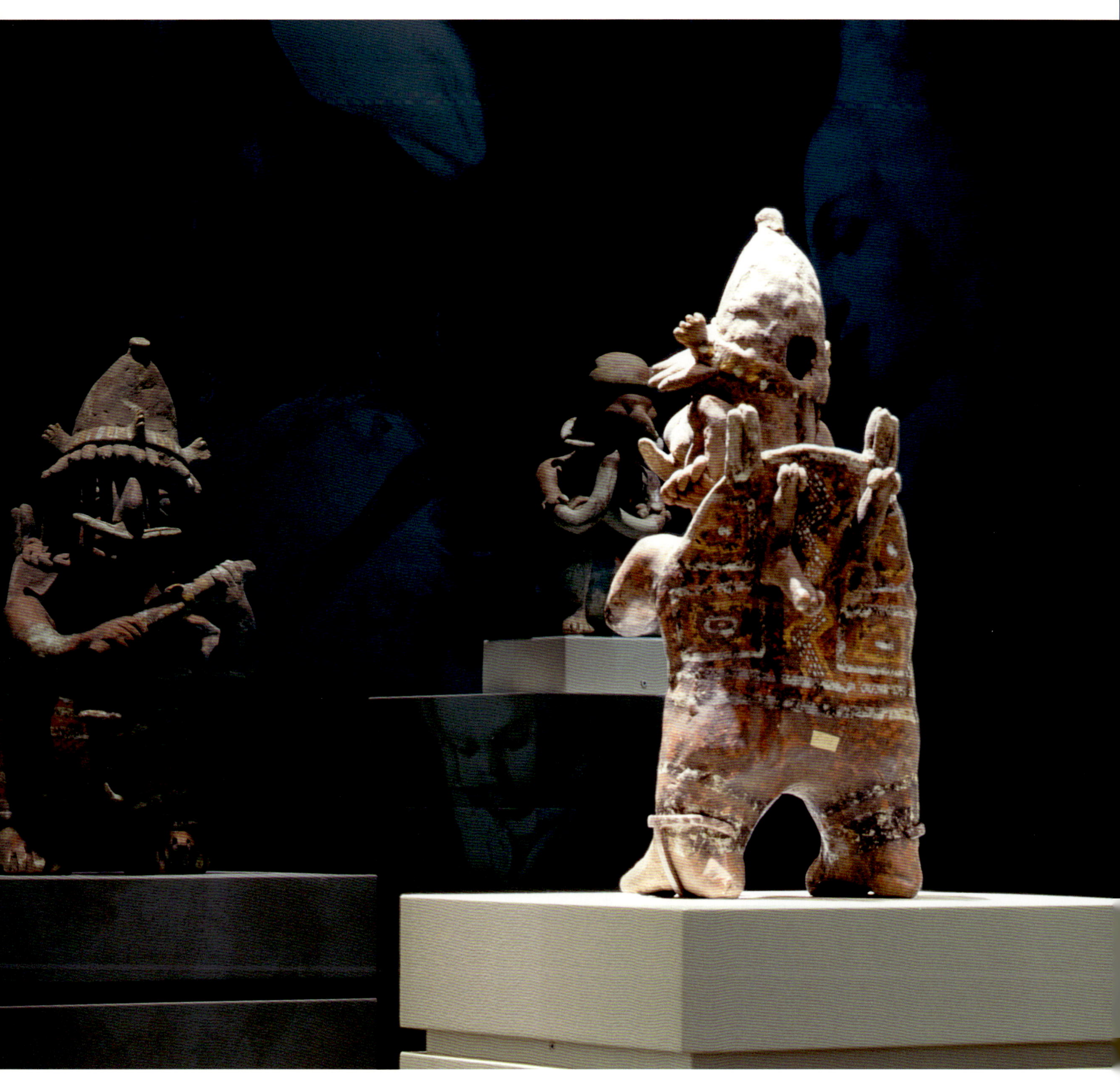

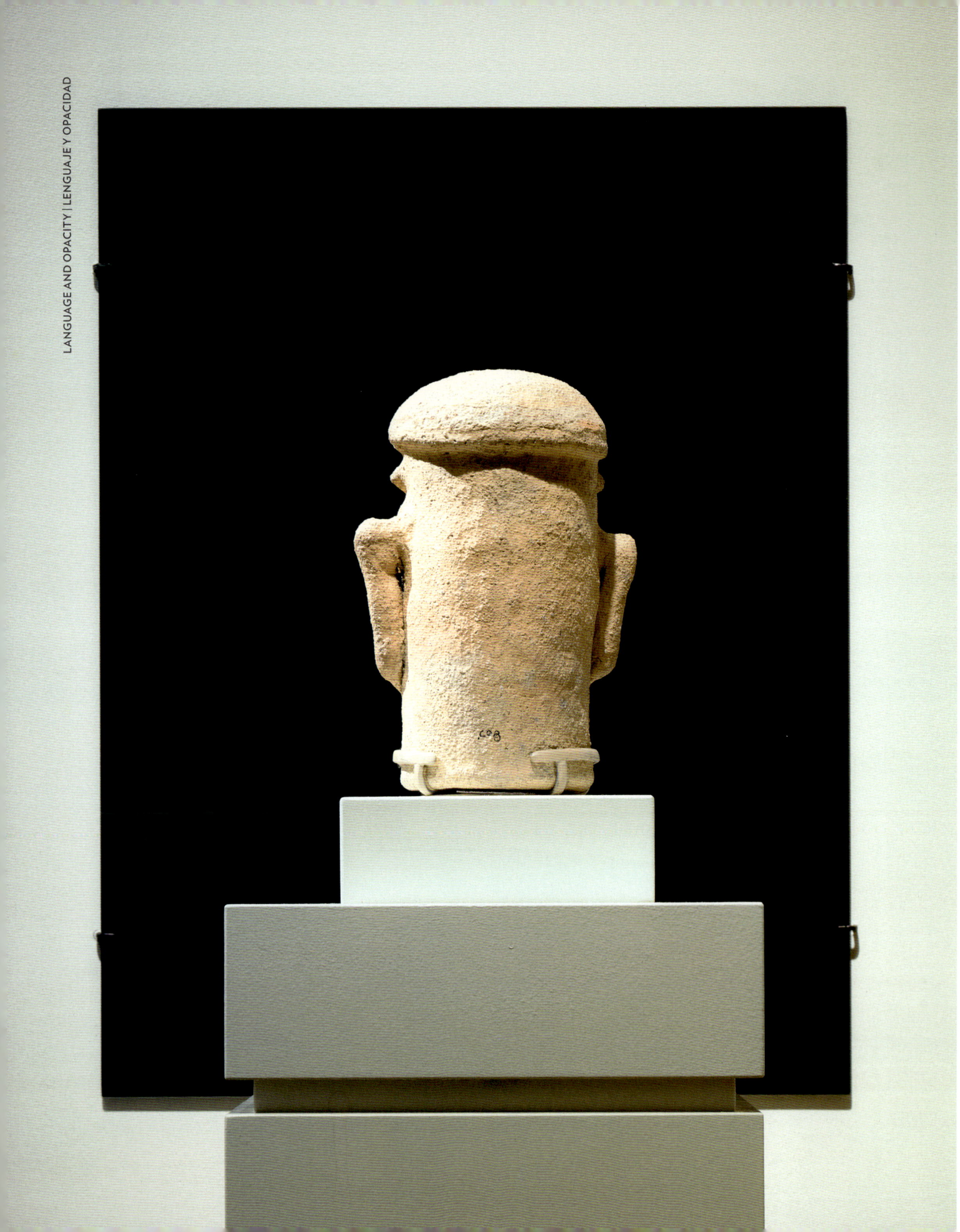

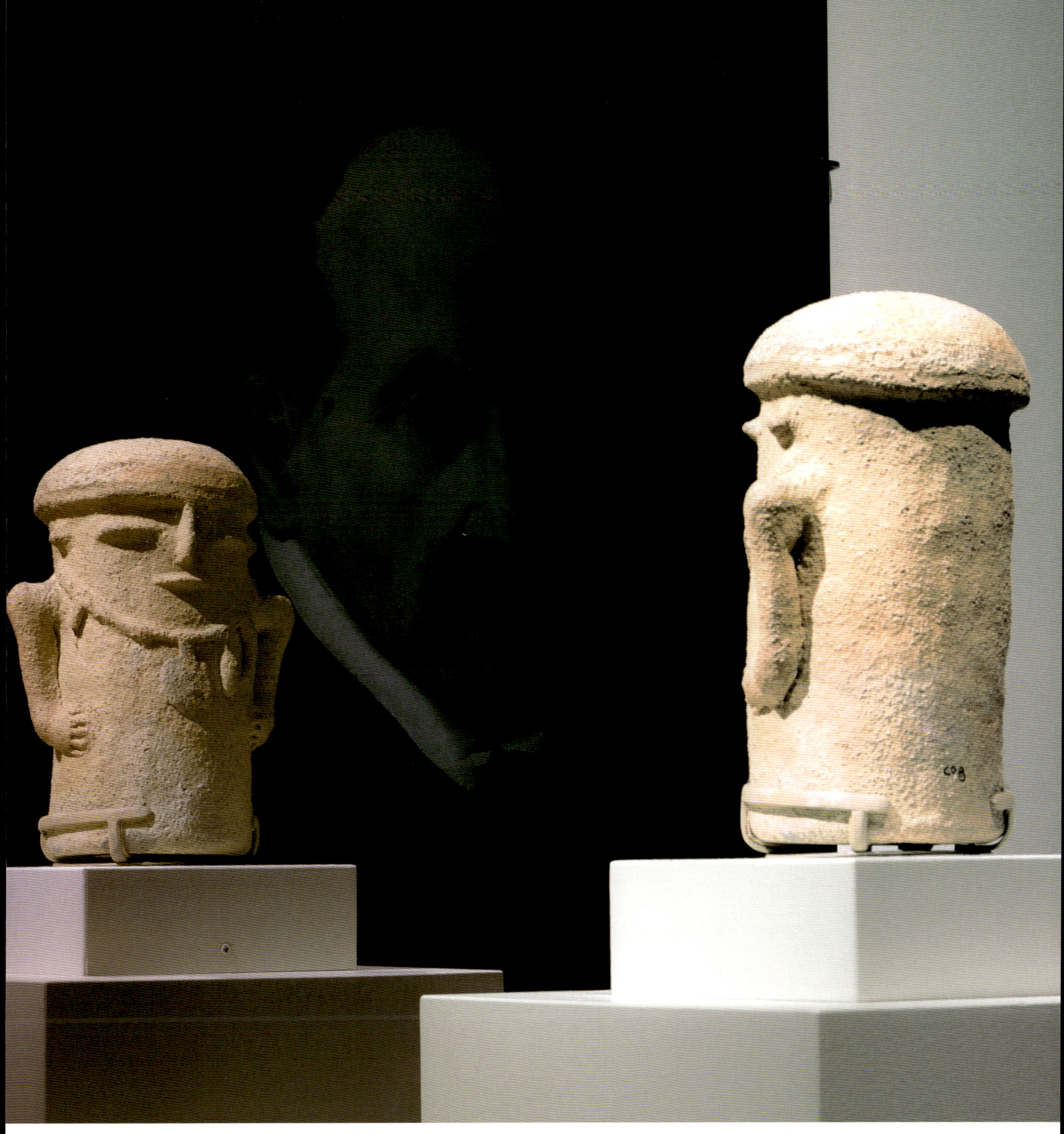

PREVIOUS PAGE, LEFT: SUITE 2 | 28 x 22 IN., CIBACHROME PRINT, EDITION OF 5
RIGHT: SUITE 3 | 18 x 17⅛ IN., CIBACHROME PRINT, EDITION OF 5

PÁGINA ANTERIOR, IZQUIERDA: SUITE 2 | 71 x 56 CM, IMPRESIÓN CIBACHROME, EDICIÓN DE 5
DERECHA: SUITE 3 | 45.5 x 43.5 CM, IMPRESIÓN CIBACHROME, EDICIÓN DE 5

9. Language and Opacity

The dual capacity of language, as a tool that can simultaneously reveal and hide things, was a particular delight to writers of the Baroque era such as Luis de Góngora y Argote, pictured here. Language reduces reality into simplified forms by the use of signs, words, and sentences. It creates reflections of reality, but these may be seen as idealized, manipulated, or distorted representations. The black mirror works in a similar way, as it reduces shapes and tones into simple forms and shades. Using the idea of language and the black glass as different kinds of mirrors, we observe Góngora facing the Chibcha figure in front of him. Switching the art-historical titles used on the label to describe each one of these two representations, we may think instead of Góngora as a "human effigy" and the Chibcha figure as a "portrait." Even further, we may imagine the Chibcha sculpture to be a three-dimensional reflection of the face we see in the painting, geometrically simplified and stylized according to the filters of this specific pre-Columbian culture. We could then be witnessing mutual reflections of the image of any man, from either side of the looking glass, the Spanish or the pre-Columbian, each being able to claim the role of the original, forever wed to the almost photographic view of our own changing face and those of our contemporaries as we also see ourselves in the black glass.

Anonymous, Muisca Culture, central Colombia
Human effigy, 1000–1540 CE
Ceramic, Collection of the Nasher Museum of Art at Duke University, Gift of Mr. Cedric H. Marks, 1978.23.17

Reproduction behind glass:

Diego Rodríguez de Silva Velázquez, Spanish, 1599–1660
Luís de Góngora y Argote, 1622
Oil on canvas, Museum of Fine Arts, Boston

9. Lenguaje y opacidad

La doble capacidad del lenguaje de mostrar y ocultar simultáneamente era un tema de gran interés para escritores barrocos como Luis de Góngora y Argote, representado detrás del vidrio. El lenguaje reduce la realidad para simplificarla en forma de signos, palabras y oraciones. Crea reflejos de la realidad, pero estos se podrían ver como idealizaciones, manipulaciones, o distorciones. El espejo negro funciona de manera parecida, reduciendo formas y tonos a una paleta básica. Usando esta idea del lenguage y el vidrio oscuro como diferentes tipos de espejo, observamos a Góngora enfrentarse a la figura Chibcha. Intercambiando el lenguaje de la historia del arte utilizado para hablar de cada pieza, podemos pensar en Góngora como una "efigie humana" y en la figura Chibcha como un "retrato." Aún más allá, podemos imaginarnos que la figura Chibcha es un reflejo tridimensional del rostro que vemos en el cuadro, una simplificación geométrica estilizada de acuerdo a los parámetros y filtros de esta cultura precolombina. Podríamos entonces ser testigos de un doble reflejo de la imagen del hombre, uno de cada lado del espejo, el español y el precolombino, ambos pudiendo adjudicarse el papel del original. Inseperable de éste doble reflejo, vemos la imagen casi fotográfica de nuestro cambiante rostro y los de nuestros contemporáneos al vernos representados también en el espejo negro.

Anónimo, cultura muisca, Colombia central
Efigie humana, AD 1000–1540
Cerámica, Colección del Nasher Museum of Art at Duke University, Obsequio de Mr. Cedric H. Marks, 1978.23.17

Reproducción detrás del vidrio:

Diego Rodríguez de Silva Velázquez, español, 1599–1660
Luís de Góngora y Argote, 1622
Oleo sobre tela, Museum of Fine Arts, Boston

NEXT PAGE, LEFT: SUITE 2 | 68 x 40 IN., CIBACHROME PRINT, EDITION OF 5
RIGHT: SUITE 3 | 49 x 25 IN., CIBACHROME PRINT, EDITION OF 5

10. Memory Shift

"The night is a black mirror. . . . The frame is formed by the four cardinal points of a horizon of up and down, of trees and gray dark. A mirror seen from the dark side of the mirror. The dark side of a mirror, warning of what is behind it, promising it. . . . All histories are peopled with shadows. . . . Someone said that *zapatismo* found success because it knew how to weave nets. Yes, but behind our nets there are many weavers of skillful hands, of great ingenuity, of prudent steps. And, while an incandescent and brief light is raised above every knot of the rebel net of the forgotten of the world, in the shadows they are still weaving new strokes and embraces."

This quote is taken from a children's story entitled "The Devils of the New Century" in the book *Zapatista Stories* (2001) by Subcomandante Marcos. The community of the forgotten, of which Marcos speaks, has inspired the entire project of *Black Mirror/ Espejo Negro*. But its specific connections to this particular visual pairing are also about memory, and the horizontal reflections of sky and earth, seen in the painting by Zurbarán, and in the image of the wind deity represented on this sculptural incense burner from Mexico.

Anonymous, Veracruz, Mexico
Incense burner with buccal mask of wind god Ehecatl, 1200 CE
Ceramic and paint, Collection of the Nasher Museum of Art at Duke University, Gift of Wallace Kiminsky, 1981.70.1

Reproduction behind glass:

Francisco de Zurbarán, Spanish, 1598–1664
Saint Francis of Assisi in His Tomb, 1630–34
Oil on canvas, Milwaukee Art Museum

PÁGINA SIGUIENTE, IZQUIERDA: SUITE 2 | 173 x 101.5 CM, IMPRESIÓN CIBACHROME, EDICIÓN DE 5
DERECHA: SUITE 3 | 124.5 x 63.5 CM, IMPRESIÓN CIBACHROME, EDICIÓN DE 5

10. Desplazamiento de la memoria

"Es así la noche un negro espejo. . . . El marco lo forman los cuatro puntos cardinales de un horizonte de sube y baja, arbolado y gris oscuro. Un espejo visto por el lado oscuro del espejo. El lado oscuro de un espejo, advirtiendo lo que lleva detrás, prometiéndolo. . . . Todas las historias están pobladas de sombras. . . . Alguien dijo que el zapatismo tenía éxito porque sabía tejer redes. Bueno, pues detrás nuestro hay muchas tejedoras de ágil mano, de ingenio grande, de prudente paso. Y, mientras sobre cada nudo de la rebelde red de los olvidados del mundo se alza una luz incandescente y breve, todavía en las sombras ellas tejen nuevos trazos y abrazos."

Esta cita se toma de un cuento para niños titulado "Los Diablos del Nuevo Siglo" en el libro *Cuentos Zapatistas* (2001) del Subcomandante Marcos. La comunidad de los olvidados de la cual habla Marcos ha inspirado el proyecto entero *Black Mirror/Espejo Negro*. En cuanto a este espejo negro que tenemos en frente, las meditaciones de Marcos elaboran el cielo como reflejo de la tierra, así como lo hace el cuadro de Zurbarán, y la imágen del dios del viento en la escultura de Veracruz.

Anónimo, Veracruz, México
Incensiario con máscara bucal del dios del viento Ehecatl, AD 1200
Cerámica pintada, Colección del Nasher Museum of Art at Duke University, Obsequio de Wallace Kiminsky, 1981.70.1

Reproducción detrás del vidrio:

Francisco de Zurbarán, español, 1598–1664
San Francisco de Asís en su tumba, 1630–34
Oleo sobre tela, Milwaukee Art Museum

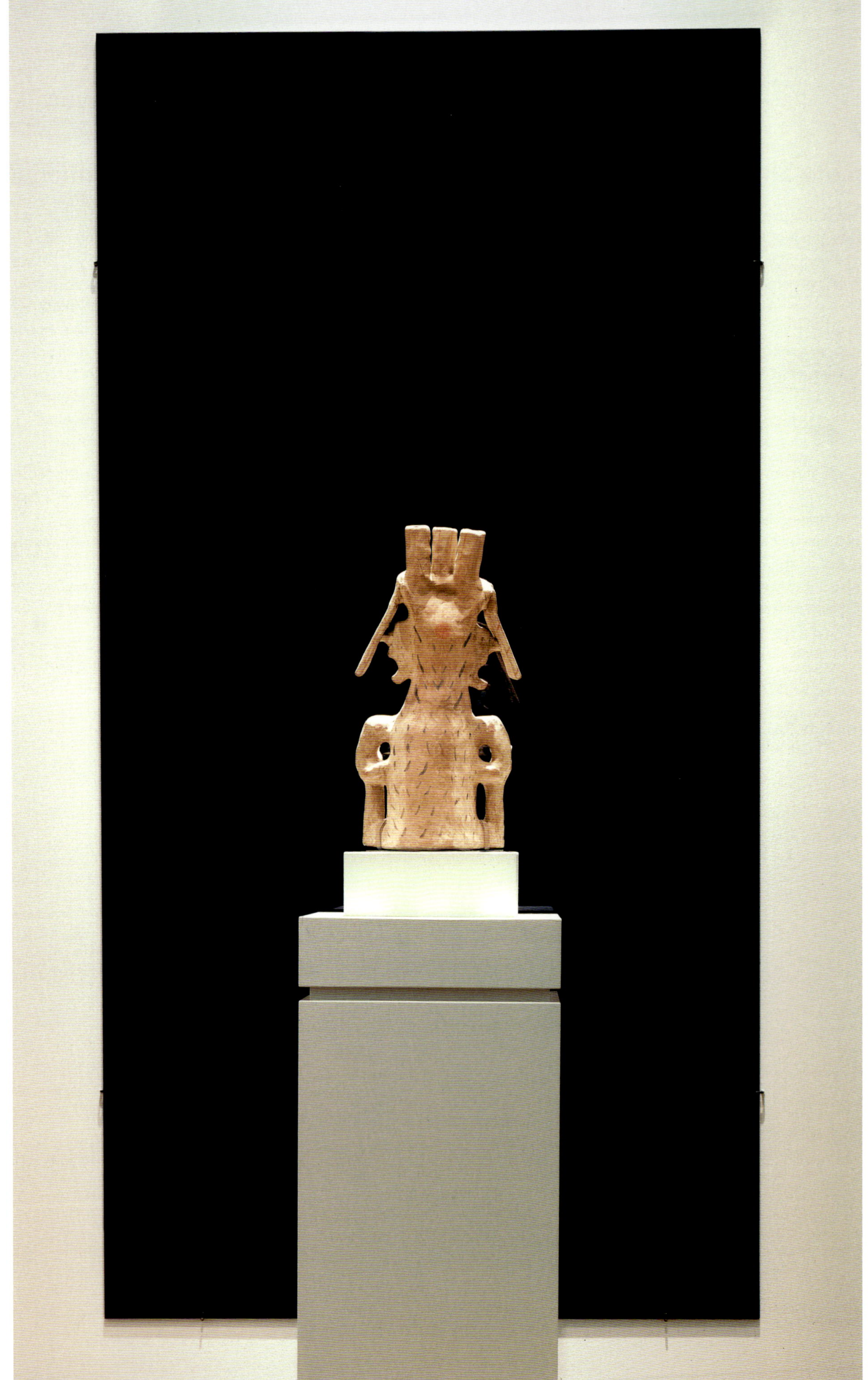

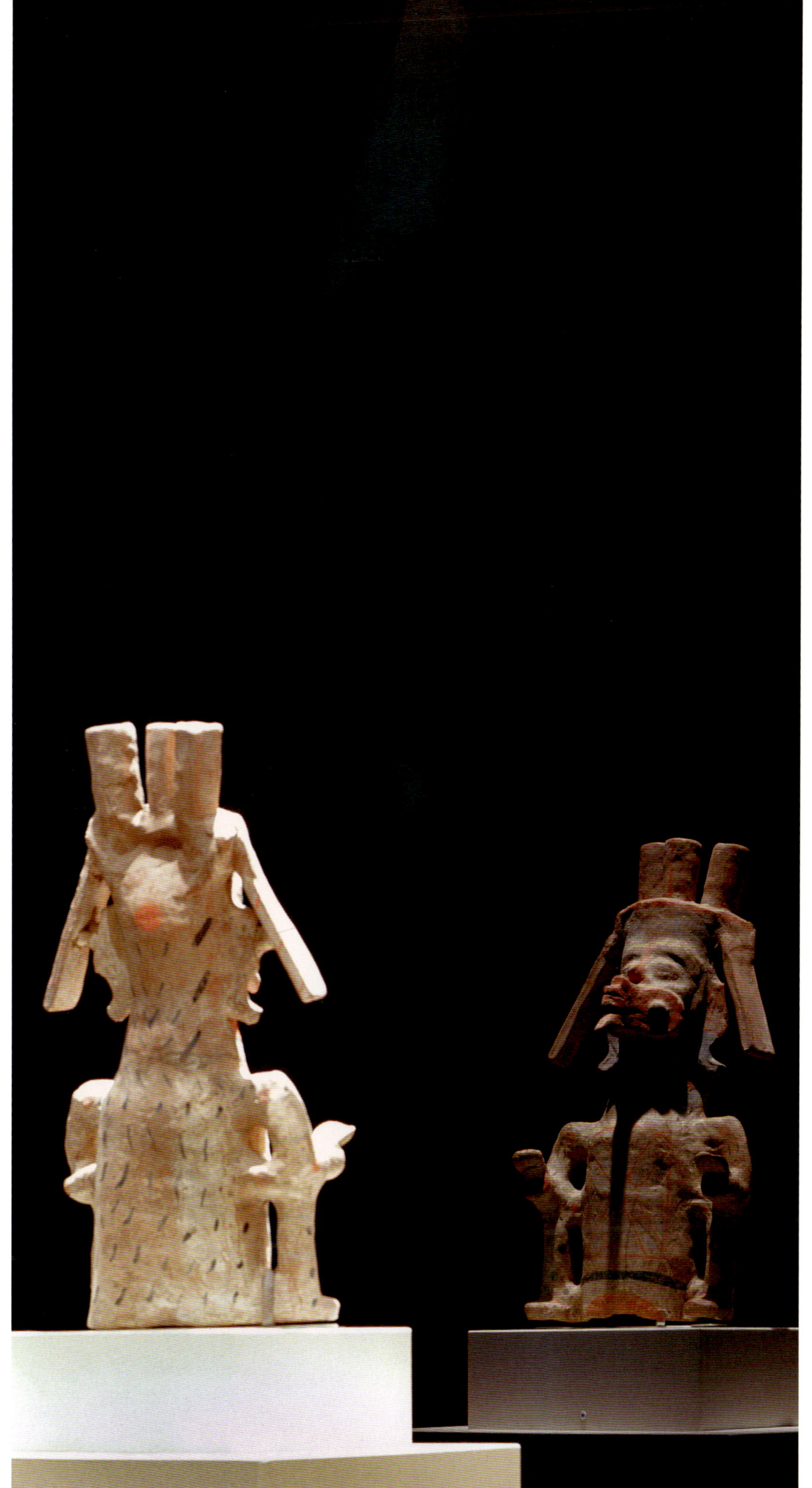

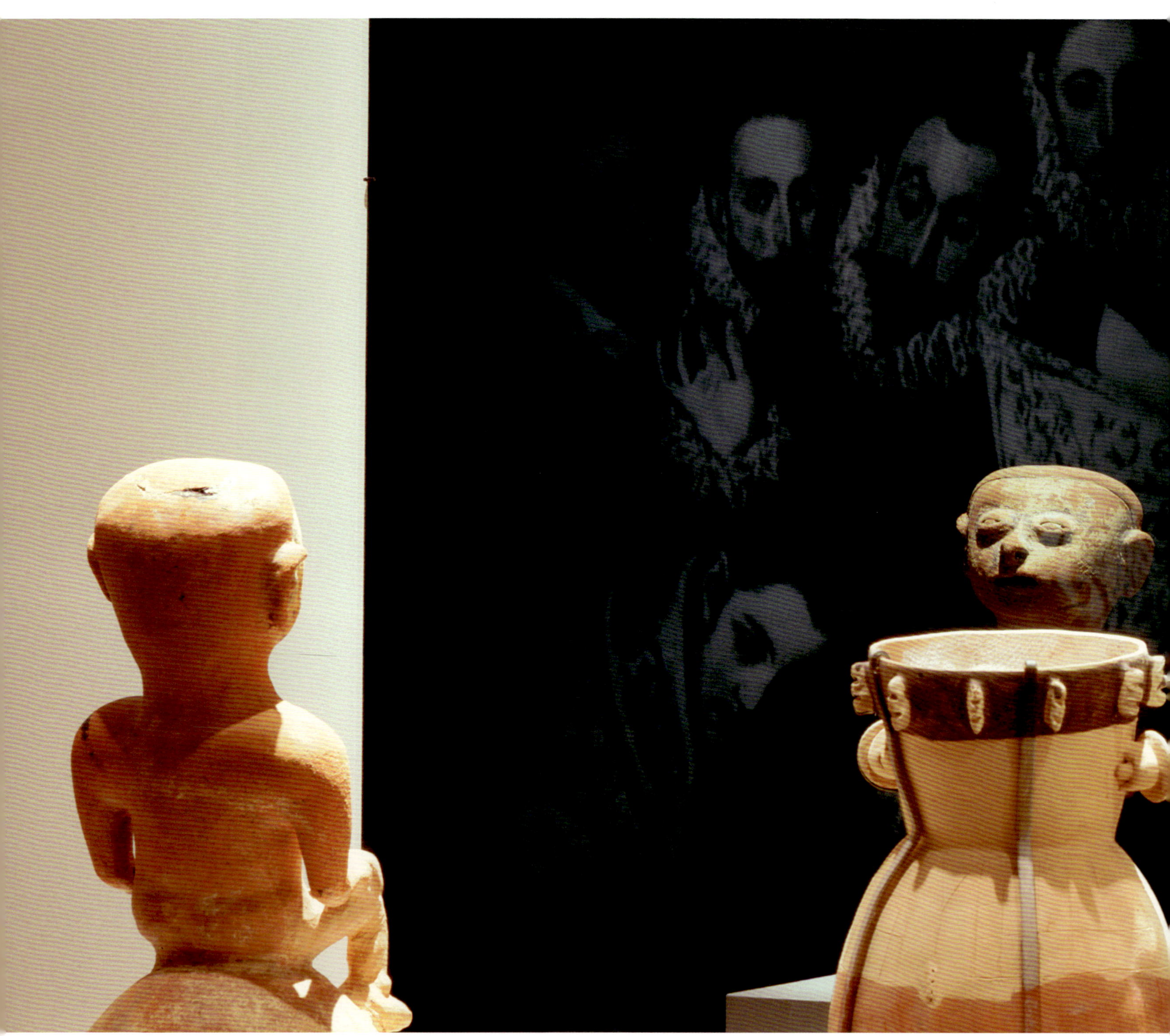

EXPULSION AND RETURN | EXPULSIÓN Y RETORNO

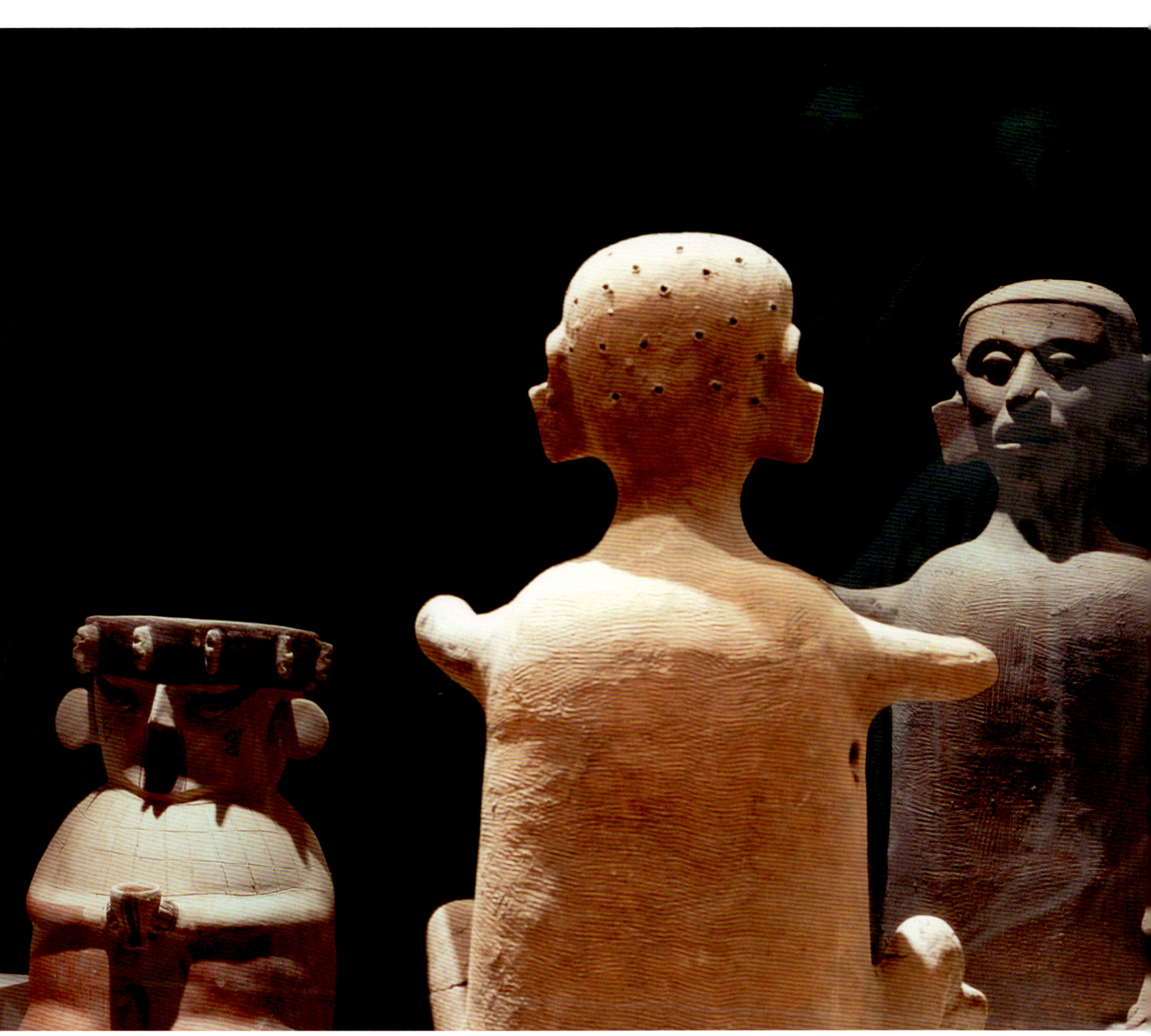

II. Expulsion and Return

Most reproductions in this installation of black mirrors represent paintings created during the supremacy of the Habsburgs, between 1516 and 1700. This period could be said to mark a continuous intellectual, political, and military project for that dynasty. It began with the expulsion of the Jews and Moors from Spain between 1491 and 1609, was followed by the Counter-Reformation in Europe, and culminated in one of the largest genocides in history, a global expansion of Spanish and Portuguese power, and the Christianization of most of the American hemisphere. El Greco's masterpiece, shown here under glass, is considered by many to be one of the most powerful visual representations of Counter-Reformation ideology and sentiment. Its vertiginous circles attract and repel us, in the same way as the circular obsidian mirror. Each of the three pre-Columbian figures repeats the circular pattern through its own cylindrical shape. These figures confront the Counter-Reformation worldview of El Greco's era with representational forms that are characteristic of the complex indigenous heritage still existing today in Mexico, Colombia, and Peru. In modern-day Spain, the Counter-Reformation is now confronted by the return of Islam, with the influx of African Muslims living and working there, five hundred years after their original expulsion. In Latin America, aside from the extraordinary example of Bolivian President Evo Morales, national and international political elites are still not ready to accept a similar "return" to visibility of Indigenous cultures displaced and repressed by five centuries of Spanish-speaking, Catholic reign.

Left to right:

Anonymous, Veracruz, Mexico

Cylindrical figure vessel probably representing Xochipilli-Macuilxochitl, the summer crops, 600–900 CE
Xantile sculpture, Collection of the Nasher Museum of Art at Duke University, Gift of Dr. and Mrs. William Stein, 1979.21.2

Anonymous, Chancay, Peru

Human effigy urn, Late Intermediate period, 1000–1476 CE
Ceramic with red, white, and brown slip paint, Collection of the Nasher Museum of Art at Duke University, Gift of Mr. and Mrs. William C. Schmidt, 1981.74.2

Anonymous, lower Magdalena River region, northern Colombia

Urn lid with seated figure, Moskito style, n.d.
Ceramic with cream and black slip paint, Collection of the Nasher Museum of Art at Duke University, Gift of Dr. Richard Kitchell, 1988.3A

Reproduction behind glass:

El Greco (Domenicos Theotokopoulos), Greek, 1541–1614, lived and worked in Spain

The Burial of Count Orgaz, 1586–88
Oil on canvas, Church of Santo Tomé, Toledo

II. Expulsión y retorno

La mayor parte de las reproducciones en esta instalación de espejos negros son de pinturas creadas durante la supremacía de la dinastía Habsburgo entre 1516 y 1700. Este periodo puede entenderse como el desarrollo de un proyecto intelectual, político y militar continuo: comienza éste con la expulsión de los judíos y moros de España entre 1491 y 1609; continúa con la Contrarreforma europea; culmina con uno de los mayores genocidios de la historia, la expansión global del poder ibérico, y la cristianización de la mayor parte del hemisferio americano. La obra maestra de El Greco de este espejo negro es considerada por muchos como una de las más potentes representaciones de la ideología y el sentir de la Contrarreforma. Sus círculos vertiginosos nos atraen y nos expulsan, como lo hace el disco de obsidiana. Cada una de las figuras precolombinas repite este movimiento circular a través de su forma cilíndrica. Confrontan también estas figuras la visión del mundo de la Contrarreforma con formas de representación que dan fe de la compleja herencia cultural indígena todavía existente hoy en día en México, Colombia y Perú. En la España de hoy, la Contrarreforma se enfrenta al retorno del Islam con la entrada de musulmanes africanos, cinco siglos después de su expulsión. En América Latina, sin contar el extraordinario ejemplo del Presidente Evo Morales de Bolivia, las élites políticas nacionales e internacionales todavía no aceptan un retorno similar a la visibilidad por parte de las culturas indígenas desplazadas y reprimidas por cinco siglos de represión cristiana e hispano-hablante.

Izquierda a derecha:

Anónimo, Veracruz, México

Figura de vasija probablemente representando a Xochipilli-Macuilxochitl, la cosecha de verano, AD 600–900
Escultura xantile, Colección del Nasher Museum of Art at Duke University, Obsequio de Dr. and Mrs. William Stein, 1979.21.2

Anónimo, Chancay, Peru

Urna de efigie humana, período intermedio tardío, AD 1000–1476
Cerámica con pintura roja, blanca y café, Colección del Nasher Museum of Art at Duke University, obsequio del Dr. y Mrs. William C. Schmidt, 1981.74.2

Anónimo, región baja del Río Magdalena, Colombia norte

Cubierta de urna con figura sentada, estilo moskito, sin fecha
Cerámica con pintura negra y color crema, Colección del Nasher Museum of Art at Duke University, Obsequio del Dr. Richard Kitchell, 1988.3A

Reproducción detrás del vidrio:

El Greco (Domenicos Theotokopoulos), griego, 1541–1614, vive y trabaja en España

El entierro del Conde Orgaz, 1586–88
Oleo sobre tela, Iglesia de Santo Tomé, Toledo

NEXT PAGE, LEFT: SUITE 2 | 52 x 40 IN., CIBACHROME PRINT, EDITION OF 5
RIGHT: SUITE 3 | 38 x 40 IN., CIBACHROME PRINT, EDITION OF 5

PÁGINA SIGUIENTE, IZQUIERDA: SUITE 2 | 132 x 101.5 CM, IMPRESIÓN CIBACHROME, EDICIÓN DE 5
DERECHA: SUITE 3 | 96.5 x 101.5 CM, IMPRESIÓN CIBACHROME, EDICIÓN DE 5

12. Rectangular Monstrosities

The morbid fascination with obesity, shown in the Spanish painting under the dark glass, is here confronted with the pre-Columbian sculptural representation of a swimmer that we may now find beautiful, but which would have certainly been considered "horrific" to the painter of "the monstrous girl." To be sure, the monstrosities alluded to in the title of this pairing do not refer to the individuals or figures depicted, but to the systems of representation that often portray them or describe them as such. When Europeans took over the Inca and Aztec empires, as well as the native cultures of North America, they melted down innumerable local artistic creations fabricated in gold and silver. Who knows how many objects, and of what kind of beauty, were thus transformed into rectangular bricks of precious metals to be exchanged, shipped, and stored. But to justify to themselves such evident and radical cultural destruction, Christian Europeans first had to devalue the aesthetic merits of these works. Aesthetic claims of "monstrosity," and moral or religious claims of "idolatry," were the favored tools of devaluation.

Anonymous, Veracruz, Mexico

Reclining effigy figure, Classic period, 250–900 CE
Ceramic with asphalt-based postfire paint, Collection of the Nasher Museum of Art at Duke University, 1985.2.1

Reproduction behind glass:

Juan Carreño de Miranda, Spanish, 1614–85

Eugenia Martínez Vallejo, the Nude Monster, 1680
Oil on canvas, Museo del Prado, Madrid

12. Monstruosidades rectangulares

La negativa fascinación con la obesidad que muestra el cuadro español detrás de este vidrio se confronta con la escultura precolombina de un nadador que quizá hoy en día nos parezca hermosa, pero la cual sin duda hubiera parecido "horrorosa" al pintor de la "monstrua desnuda." Hay que recalcar que la monstruosidad de mi título no se refiere a los sujetos representados, sino a los sistemas de representación que los definen como monstruos. Cuando los europeos tomaron los imperios aztecas e incas, así como las culturas indígenas al norte del Río Grande, derritieron sin número de creaciones artísticas locales de oro y plata. Nunca sabremos cuántos objetos de cuánta belleza fueron transformados así en esos valorosos ladrillos de metal precioso para su intercambio y su acumulación. Pero para autojustificar tan evidente y radical destrucción cultural los europeos cristianos primero tuvieron que devaluar los méritos estéticos de todo lo que fueran a derretir. Las herramientas predilectas de devaluación cultural fueron entonces y siguen siendo hoy el llamar estas obras "monstruosas" o "sin belleza," así como la acusación de "su idolatría" y la supuesta ofensa que causan a la moral y la fe cristiana.

Anónimo, Veracruz, México

Efigie humana reclinada, periodo clásico, AD 250–900
Cerámica con pintura de asfalto, Colección del Nasher Museum of Art at Duke University, 1985.2.1

Reproducción detrás del vidrio:

Juan Carreño de Miranda, español, 1614–85

Eugenia Martínez Vallejo, la monstrua desnuda, 1680
Oleo sobre tela, Museo del Prado, Madrid

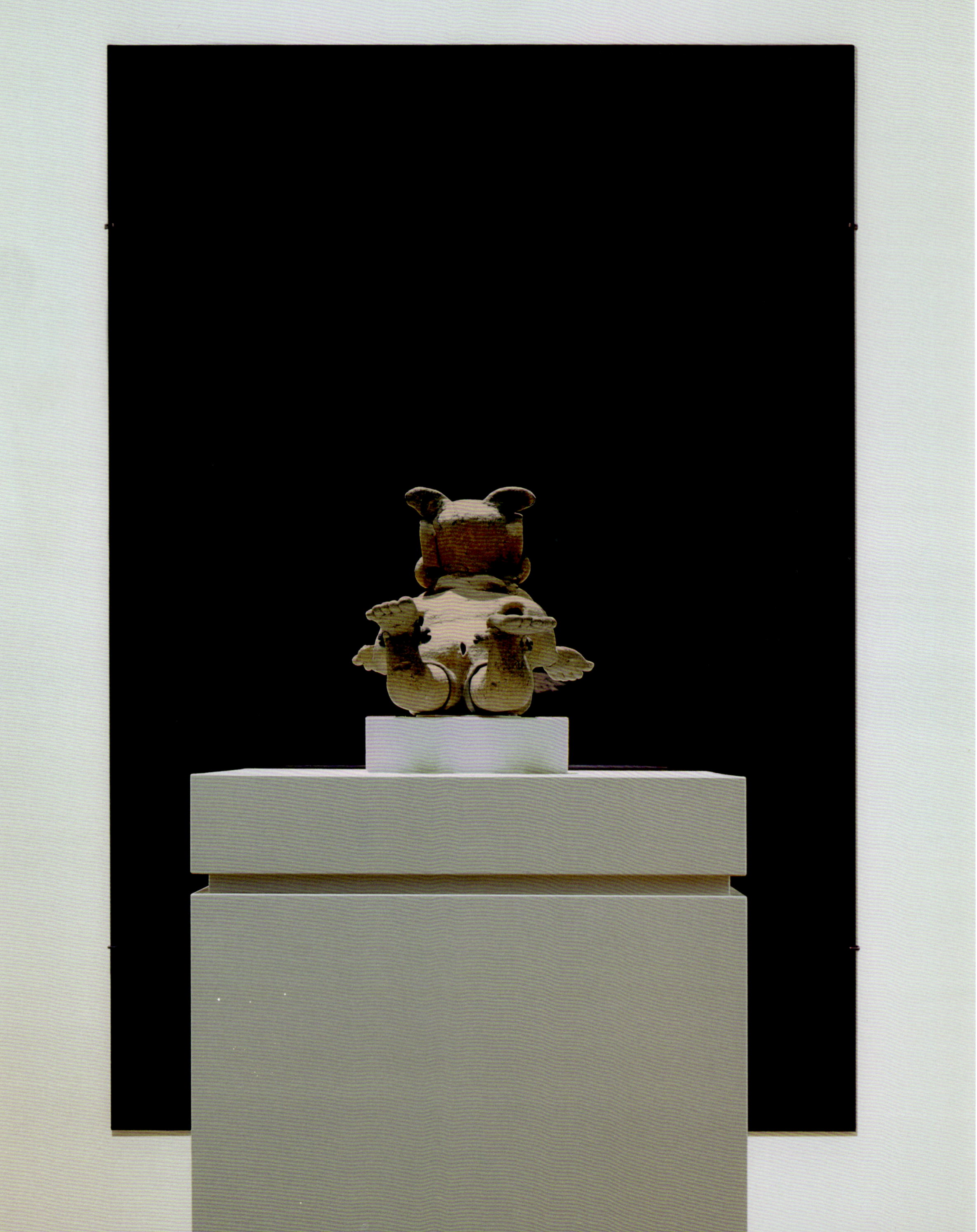

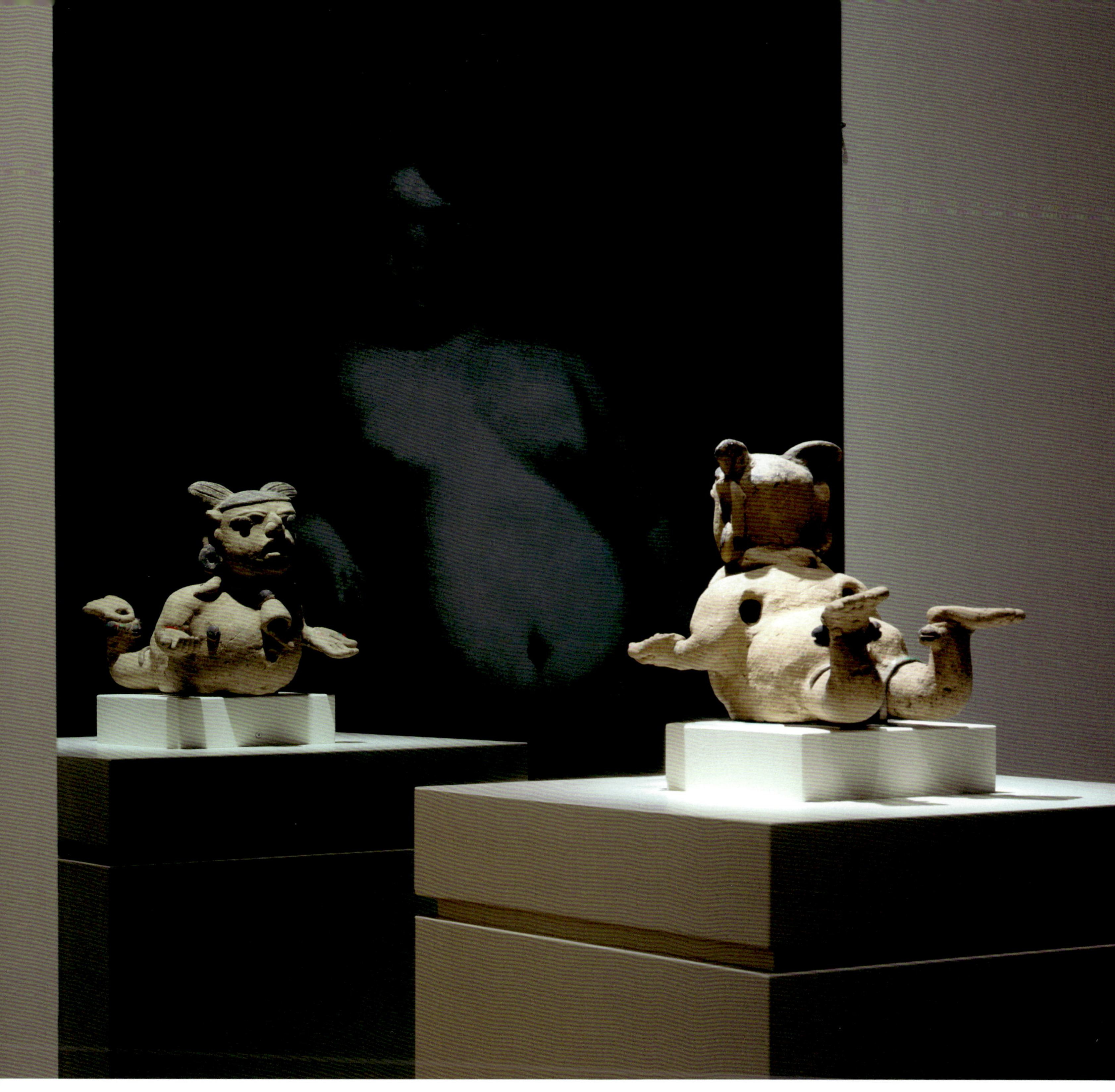

RECTANGULAR MONSTROSITIES | MONSTRUOSIDADES RECTANGULARES

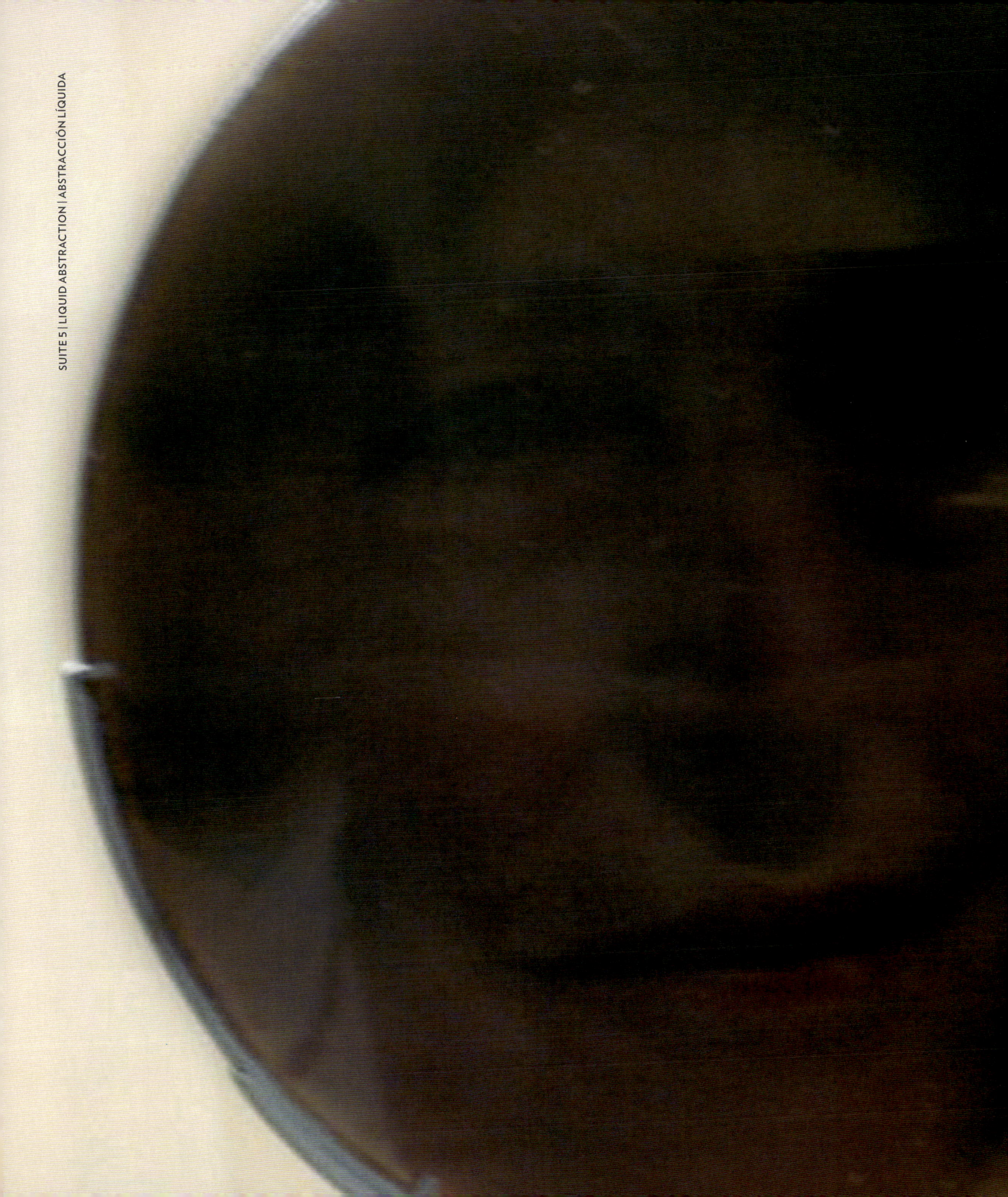

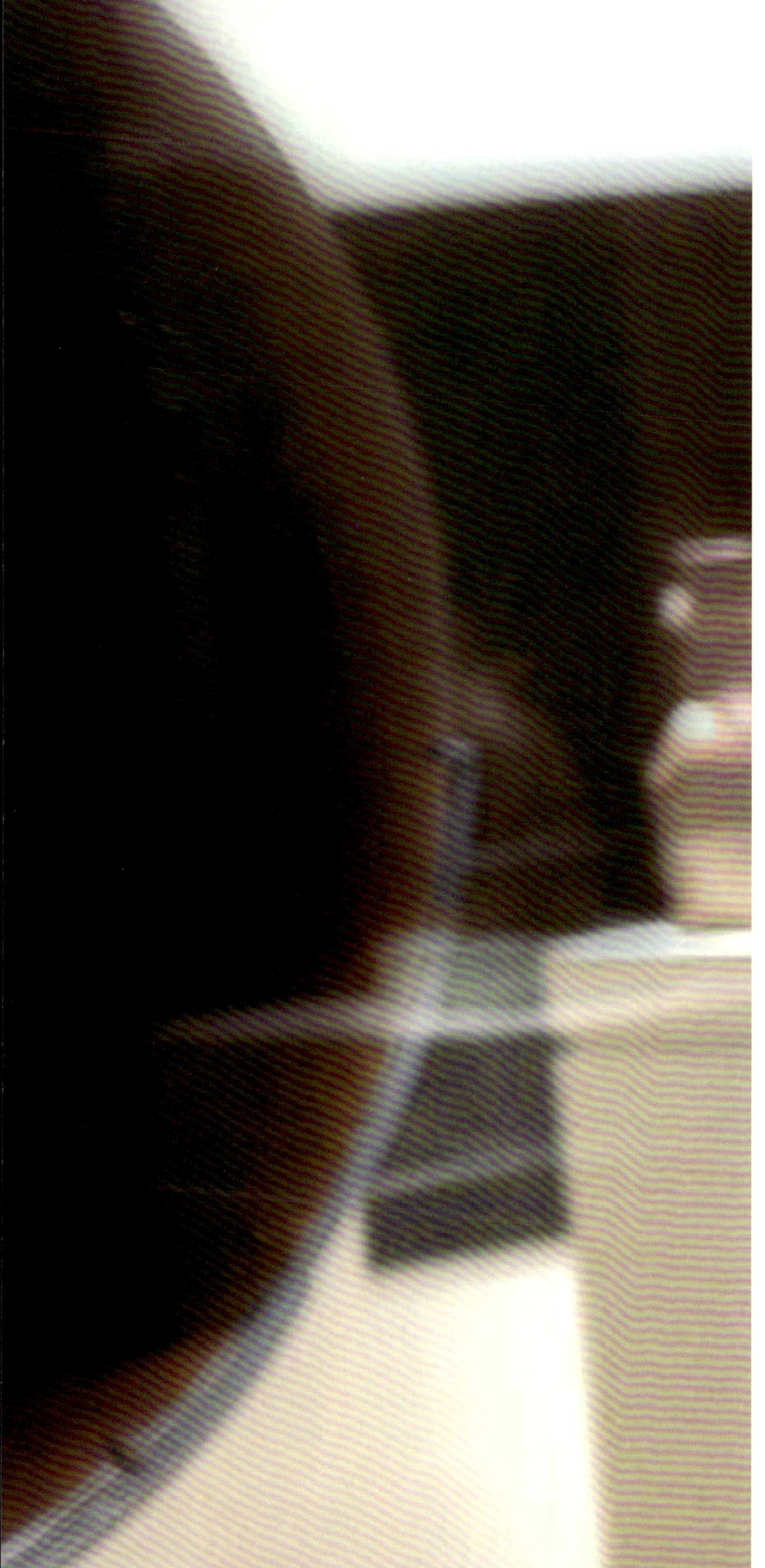

ESSAYS | ENSAYOS

Black Mirror, Ink Mirror: Fascination as Entrapment

ARNAUD MAILLET

Black Mirror/Espejo Negro, by artist Pedro Lasch, cannot be summed up in terms of an exhibition alone: it includes an installation, plus a series of photographs connected with the installation, and finally a book, which is less a catalogue and more an artist's book or, better, a "mirror" that reflects both the installation and the photographs. These mirror images, reflecting off each other and stretching away, in baroque fashion, into infinity, reach a finality, or rather an opening, in the form of a book.

In Europe, very likely in the early twelfth century, the literary genre known as speculum (mirror) first appeared. Their encyclopedic vocation gave these mirrors their name, reflecting as they did the state of world knowledge in the Middle Ages; hence, *Speculum Mundi*, the *Mirror of the World*, reflected the *Imago Mundi*, the *Image of the World*, that it described.

This mirror genre and the descriptions it gave rise to have nourished the imagination of artists and writers until today. The idea of a book that would encompass all other books was particularly tempting to Borges, and one very short story, written in his youth, is of special interest: entitled "The Mirror of Ink," it is a forerunner to "The Aleph" and even "The Library of Babel."

An ink mirror is one of the many means employed in what is known in Greek as *mantike techne*, the art of divination. More precisely, it comes under the rubric of *catoptromancy*, that is, divination using mirrors, or, to be even more precise, under *palamomancy*.[1] In order to make an ink mirror, the scryer either rubs a mixture of soot and a liquid such as oil into the palm, or pours ink into the cupped palm of the person during a divination session.

The origins of the ink mirror are extremely ancient, with variations such as water-filled cups and basins (*lecanomancy*) mentioned in Chaldean and Assyrian texts. The Byzantine writer Michael Psellos attributes basin scrying to the Assyrians, and Strabo states that it was apparently "in widespread practice in Persia" (*Geographia* 3.6.39).[2] Pliny views it as having Egyptian origins (*Natural History* 30.5 and 46), and the Bible mentions its use by Semites (*Genesis* 44:2 and 5)—though Saint Augustine, in his *City of God* (7.35), notes that Varro gave Persian origins to this form of divination, later introduced to Rome by Numa Pompilius. Augustine condemns hydromancy outright because demons showed images of themselves to Numa. Still echoing Varro, he goes on to liken hydromancy to necromancy, for in both cases "the dead are supposed to foretell future things." Augustine then adds: "It was by these arts that Pompilius learned those sacred rites which he gave forth as facts, while he concealed their causes; for even he himself was afraid of that which he had learned."

The use of ink mirrors was severely punished as early as 1265 under the Spanish penal code instituted by Alfonso X of Castile: all sorcerers, and certain categories of diviners who used them, were sentenced to death. In 1456, in a bid to have ink mirrors outlawed, Johannes Hartlieb describes their dangers: they involve a pact with the "maleficent

1. Armand Delatte, *La catoptromancie grecque et ses dérivés* (Liège and Paris: H. Vaillant-Carmanne, E. Droz, 1932), 60.

2. Michael Psellus, *De Operatione dæmonum cum notis Gaulmini*, ed. J. F. Boissonade (Nuremberg: Campe, 1838), 41. For a (French) translation of the Psellus passage, see François Lenormant, *La divination et la science des présages chez le Chaldéens* (Paris: Maisonneuve, 1875), 79–80. Strabo, *Géographie*, trans. Amédée Tardieu (Paris: Hachette, 1880), 3.16.39, p. 348.

Espejo negro, espejo de tinta: La fascinación como trampa

ARNAUD MAILLET

Black Mirror/Espejo Negro, por el artista Pedro Lasch, no se puede resumir sólo en los términos de una exposición: incluye una instalación, una serie de fotografías relacionadas con la misma, y por último, un libro que es menos un catálago que un libro de artista, o mejor dicho, un "espejo" que refleja tanto la instalación como las fotografías. Estas piezas especulares, reflejándose la una en la otra y extendiéndose de forma barroca hacia la infinidad, llegan a un fin, o más bien una apertura, con la forma de este libro.

En Europa, probablemente en los primeros años del siglo XII, el género literario conocido como "speculum" (espejo) apareció por primera vez. Su vocación enciclopédica dio nombre a estos espejos, ya que éstos reflejaron el estado del conocimiento del mundo en la edad media; así, *Speculum Mundi*, el *Espejo del Mundo*, reflejó el *Imago Mundi*, la *Imagen del Mundo* que él describió.

Este género-espejo y las descripciones que engendró han nutrido la imaginación de artistas y escritores hasta hoy en día. La idea de un libro que abarcaría todos los otros libros era particularmente tentadora a Borges, y un cuento muy corto escrito en su juventud es de interés especial: titulado "El espejo de tinta," es precursor a "El aleph" e incluso a "La biblioteca de Babel."

Un espejo de tinta es una de las muchas maneras empleadas para practicar lo que en griego se refiere como *mantike techne*, el arte de la divinación. Más precisamente, cabe bajo el encabezamiento de *catoptromancia*, eso es, la divinación por los espejos o, aún más precisamente, como *palamomancia*.[1] Para hacer un espejo de tinta, el adivinador frota una mezcla de hollín con un líquido como el aceite en la palma, o vierte la tinta en la mano ahuecada durante una sesión de divinación.

Los orígenes del espejo de tinta son extremadamente antiguos, con variaciones como copas llenas de agua y cuencos (*lecanomancia*) mencionadas en los textos asirios y caldíos. El escritor bizantino Michael Psellos atribuye la divinación con cuencos a los asirios, y Strabo dice que aparentamente fue "una práctica común en Persia" (*Geographia* 3.6.39).[2] Plineo los ve con orígenes egipcios (*La historia natural* 30.5 y 46), y la Biblia menciona su uso por los semitas (Génesis 44:2 y 5)—aunque San Agustín, en su *Ciudad de Dios* (7.35) nota que Varro dio los orígenes persas a esta forma de divinación, después introducida a Roma por Numa Pompilius. San Agustín explíciticamente condena la *hydromancia* porque los demonios mostraron imágenes de ellos mismos a Numa. Todavía como eco a Varro, procede a comparar la *hydromancia* a la necromancia, porque en ambos casos "los muertos permiten pronosticar el futuro." San Agustín agrega: "Fue por estas artes que Pompilio aprendió estos ritos sagrados que presentó como hechos, mientras oscureció sus causas; porque aún él mismo temía lo que había aprendido."

El uso de los espejos de tinta fue castigado severamente tan temprano como 1265 bajo el código penal español instituido por Alfonso X de Castilla; todos los brujos, y ciertas categorías de adivinadores que los utilizaron, fueron sentenciados a muerte. En 1456, en una tentativa de prohibir los espejos de tinta, Johannes Hartlieb describió sus peligros: implican un pacto con el "diablo maleficiente," desviando el honor litúrgico hecho a Dios hacia el diablo; revelan sus

1. Armand Delatte, *La catoptromancie grecque et ses dérivés* (Liège y París: H. Vaillant-Carmanne, E. Droz, 1932), 60.

2. Michael Psellus, *De Operatione dæmonum cum notis Gaulmini*, ed. J. F. Boissonade (Nuremberg: Campe, 1838), 41. Para una traducción al francés del texto de Psellus, véase François Lenormant, *La divination et la science des présages chez le Chaldéens* (París: Maisonneuve, 1875), 79–80. Strabo, *Géographie*, trad. Amédée Tardieu (París: Hachette, 1880), 3.16.39, p. 348.

devil," diverting liturgical honors made to God toward the devil; they show falsehoods that soon become impossible to dissociate from divine reality; and all divination stems from magic, which sets itself up in competition with God.[3] Such theological arguments led Pope John XXII to issue a bull in 1326, *Super Illius Specula*, which condemned as heretics his necromantic rivals—that is, anyone summoning demons through the use of images, phials, rings, or mirrors.[4] Later, in 1733, Jean-Baptiste Thiers writes of the "Idolatry involved in Magic, casting evil spells, summoning demons; requesting their friendship; imploring their help, making them offerings; . . . enclosing them in stones, rings, mirrors or consecrated Images."[5]

Yet, despite all efforts to outlaw and punish practitioners, use of the ink mirror persisted. From the late eighteenth century onward, early work into the emerging unconscious—"animal magnetism" (Mesmer), artificial somnambulism (Puységur), and hypnotism (Braid)—made the European public of the time, infatuated as it was with things Oriental, aware of the ink mirror. It was in 1833 that the mirror was brought into the limelight in France: in the *Revue des Deux Mondes*, Léon de Laborde, future member of the Academy and the man who rediscovered Petra, described divination sessions he had taken part in or simply witnessed in Cairo, during his travels as a young man through the Middle East and Egypt.[6] An Arab sorcerer, he explained, would draw a magic square on the palm of a young boy's hand, and place a drop of ink in the square. Then, aided by smoke and chanting, the child soon began to see all sorts of "Oriental" marvels. Edward William Lane, the first English translator of *The Arabian Nights* (*The Thousand and One Nights*), who was to make this form of divination popular in Great Britain in 1837 (*The Modern Egyptians*, chap. 12),[7] relates a similar experience in Cairo with the same sorcerer that Laborde encountered.

Captain Sir Richard Francis Burton, another famous explorer with a controversial character (he seems to have been the inspiration for Bram Stoker's Dracula character), was especially known for being the first European to enter Mecca (in disguise, it must be said); he was also the first translator of an unexpurgated version of *The Arabian Nights*, entitled *The Book of the Thousand Nights and a Night*.[8] He informs us that the Arabic term used in Egypt for the ink mirror is "Darb al-Mandal," striking the magic circle in which the enchanter sits when he conjures up spirits (a form of second sight)."[9] "Darb al-Mandal" therefore means to draw a circle. It is a recent Arabic expression. According to William Worrell[10] and Adrien Barthélemy, *mandal* (circle) comes from the Sanskrit (the word also gives rise to "mandala," which in Hindi designates a disc, a circle, a sphere, as well as the symbolic diagram traced on the ground or elsewhere—a map that assists Hindus and Tibetan Buddhists in finding their spiritual path). Similarly, Barthélemy tells us, "*barak felmandal* [means]: being seated within the *mandal*, the circle drawn by enchanters when they wish to conjure evil spirits, comes from the Sanskrit *mandala*, circle, and in Sindhi, *mandal*, a circular tent."[11] But when the sorcerer is not seated within the circle to conjure spirits, he uses the *mandal* to summon either a company of jinn or one jinni in particular.

3. Johannes Hartlieb, *Das Buch aller verbotenen Künste, des Aberglaubens und der Zauberei* (1465), Esoterik des Abendlandes 4 (Ahlerstedt: Param, 1989), chap. 84, 95–96.

4. *Bullarium Privilegiorum ac Diplomatitum Romanorum Pontificum* (Rome: Hieronimus Mainardi, 1741), 3.2, 194–95.

5. Jean-Baptiste Thiers, *Superstitions anciennes et modernes: Préjugés vulgaires, qui ont induit les peuples à des usages & à des pratiques contraires à la religion . . .* (Amsterdam: J. F. Bernard, 1733–36), 26.

6. Léon-Émmmanuel-Simon-Joseph, Count de Laborde, "Magie orientale," *Revue des Deux Mondes* 3 (1833): 332–43.

7. Edward William Lane, *An account of the Manners and Customs of the Modern Egyptians, Written in Egypt during the years 1833–1835* (1837; Glasgow: Grand Colosseum Warehouse, [1900]), chap. 12, 246–54. *The Thousand and One Nights: commonly called in England the Arabian Night's Entertainments* (London: C. Knight, 1839–41), 3 vols.

8. Richard Francis Burton, *A Plain and Literal Translation of the Arabian Nights' Entertainments, Now Entitled The Book of The Thousand Nights and a Night. With Introduction Explanatory Notes on the Manners and Customs of Moslem Men and a Terminal Essay upon the History of the Nights*, 10 vols. (Benares: Kamashastra Society, 1885); Burton, *Supplemental Nights, with notes anthropological and explanatory*, 6 vols. (Benares: Kamashastra Society, 1886–88).

9. Burton, *The Thousand and One Nights, Supplemental Nights*, 4:45.

10. William H. Worrell, "Ink, Oil and Mirror Gazing Ceremonies in Modern Egypt," *Journal of the American Oriental Society* 36 (1916): 38.

11. Adrien Barthélemy, *Dictionnaire arabe-français. Dialectes de Syrie: Alep, Damas, Liban, Jérusalem* (Paris: Librairie Orientaliste Paul Geuthner, 1935), fasc. 1, 802.

mentiras que pronto se hacen imposibles de disociar de la realidad divina; y toda adivinación proviene de la magia, la cual se pone en competencia con Dios.[3] Tales argumentos teológicos llevaron al papa Juan XXII a declarar una bula en 1326, *Super Illius Specula*, la cual condena como herejes a sus rivales necrománticos—eso es, cualquier persona que convoca a los demonios por el uso de imágenes, frascos, anillos o espejos.[4] La condenación persistió durante siglos: en 1733, Jean-Baptiste Thiers escribe sobre "la idolatría que consiste de la Magia, haciendo hechizos, convocando a demonios; pidiendo su amistad; implorando su ayuda, haciéndoles ofrendas; . . . encerrándolos en piedras, anillos, espejos o imágenes consagradas."[5]

Sin embargo, a pesar de todos los intentos de prohibir y castigar a los practicantes, el uso del espejo de tinta persistió. Desde finales del siglo XVIII en adelante, el trabajo sobre el inconsciente emerge con "el magnetismo animal" (Mesmer). El somnambulismo artificial (Puységur) y el hipnotismo (Braid)—familiarizaron al público europeo de la época, enamorado como era de las cosas orientales, con el espejo de tinta. Fue en 1833 que el espejo acaparó la atención del público en Francia: en la *Revue des Deux Mondes*, Léon de Laborde, miembro futuro de la Academia y el hombre que redescubrió Petra, describió las sesiones de adivinación en las cuales había participado o solamente presenciado en Cairo durante sus viajes como joven por el medio oriente y Egipto.[6] Un hechicero árabe, explicó, dibujaba un cuadro mágico en la palma de un joven, y goteaba la tinta en el cuadro. Entonces, ayudado por el humo y el cantar, el niño pronto empezó a ver todo tipo de maravillas "orientales." Edward William Lane, el primer traductor de *Las mil y una noches* al inglés, quien iba a popularizar este tipo de adivinación en el Reino Unido en 1837 (*Les egipcios modernos*, capítulo 12),[7] cuenta una experiencia parecida en Cairo con el mismo hechicero que Laborde encontró.

Captain Sir Richard Francis Burton, otro explorador famoso con carácter controversial (parece haber sido la inspiración del personaje de Dracula de Bram Stoker), fue conocido particularmente por ser el primer europeo que entró en Mecca (disfrazado, hay que decir); también fue el primer traductor de una versión inédita de *Las mil y una noches*, titulado *El libro de las mil noches y una noche*.[8] Nos informa que el término árabe usado en Egipto para el espejo de tinta es "Darb al-Mandal," trazando el círculo mágico dentro del cual el encantado se sienta cuando conjura espíritus (un tipo de sexto sentido)."[9] Entonces "Darb al-Mandal" significa dibujar un círculo. Es una expresión árabe reciente. Según William Worrell[10] y Adrien Barthélemy, *mandal* (círculo) viene del sanscrito (la palabra también engendró a "mandala," que en hindú designa un disco, un círculo, una esfera y también el diagrama simbólico trazado en la tierra o en otro lugar—un mapa que asiste a los hindúes y los budhistas a encontrar su camino espiritual). De una manera parecida Barthélemy nos dice, "*barak felmandal* significa estar sentado dentro del *mandal*, el círculo dibujado por los hechiceros cuando quieren conjurar a los espíritus malicios, viene del sanscrito *mandala*, círculo, y en sindhi, *mandal*, una carpa circular."[11] Pero cuando el hechicero no está sentado dentro del círculo para conjurar espíritus, utiliza el *mandal* para convocar la compañía de un genio o una genia en particular.

Es así que en el mundo islámico, "darb al mandal" designa el llamar a un genio en una sola gota de tina. Es notable que los redondos espejos mágicos en las colecciones del arte islámico

3. Johannes Hartlieb, *Das Buch aller verbotenen Künste, des Aberglaubens und der Zauberei* (1465), Esoterik des Abendlandes 4 ([Ahlerstedt]: Param, 1989), cap. 84, 95–96.

4. *Bullarium Privilegiorum ac Diplomatitum Romanorum Pontificum* (Roma: Hieronimus Mainardi, 1741), 3.2, 194–95.

5. Jean-Baptiste Thiers, *Superstitions anciennes et modernes: Préjugés vulgaires, qui ont induit les peuples à des usages & à des pratiques contraires à la religion . . .* (Amsterdam: J. F. Bernard, 1733–36), 26.

6. Léon-Émmmanuel-Simon-Joseph, Count de Laborde, "Magie orientale," *Revue des Deux Mondes* 3 (1833): 332–43.

7. Edward William Lane, *An account of the Manners and Customs of the Modern Egyptians, Written in Egypt during the years 1833–1835* (1837; Glasgow: Grand Colosseum Warehouse, [1900]), cap. 12, 246–54. *The Thousand and One Nights: commonly called in England the Arabian Night's Entertainments* (Londres: C. Knight, 1839–41), 3 vols.

8. Richard Francis Burton, *A Plain and Literal Translation of the Arabian Nights' Entertainments, Now Entitled The Book of The Thousand Nights and a Night. With Introduction Explanatory Notes on the Manners and Customs of Moslem Men and a Terminal Essay upon the History of the Nights*, 10 vols. (Benares: Kamashastra Society, 1885); Burton, *Supplemental Nights, with notes anthropological and explanatory*, 6 volumenes (Benares: Kamashastra Society, 1886–88).

9. Burton, *The Thousand and One Nights, Supplemental Nights*, 4:45.

10. William H. Worrell, "Ink, Oil and Mirror Gazing Ceremonies in Modern Egypt," *Journal of the American Oriental Society* 36 (1916): 38.

11. Adrien Barthélemy, *Dictionnaire arabe-français. Dialectes de Syrie: Alep, Damas, Liban, Jérusalem* (París: Librairie Orientaliste Paul Geuthner, 1935), fasc. 1, 802.

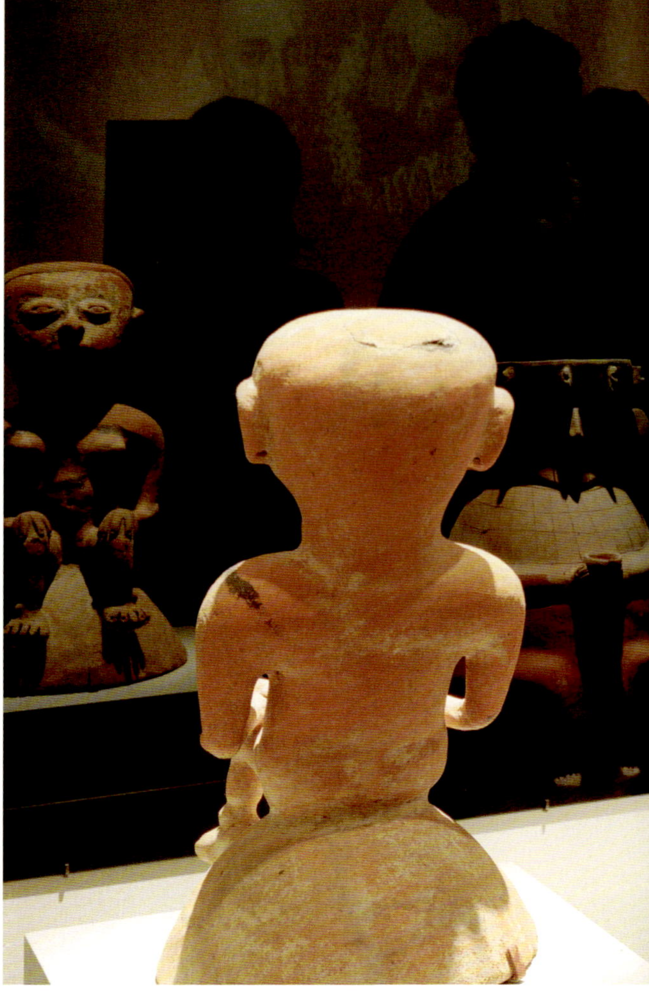

Thus, in the Muslim world, "darb al mandal" is used to designate the summoning of jinn in a drop of ink. It is of note that magical, circular mirrors in Islamic art collections are often structured like talismanic seals or mandala. "These sorts of mirrors can also be used to make angels and archangels appear, so as to get what one wants from them." In 1828, Joseph Toussaint Reinaud tells of a "mirror coated with ink" mentioned in a Persian novel, *Le Printemps de la science*, which, "when placed before someone would tell all one wanted to know about them."[12] Moreover, Worrell is of the opinion that the verb *nadaba* (to constrain, compel) may well have provided the noun form *mandab*, which designates "a device for compelling," that held the jinni[13] prisoner, like Aladdin's lamp, or magic bottles and rings.

From Virgilian legends of spirits held in glass[14] to the devilish outline imprisoned within a block of crystal displayed by Emperor Rudolph II of Habsburg in his chamber of wonders (he was also filled with wonder by Dr. John Dee's magical, obsidian mirror, according to the latter's diary[15] entry of 4 December 1588), the circle, or any shape that is closed in on itself, functions as an entrancing ornamental motif: Alfred Gell has shown that such shapes are so fascinating to demons that they can be entrapped by them. For Arabs who practice this art, even today, an ink mirror is a way of capturing (evil) spirits, just as it captivates the beholder's gaze and a person's spirit through the fascination it exerts.

In 1832, Gerhard Herklots published his translation of *Qanoon-e-Islam*, an excellent scientific work that detailed the customs of Muslims in India, but that was read by virtually no one because, as Burton said, it "fell still-born from the press" on account of its title. It does, however, raise relevant issues concerning power and the ink mirror, which are fundamental to anyone wishing to understand what magic is. The book details four methods for making *unjun*, or lamp-black. The four recipes for ink mirrors are made for five different purposes in scrying, according to whether one wishes to find a stolen object, repel devilish forces and sickness, find a hidden treasure, become invisible, and so on.[16] There are then five ways of commanding jinn, of forcing them to obey. Generally speaking, even in the West, an angel or spirit with a given name is associated with a special power.

12. Joseph Toussaint Reinaud, *Description des monuments musulmans du cabinet de M. le duc de Blacas* (Paris: Librairie orientale de Dondey-Dupré Père et Fils, Imprimerie Royale, 1828), 2:401.

13. Worrell, "Ink, Oil and Mirror Gazing," 39.

14. John Webster Spargo, *Virgil the Necromancer: Studies in Virgilian Legends* (Cambridge, Mass.: Harvard University Press, 1934), 23, 28, 51, and 55.

15. James Orchard Halliwell, *Private Diary of Dr. John Dee and the Catalogue of his Library of Alchimical Manuscripts* (London: Camden Society, 1842), 29 : "Dec. 4th [1588], I gave to Mr. Ed. Kelley my Glass, so highly and long estemed of our Quene, and the Emperor Randolph the second, de quo in præfatione Euclidis fit mentio."

16. Jaffur Shureff ("A Native of the Deccan"), *Qanoon-e-Islam, or the Customs of the Moosulmans of India; comprising a full and exact Account of their various Rites and Ceremonies, from the Moment of Birth till the Hour of Death*, ed. and trans. G. A. Herklots (London: Parbury, Allen, 1832), 376–79.

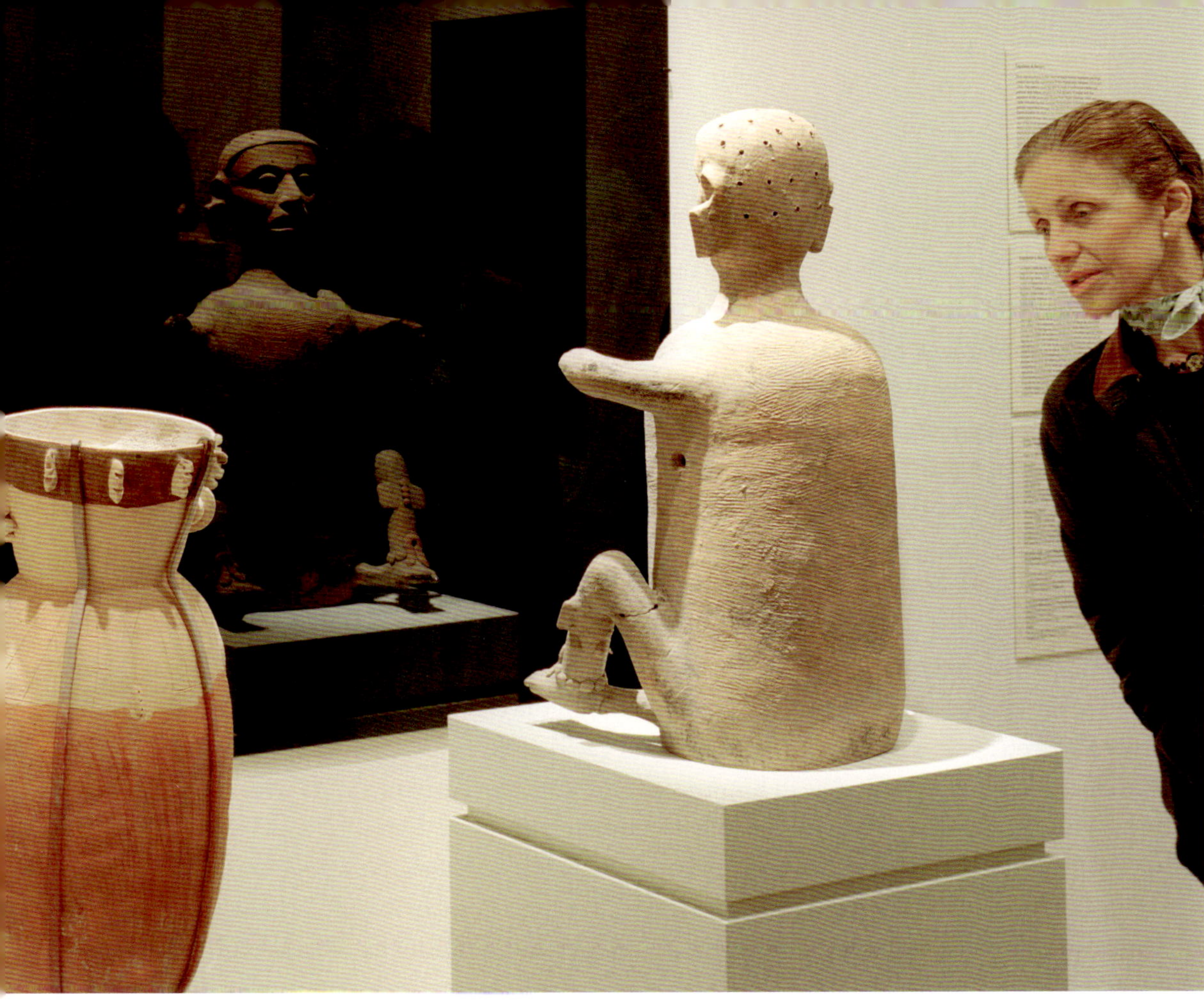

a menudo se estructuran como sellos talismánicos o mandala. "Estos tipos de espejos también se usan para hacer aparecer y desaparecer a los ángeles y arcángeles, para sacar de ellos lo que uno quiere." En 1828, Joseph Toussaint Reinaud cuenta de un "espejo cubierto de tinta" mencionado en una novela pérsica, *Le Printemps de la science*, que "cuando puesto frente a alguien contaría todo lo que uno quisiera saber de ellos."[12] Además Worrell tiene la opinión de que el verbo *nadaba* (constringir, obligar) muy bien podría provenir el sustantivo *mandab*, el cual designa "un aparato para obligar," que mantuvo prisionero al genio,[13] como la lámpara de Aladín, o como las botellas mágicas y los anillos.

Desde las leyendas de Virgilio que cuentan sobre espíritus encarcelados en vidrio[14] hasta el diseño diabólico capturado dentro de un bloque de cristal expuesto por el emperador Rudolph II en su cámara de maravillas (a él también le asombró el espejo mágico de obsidiana del doctor John Dee, según la entrada en el diario[15] del 4 de diciembre de 1588), el círculo, o cualquier forma que se cierra a si misma, funciona como un motivo ornamental que hechiza. Alfred Gell ha mostrado que estas formas fascinan a los demonios a quienes capturan. Para los árabes que practican este arte, aún hoy en día, un espejo de tinta es una manera de cautivar a los espíritus (malévolos), tal como captura la mirada del espectador y al espíritu de una persona por la fascinación que ejerce.

En 1832 Gerhard Herklots publicó una traducción de *Qanoon-e-Islam*, una excelente investigación científica que proporcionó las detalles de las costumbres de los musulmanes

12. Joseph Toussaint Reinaud, *Description des monuments musulmans du cabinet de M. le duc de Blacas* (París: Librairie orientale de Dondey-Dupré Père et Fils, Imprimerie Royale, 1828), 2:401.

13. Worrell, "Ink, Oil and Mirror Gazing," 39.

14. John Webster Spargo, *Virgil the Necromancer: Studies in Virgilian Legends* (Cambridge, Mass.: Harvard University Press, 1934), 23, 28, 51 y 55.

15. James Orchard Halliwell, *Private Diary of Dr. John Dee and the Catalogue of his Library of Alchimical Manuscripts* (Londres: Camden Society, 1842), 29: "El 4 de diciembre [1588], di al señor Ed. Kelly mi Vidrio, por tanto tiempo altamente estimado por nuestra Reina, y por el emperador Randolph II, de quo in præfatione Euclidis fit mentio."

The issue of the power that determines the ink mirror's magic and the fascination that the mirror exerts constitute what theologians termed "idolatry." This word comes from the Greek, *eidôlon*, one of whose various meanings refers to what is shown in a mirror, and which in reality is not there. In other words, an *eidôlon* is an illusion because it sets before the eyes something that is absent, just like the shades of the dead in the underworld of Hades. It is this aspect of an insubstantial snare that gave idolatry its pejorative sense, particularly among the iconoclasts. But from an anthropological point of view, idolatry is close to magic and animism, which attributes human qualities to things that are not human, for example, endowing stones, plants, and artifacts with a spirit.

17. J. G. Frazer, *The Golden Bough* (abridged) (London: Macmillan, 1971), chap. 18, sec. 3, 253 and 254.

18. Ibid., 250–55.

19. Ibid., chap. 21, 295.

Animism is found among many peoples, and at the close of the nineteenth century and in the early years of the twentieth, James Frazer in particular turned his attention to this phenomenon, in his book *The Golden Bough*. In the chapter entitled "Perils of the Soul" he wrote: "As some peoples believe a man's soul to be in his shadow, so other (or the same) peoples believe it to be in his reflection in water or a mirror. . . . As with shadows and reflections, so with portraits; they are often believed to contain the soul of the person portrayed."[17] Whether in India in the Himalayas, or Korea, New Guinea, New Caledonia, Borneo, Madagascar, Africa, Greece, Albania, France, England through to Scotland, or the Bering Strait, and down the Yukon and into Mexico, Frazer affirms unceasingly that reflections and portraits are highly taboo because they entrap the soul: a mirror, a drawing, or a photograph (the camera lens is the "evil eye of the box" for villagers in Sikkim) steals the soul from the person reflected or portrayed. The soul is separated from the body it belongs to. The person who captures it then has the power to bewitch its former possessor, even to cause him or her to die.

Frazer sees in this the origin of the myth of Narcissus, who "languished and died through seeing his reflection in the water." Zulus, Greeks, Melanesians, and others all "feared that the water-spirits would drag the person's reflection or soul under water, leaving him soulless to perish," just as the Basutos feared crocodiles, which they believed "have the power of killing a man by dragging his reflection under water."[18] This same fear is present in the Anglo-Saxon world, says Frazer. It also features in a short story by Edgar Allen Poe. In "The Oval Portrait," a painter steals life itself by stealing his sitter's color in order to use it on the canvas. At first the young girl becomes anemic, then, when the portrait is finished, she dies.

The comparison Frazer makes between photography and reflective surfaces is striking. The first daguerrotypes were also felt to be mirrors endowed with the power of memory, as Delacroix pointed out. They were even compared to black mirrors because of their silvery reflections. More amazing still is the idea that a taboo applies to both mirrors and photography, for this involves both the affirmation and the negation of visuality, that is, of both sight and the process of seeing. Frazer states that "taboos act, so to say, as electrical insulators":[19] they insulate the beholder from any danger the objects

en la India, pero que virtualmente no tenía público lector porque, como dijo Burton, "nació muerto en la imprenta" debido a su título. Sin embargo, provoca cuestionamientos relevantes sobre el poder y el espejo de tinta que son fundamentales a quien quiera comprender lo que es la magia. El libro contiene detalles sobre cuatro métodos de hacer *unjun*, o *lamp-black*. Las cuatro recetas para los espejos de tinta tienen cinco funciones distintas en la adivinación, según el deseo se puede encontrar un objeto robado, repelar las fuerzas diabólicas y la enfermedad, encontrar un tesoro escondido, hacerse invisible, etcétera.[16] Hay entonces cinco maneras de mandar a un genio, de hacerle obedecer. Estos métodos de evocación se desarrollaron porque se creía que todos los ángeles o espíritus con un nombre dado—y así fue en el Occidente también—eran asociados con un poder distinto y especial.

La cuestión del poder determinada por la magia del espejo de tinta y la fascinación que el espejo ejerce constituyen lo que los teólogos nombraron "idolatría." Esta palabra viene del griego, *eidôlon*, y uno de sus significados variados se refiere a lo que aparece en un espejo y que en realidad no está ahí. En otras palabras, una *eidôlon* es una ilusión porque pone frente los ojos algo que está ausente, como las sombras de los muertos en el infierno del Hades. Es este aspecto de la ilusión sin sustancia que dio a la idolotría su significado peyorativo, particulamente entre los iconoclastas. Pero desde una perspectiva antropológica, la idolotría está cerca de la magia y el animismo, los cuales atribuyen cualidades humanas a cosas que no lo son, dotando por ejemplo, un espíritu a las piedras, plantas y artefactos.

Se encuentra el animismo entre muchas culturas, y al fin del siglo XIX y principio del XX, James Frazer prestó atención especial a este fenómeno en su libro *The Golden Bough*. En el capítulo, "Peligros del alma" escribió: "Como algunas personas creen que el alma de un hombre está en su sombra, otras (o las mismas) creen que está en su reflejo o en un espejo. . . . Así es como a menudo se cree que retratos, sombras y reflejos contienen el alma de la persona retratada."[17] Desde la India o los Himalayas, Corea, Nueva Guinea, Nueva Caledonia, Borneo, Madagascar, África, Grecia, Albania, Francia, Inglaterra y hasta Escocia o el Estrecho de Bering, y abajo del Yukon y México, Frazer afirma sin cesar que los reflejos y los retratos son altamente prohibidos porque atrapan el alma: un espejo, un dibujo, o una fotografía (el lente de la cámara es 'el ojo malévolo de la caja" para los campesinos en Sikkim) roba el alma de la persona reflejada o retratada. El alma se separa del cuerpo al que pertenece. La persona que la capta entonces tiene el poder de hechizar al que antes la poseía, hasta para causar su muerte.

Frazer ve aquí el orígen del mito de Narciso, que "languecidió y se murió por ver su reflejo en el agua." Los zulus, griegos, melanesios y todos los otros "temían que los espíritus del agua arrastrarían el reflejo o alma debajo del agua, dejándolo perecer sin alma," tal como los Basutos temían a los cocodrilos, que creían "tener el poder de matar a un hombre por arrastrar su reflejo debajo del agua."[18] Este mismo temor está presente en el mundo anglo-sajón, dice Frazer. También ocupa un lugar importante en un cuento corto de Edgar Allen Poe. En "El retrato oval," un pintor roba la vida misma por robar el color de la posante para usarlo en el

16. Jaffur Shureff ("A Native of the Deccan"), *Qanoon-e-Islam, or the Customs of the Moosulmans of India; comprising a full and exact Account of their various Rites and Ceremonies, from the Moment of Birth till the Hour of Death*, ed. y trad. G. A. Herklots (Londres: Parbury, Allen, 1832), 376–79.

17. J. G. Frazer, *The Golden Bough* (editado) (Londres: Macmillan, 1971), cap. 18, secc. 3, 253 y 254.

18. Ibid., 250–55.

might present. Conversely, taboos can also be a starting point: it is in blindness that sight is constituted.

What can be seen in a black mirror? Nothing. Nothing? Well, almost nothing. But almost nothing is the beginning of something! A hint. Imagination and desire do the rest, causing shapes, demons, landscapes, trees, and living beings to appear. Because you see what your desire impels you to see—as with the Rorschach test, which can be traced back to lecanomancy, or as with Pierre Janet's inkblot interpretations.

You see what your desire impels you to see: this is the thinking that underpins Borges's short story "The Ink Mirror" ("El espejo de tinta," 1933). In this tale, a sorcerer shows a sultan what he wants to see in an ink mirror, until finally the sultan sees the image of his own death. The main body of the narrative is presented in quotation marks as if it were a quotation of direct speech, or as if it were a literary reflection (fictitious and unidentified). The mirror in the story is, first and foremost, an ink mirror, a mirror of writing, a mirror of words. The source for this short story is probably not to be found with Lane or Burton, or even in *The Arabian Nights*, but rather in Plato's *Phaedrus* (274c–275e). The mirror is a mirror of writing, which Plato says is a *pharmakon*, meaning at one and the same time cure and poison.[20] The strange pharmacopeia, supposed to cure the sultan's mournful lethargy by showing him spectacles that are even more wonderful than those of a magic lantern, turns out to be a poisoned gift: the ink mirror brings about the cruel sultan's death. It is both filter and overlay, just like the fluid nature and the tinted aspect of the ink (*tinta*) mirror.

20. Jacques Derrida, "Plato's Pharmacy," *Dissemination*, trans. Barbara Johnson (Chicago: University of Chicago Press, 1981), 63–171.

21. Gaston Bachelard, *L'Air et les songes: Essai sur l'imagination du mouvement* (1943; Paris: Livre de Poche, 2007), 5.

The multiple interpretations and significations attributed to Borges's tale have made it an "open work": proteiform, like Proteus who could change into water should anyone attempt to take hold of him, and elusive because all of its various meanings, scattered here and there, cannot be apprehended. Above all, the story is fully part of the history of the imagination, which, according to Starobinski, is based on the metaphor of fluidity. The ink mirror is therefore *the* image of the imagination, a faculty that does not *form* but "*deforms* images provided by perception," that "frees us from the initial images, that *changes* images," as Bachelard says.[21] The mirror lies, it does not reflect reality. On the contrary, it deforms it—all the better to tell the truth. Fiction's lie has always been its way of thwarting censorship in order to tell the truth, especially in societies where truth has become a lie.

The ink mirror is the "liquid abstraction" at the heart of Pedro Lasch's work, which, like the lava that creates the obsidian that makes the mirrors, spreads through the imagination. Similarly, ink spreads over a sheet of paper and then runs over the pages and becomes a metaphor for literary creation. In 1859, George Eliot's *Adam Bede* opened with these words: "With a single drop of ink for a mirror, the Egyptian sorcerer undertakes to reveal to any chance comer far-reaching visions of the past. This is what I undertake to do for you, reader. With this drop of ink at the end of my pen I will show you the roomy workshop of Mr. Jonathan Burge, carpenter and builder, in the village of Hayslope, as

lienzo. Al principio se pone anémica la joven, y después, al terminarse el retrato, ella muere.

Es notable la comparación de Frazer entre la fotografía y las superficies reflectantes. Los primeros daguerrotipos también fueron considerados espejos con el poder de la memoria, como indicó Delacroix. Hasta se compararon con los espejos negros por sus reflejos plateados. Hasta más intrigante es la asociación del tabú de los espejos y la fotografía, porque implica tanto la afirmación y la negación de la visualidad, esto es, del ver y el proceso de ver. Frazer declara que "las prohibiciones o tabúes funcionan, se podría decir, como insulación eléctrica"[19]: aislan al espectador de cualquier peligro que los objetos puedan presentar. Por el otro lado, las prohibiciones o tabúes pueden también ser puntos de partida: es en la ceguera que la visión se constituye.

¿Qué se puede ver en un espejo negro? Nada. ¿Nada? Pues, casi nada. ¡Pero casi nada es el comienzo de algo! Una pista. La imaginación y el deseo hacen lo demás, causando que aparezcan las formas, los demonios, los paisajes, los árboles y los seres vivos. Como ves lo que tu deseo te impulsa a ver, tal como en la prueba de Rorschach, cuyos orígenes están en el *lecanomancia*, así como en las interpretaciones de Pierre Janet de las manchas de tinta.

Ves lo que tu deseo te impulsa a ver: este es el pensamiento que sirve de base para el cuento corto de Borges, "El espejo de tinta" (1933). En este cuento, un hechicero muestra lo que un sultán quiere ver en un espejo de tinta, hasta que el sultán ve la mirada de su propia muerte. La parte central de la narrativa se presenta entre comillas, como una cita o un reflejo literario (ficticio y sin identificación). El espejo en el cuento es, primero y más que nada, un espejo de tinta, un espejo de la escritura, un espejo de palabras. La fuente de este cuento probablemente no se encuentra ni con Lane ni Burton, tampoco en *Las mil y una noches*, sino en *Fedro* de Platón (274c–275e). El espejo es un espejo de escribir, lo que Platón llama *pharmakon*, significando a la vez lo que cura y envenena.[20] La extraña farmacopea que debía curar el letargo lastimero del sultán al enseñarle los lentes aún más maravillosos que los de una linterna mágica, resultó ser un regalo envenenado: el espejo de tinta causa la muerte del sultán cruel. Es tanto filtro como revestimiento, justo como el carácter fluido y aspecto tinto del espejo de tinta.

Las variadas interpretaciones y signficados atribuídos al cuento de Borges lo han convertido en una "obra abierta." Como Proteo que pudo convertirse en agua cuando lo agarraban, es un cuento elusivo cuyos significados variados, dispersos aquí y allá, no pueden ser aprehendidos. Más que nada, el cuento pertenece completamente a la historia de la imaginación, que según Starobinski se basa en la metáfora de la fluidez. El espejo de tinta por eso es *la* imagen de la imaginación, una facultad que no *forma* sino "*deforma* las imágenes provistas por la percepción," algo que "nos libera de las imágenes iniciales, que *cambia* las imágenes," como dice Bachelard.[21] El espejo miente, no refleja la realidad. Al contrario, la deforma—para mejor contar la verdad. La mentira de la ficción siempre ha sido una manera de frustrar a la censura para poder decir la verdad, especialmente en las sociedades donde la verdad se ha convertido en mentira.

El espejo de tinta es la "abstracción liquida" en el corazón de la obra de Pedro Lasch. Como

19. Ibid., cap. 21, 295.

20. Jacques Derrida, "Plato's Pharmacy," *Dissemination*, trad. Barbara Johnson (Chicago: University of Chicago Press, 1981), 63–171.

21. Gaston Bachelard, *L'Air et les songes: Essai sur l'imagination du mouvement* (1943; París: Livre de Poche, 2007), 5.

it appeared on the eighteenth of June, in the year of our Lord 1799." And, on 26 March 1842, the anonymous author of an article in *The Mirror of Literature* suggested: "Even as we write, our mind runs liquid through our pen; the very ink grows eloquent, discoursing like the waters of a brook as it flows along the page." And he continues: "The mirror of ink . . . is no longer a juggle, as shewn in that most common and yet most amazing of all arts, reading. There truly is the ink a magic mirror." The magic of art and the art of magic fuse in an instant.

If there is one work that recreates the vertigo of the magic of the ink mirror, it must be Poe's short story "A Descent into the Maelström." What is the fascination that entraps sight as much as thought in the vast ocean with its "inky hue," the *Mare Tenebrarum*[22] that whirls as it sucks down everything around it, if not the writer looking into an *inkwell* that he was perhaps even stirring with his pen, captivated by an ink mirror of unbelievable proportions? "The mouth of the terrific funnel, whose interior, as far as the eye could fathom it, was a smooth, shining, and jet-black wall of water, inclined to the horizon at an angle of some forty-five degrees, speeding dizzily round and round with a swaying and sweltering motion."[23] The narrator, caught up in this fearful "vortex," suddenly feels the urge to explore its bottomless depths even at the peril of his life.[24] But going though the Maelström, like going through the (ink) mirror, does not leave the narrator unscathed.

For in "the great whirlpool of the Maelström" there is something that is beyond the scope of both the imagination and literature: the "sea of darkness"—"A panorama more deplorably desolate no human imagination can conceive."[25] Bachelard, commenting on this literary paradox, says: "This singular reality is presented as going beyond what can be imagined—a curious inversion which philosophers would do well to meditate upon: go beyond the imaginable and you will achieve a reality that is strong enough to trouble the heart and the mind."[26]

In conclusion, this might well be the moral of the dark reverie that Pedro Lasch's *Black Mirror/Espejo Negro* has released: a reality that is strong enough to trouble the heart and the mind and which is described in three very different but complementary ways in the essays that follow, by Jennifer A. González, Pete Sigal, and Walter Mignolo.

22. E. A. Poe, *Tales* (New York: Wiley and Putnam, 1845), 84.

23. Ibid., 84.

24. Ibid., 96.

25. Ibid., 84.

26. Bachelard, *L'Air et les songes*, 4.

la lava que crea el obsidiana que constituye los espejos, se extiende por la imaginación. De manera parecida, la tinta se esparce sobre una hoja de papel y excede las páginas para hacerce metáfora de la creación literaria. En 1859, *Adam Bede* de George Eliot abre con las siguientes palabras: "Con una sola gota de tinta como espejo, el hechicero egipcio emprende revelar a quien venga por casualidad visiones extendidas del pasado. Esto es lo que emprendo hacer por Ud, mi lector. Con esta gota de tinta al final de mi pluma le enseñaré el taller espacioso del señor Jonathan Burge, carpintero y albañil, en el pueblo de Hayslope, tal como apareció el 18 de junio, año domini 1799." Y, el 26 de marzo 1842, el autor anónimo de un artículo en *The Mirror of Literature* sugirió, "Incluso mientras escribimos, nuestra mente corre como líquido por nuestra pluma; la misma tinta se hace elocuente, discursando como las aguas de un arroyo mientras fluye en la página." Y sigue: "El espejo de tinta . . . ya no es malabarismo, como se muestra en esta más común y sin embargo más maravillosa de las artes, el leer. Ahí la tinta es de verdad un espejo mágico." La magia del arte y el arte de la magia se fusionan en un instante.

Si hay una obra que recrea el vertigo de la magia del espejo de tinta, debe ser el cuento corto de Poe, "Un descenso al Maelström." ¿Qué es la fascinación que atrapa la visión y el pensamiento si no un océano vasto de "tono entintado," el *Mare Tenebrarum*[22] que gira mientras arrastra todo consigo, la imagen del escritor mismo mirando en un tintero que quizás revuelve con su pluma, cautivo por sus proporciones increíbles? "La boca del torbellino, cuyo interior, lo más lejos que el ojo pudo descifrar, era una pared lisa, reflectiva y de negro puro, inclinada hacia el horizonte a un ángulo de casi 45 grados, alejándose mareada en círculos a toda velocidad, con un movimiento de balancear y mecerse."[23] El narrador, enganchado en este "vórtice" espantoso, de repente siente el deseo de explorar su profundidad infinita, aún arriesgando su propia vida.[24] Pero el pasaje por el Maelström, así como el paso por el espejo (de tinta), no deja al narrador ileso.

Porque en "el enorme vorágine del Maelström" hay algo que va más allá de la imaginación y de la literatura: el "mar de la oscuridad"—"Un panorama más pésimo y desolado que la imaginación humana puede concebir."[25] Bachelard, comentando sobre esta paradoja literaria, dice, "Esta realidad singular se presenta como si excediera lo que se puede imaginar—una inversión curiosa que a los filósofos les haría bien meditar: sobrepasar lo imaginable y lograr una realidad suficientemente fuerte para preocupar al corazón y a la mente."[26]

Para concluir, esta podría ser la moral del ensueño oscuro que *Black Mirror/Espejo Negro* de Pedro Lasch ha soltado: una realidad que es suficientemente fuerte para preocupar al corazón y la mente, descrita también en tres maneras muy distintas pero complementarias en los ensayos de Jennifer A. González, Pete Sigal y Walter Mignolo.

22. E. A. Poe, *Tales* (New York: Wiley and Putnam, 1845), 84.

23. Ibid., 84.

24. Ibid., 96.

25. Ibid., 84.

26. Bachelard, *L'Air et les songes*, cap. 4.

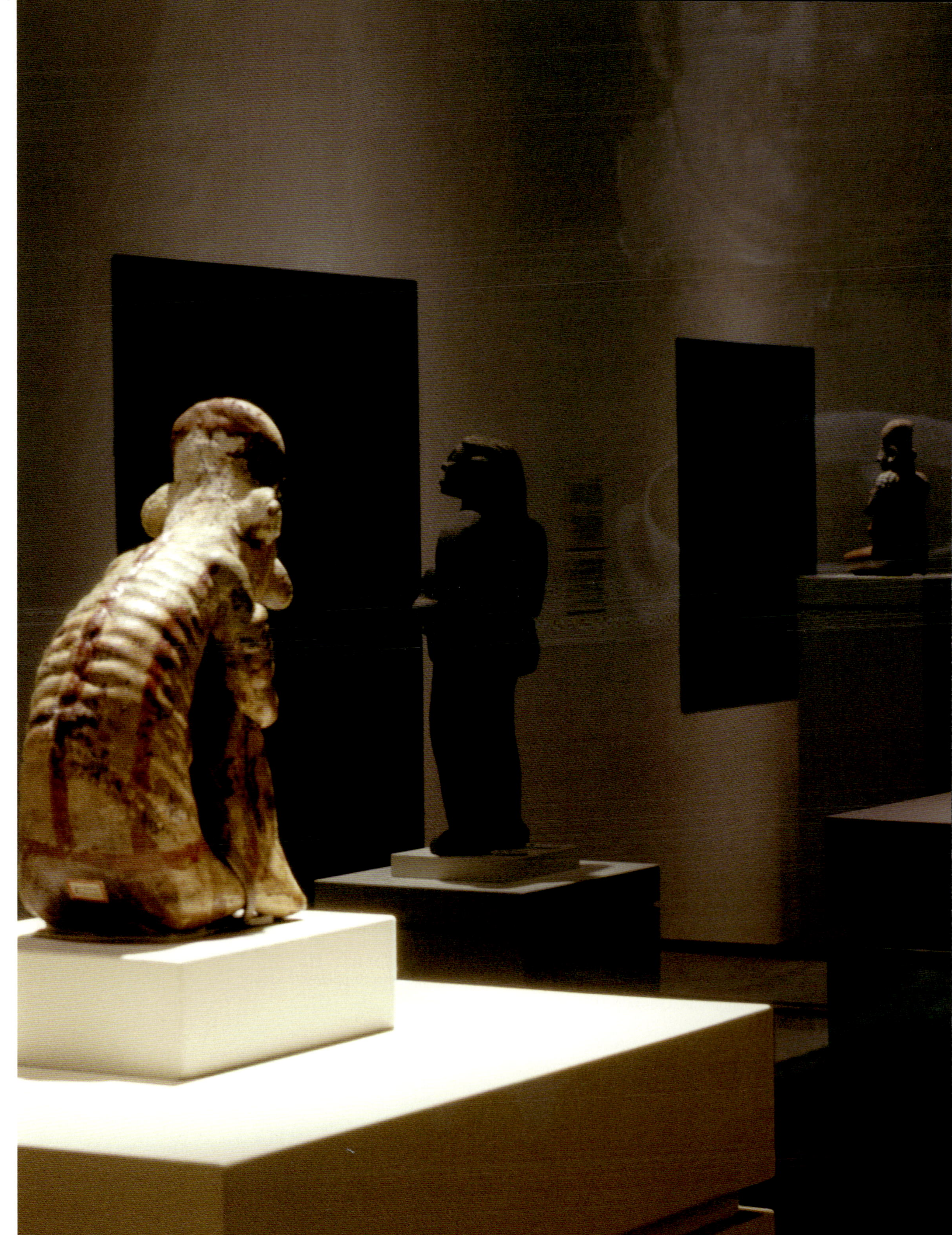

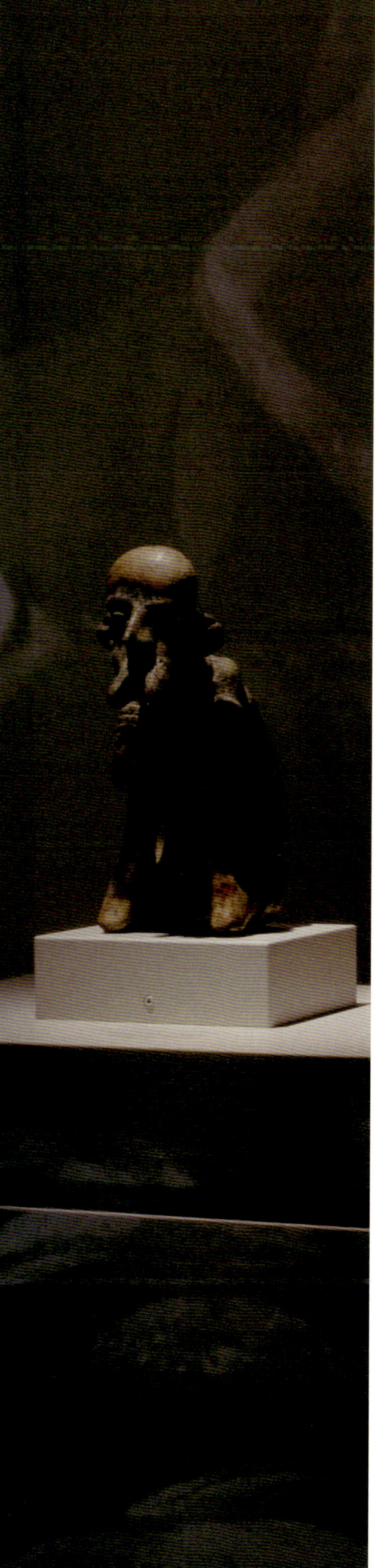

Stone Muse

JENNIFER A. GONZÁLEZ

Museums are places where the muses dwell, where wanderers find inspiration in the quiet act of contemplation. Museums also offer the opportunity for unexpected encounters, not only between people and things, but also between objects that would not normally be brought together. Through the process of collection and juxtaposition curators use the space of the museum to articulate new discourses of signification for the museum's objects. Contemporary artists like Hans Haacke, Fred Wilson, Andrea Fraser, and James Luna have worked skillfully with experimental display and performance techniques to place viewers into new relationships with familiar artifacts, or sometimes to critically reflect on the museum as a social and cultural institution.[1] This interrogation of museum displays by artists is frequently described as a form of "institutional critique." In some cases, it is the museum's permanent collection or its bureaucratic structure that are the focus of critique; in other cases it may be the museum's colonial history, race politics, or aristocratic origins that are examined. Not every case of museum intervention is a critique of the institution per se; sometimes it is alternately a careful assessment of the ideological ground of specific displays or display techniques. By returning the museum's gaze, contemporary artists reframe the traditional framing discourse of the museum.

Taking part in this contemporary art practice, Pedro Lasch's *Black Mirror/Espejo Negro* brings attention to the ways in which museum exhibitions can be used to create otherwise impossible meetings of objects and in the process change our understanding of museum display. Drawing from the Nasher Museum of Art's exceptional collection of pre-Columbian stone and ceramic figures from the Americas, Lasch creates provocative juxtapositions with Spanish oil paintings from the seventeenth and eighteenth centuries. It is a purely imaginary meeting, since most of the figurines predate the paintings by a thousand years or more. Nevertheless, we know that Europeans took such objects from the Americas to fill their cabinets of curiosity across the sea. We know that the colonial period was one of looting and theft, and we know that museums became the repositories for much of this "collecting" activity.[2] This is where the poignancy and poetry of Lasch's work emerges in carefully orchestrated groupings that cross time and space, the known and the unknown.

In "Rectangular Monstrosities" the artist pairs Juan Carreño de Miranda's 1680 painting *Eugenia Martínez Vallejo, the Nude Monster* with a ceramic effigy figure that seems to be swimming on its large, rotund belly. The two figures extend into space, as if floating toward each other. In the seventeenth century the idea of the "monstrous" was a convenient way to indicate cultural difference and outsider status, whether of people or things. Lasch's wall text reminds us that the term "monstrous" was also frequently applied to works of pre-Columbian art, and that many beautiful works of art made in gold and silver were deemed "monstrous" and melted down into rectangular bricks of precious metal to fill the coffers of the Spanish. In a room filled with large masses of rectangular black glass, we are also invited to think about the way the painted images may

1. See Jennifer A. González, *Subject to Display: Reframing Race in Contemporary Installation Art* (Cambridge, Mass.: MIT Press, 2008).

2. Anthony Alan Shelton, "Cabinets of Transgression: Renaissance Collections and the Incorporation of the New World," in *The Cultures of Collecting*, ed. John Elsner and Roger Cardinal (Cambridge, Mass.: Harvard University Press, 1994), 184–93.

Musa de piedra

JENNIFER A. GONZÁLEZ

Los museos son lugares poblados por musas, donde los visitantes encuentran la inspiración en el acto callado de la contemplación. Los museos también ofrecen la oportunidad de los encuentros inesperados, no sólo entre las personas y las cosas, sino entre los objetos que normalmente no se llevan juntos. A través del proceso de la colección y la yuxtaposición los curadores usan el espacio del museo para articular discursos nuevos de la significación para los objetos del museo. Los artistas contemporáneos como Hans Haacke, Fred Wilson, Andrea Fraser y James Luna han trabajado con destreza en la presentación experimental y las técnicas del performance para poner a los espectadores en relaciones nuevas con artefactos familiares, o a veces para reflexionar críticamente sobre el museo como una institución social y cultural.[1] Esta interrogación de la muestra museográfica por los artistas se describe frecuentamente como una forma de la "crítica institucional." En algunos casos, es la colección permanente del museo o su estructura burocrática el objeto de la crítica; en otros casos puede ser la historia colonial del museo, la política racial o los orígenes artistocráticos que se examinan. No todo caso de la intervención en el museo es una crítica de la institución *per se*; de vez en cuando es, por turno, una evaluación cuidadosa del terreno ideológico de muestras específicas y sus técnicas expositivas. Al regresar la mirada museográfica, los artistas contemporáneos encuadran el marco discursivo tradicional del museo.

Participando en esta práctica artística contemporánea, *Black Mirror/Espejo Negro* de Pedro Lasch atiende a la manera en que las exposiciones museográficas pueden usarse para crear encuentros entre objetos que de otra forma serían imposibles, cambiando en el proceso nuestra comprensión de la muestra museográfica misma. Seleccionando obras de piedra y cerámica de la excepcional colección de figuras de la América precolombina del Nasher Museum, Lasch crea yuxtaposiciones provocadoras con cuadros al óleo españoles de los siglos XVII y XVIII. Es un encuentro totalmente imaginario, ya que la mayoría de las figuras anticipan a los cuadros por mil años o más. Sin embargo, sabemos que los europeos se llevaron este tipo de objeto para llenar sus cabinetes de curiosidades al otro lado del mar. Sabemos que el periodo colonial fue uno de robo y de saqueo, y sabemos que los museos llegaron a ser los repositorios de mucha de esta actividad del "coleccionar."[2] Aquí es donde la intensidad y poesía de la obra de Lasch emergen en agrupamientos cuidadosamente orquestados que cruzan el espacio y el tiempo, lo conocido y lo desconocido.

En "Monstruosidades rectangulares," el artista junta el cuadro de Juan Carreño de Miranda, *Eugenia Martínez Vallejo, la monstrua desnuda* (1680) con una efigie de cerámica que parece nadar encima de su panza enorme y rotunda. Las dos figuras se extienden en el espacio, como si flotaran la una hacia la otra. En el siglo XVII la idea de "lo monstruoso" era una manera conveniente de indicar la diferencia cultural y el estatus de lo foráneo, ya fuera el de las personas o las cosas. El texto de Lasch nos recuerda que el término "monstruoso" también se aplicaba frecuentemente a las obras de arte precolombino, y que muchas obras hermosas hechas de oro y plata se denominaron "monstruosas" para ser fundidas en ladrillos rectángulares de metal precioso, llenando los fondos y cofres de los españoles. En un salón lleno de grandes masas de vidrio negro rectangular, nos invita también a pensar en cómo la imagen

1. Véase Jennifer A. González, *Subject to Display: Reframing Race in Contemporary Installation Art* (Cambridge, Mass.: MIT Press, 2008).

2. Anthony Alan Shelton, "Cabinets of Transgression: Renaissance Collections and the Incorporation of the New World," en *The Cultures of Collecting*, ed. John Elsner y Roger Cardinal (Cambridge, Mass.: Harvard University Press, 1994), 184–93.

represent monstrosities insofar as they reveal a culture of colonial domination, greed, and destruction.

Looking at "Mimesis and Transgression" we are startled by the uncanny image of *The Bearded Woman Magdalena Ventura and Her Husband*, 1631, by José de Ribera. The painting depicts what appears to be two men, one holding a child to a female breast, heavy with milk. Yet the child does not latch well onto the breast, which is anatomically misplaced, like an artificial prosthesis hanging just below the neck. Both figures look much too old to have an infant: they are balding and seem to be at least fifty. They gaze out of the painting, but at different horizons. In fact, the painting seems to be about its own failure at realism; yet it is hailed as a work of realism today. The Latin inscription describes the commission and suggests that it records a wonder of the natural world. Mark Albert Johnston argues that "bearded women presented early modern English culture with a profound contradiction that symbolically threatened patriarchal ideology with the specter of both economic and sexual castration. The female beard's subversive power, then, could be mitigated only one of two ways: either through reinscription of the female body or through annihilation."[3] Perhaps this same politics was at play in Spain. Like *Eugenia Martínez Vallejo, the Nude Monster*, the painting explores a form of corporeal deviance to set the boundaries of the norm or simply to titillate its audience with the strange and "marvelous." The primary gesture in the *Magdalena Ventura* painting—holding a child at the breast—is classically religious, but it may also be a means of reinscribing the female body as reproductive and therefore nonthreatening. The Costa Rican female figure in volcanic stone, produced in 1000 CE, also holds her breasts, with an upturned gaze. Though she may appear simply peaceful or fertile to us, she would have seemed a strange and "marvelous" idol to European conquerors. Both figures are transgressive in this respect, but we know that while one story ends in reinscription, the other may end in annihilation. Across an imaginary threshold of time, Lasch's pairings rearticulate the problematic of the known and the unknown in the colonial period of the Americas and across an imaginary threshold of time. The ancient figurines look across the dark glass to see the future of their own transformation or death, whereas the Spanish are blinded by their own greed and perhaps see only the sacrilegious "idolatry" of the culture they encounter.

"Blind Taste" attests to this problematic of vision but ties it to the real conditions of feast and famine by placing an emaciated ceramic female figure, created in Nayarit, Mexico, in about 200 CE, in front of Alejandro de Loarte's *Kitchen Scene or Bodegón*, circa 1620. *Bodegón* is another word for a cellar or food-storage space. The Spanish term for still-life painting—also *bodegón*—was just emerging in the period of Loarte's work, but predates most other terms used to describe this genre.[4] In the seventeenth century there were heated debates about the merit of this kind of painting, and whether it should be pursued, due to its subject matter. Rather than the grand themes of historical paintings, these seemed to celebrate a domain of Spanish life degraded by a lowly, quotidian real-

3. Mark Albert Johnston, abstract for "Bearded Women in Early Modern England," *SEL Studies in English Literature, 1500–1900* 47, no. 1 (Winter 2007): 1–28.

4. Francisco Calvo Serraller, "Bodegónes," in *The Spanish Portrait: From El Greco to Picasso*, by Javier Portus et al. (London: Scala, 2004), 55.

pintada puede representar la monstruosidad en la medida que revela una cultura de dominación cultural, avaricia y destrucción.

Mirando a "Mimesis y transgresión" nos sorprende ver la imagen ominosa y extraña de *La mujer barbuda Magdalena Ventura con su esposo* (1631) de José de Ribera. El cuadro presenta lo que parecen ser dos hombres, uno sosteniendo a un niño frente a un seno femenino, lleno de leche. Sin embargo, el niño no agarra bien al seno, el cual parece anatómicamente mal ubicado, como una próstesis colgada debajo del cuello. Las dos figuras parecen demasiado viejas para tener a un infante: son medio calvos y tienen por lo menos cincuenta años. Miran fuera del cuadro, pero a horizontes distintos. De hecho, el cuadro parece representar su propio fracaso al realismo; pero hoy se aclama como una obra realista. La inscripción en latín describe la comisión y sugiere que documenta una maravilla del mundo natural. Mark Albert Johnston sugiere que "la mujer barbuda presentó a la cultura moderna temprana inglesa con una contradicción profunda que simbólicamente amenazaba la ideología patriarcal con el espectro de la castración, tanto económica como sexual. El poder subversivo de la barba femenina, entonces, se podía mitigar en sólo una de dos maneras: por la reinscripción del cuerpo femenino o por la aniquilación."[3] Tal vez esta misma política estaba en juego en España. Como *Eugenia Martínez Vallejo, la monstrua desnuda*, el cuadro de José de Ribera explora una forma de desviación corporal para afirmar las fronteras de la norma o simplemente para excitar a su público con lo extraño y "maravilloso." El gesto primario en *Magdalena Ventura*—poner al niño al seno—es clásicamente religioso, pero también puede ser una manera de inscribir al cuerpo femenino como reproductivo y por consiguiente no amenazador. La figura costarricense de piedra volcánica, producida en AD 1000, también sostiene sus senos con una mirada hacia arriba. Aunque a nosotros nos parezca sólo pacífica o fecunda, parecería ser un ídolo extraño y "maravilloso" a los primeros conquistadores europeos. De tal manera las dos figuras son transgresivas, pero sabemos que mientras una historia termina en la reinscripción, la otra puede acabar en la aniquilación. A través de un umbral imaginario temporal las parejas artísticas de Lasch articulan de nuevo la problemática de lo conocido y lo desconocido en la época colonial de América. Las figuras antiguas miran a través del vidrio oscuro para ver el futuro de su propia transformación o muerte, mientras los españoles se ciegan por su propia avaricia y talvés viendo únicamente la "idolatría" sacrílega de la cultura que encuentran.

"Gusto ciego" atestigua esta visión problemática pero la ata a las condiciones reales de festín y hambruna, poniendo una cerámica femenina emaciada creada en Nayarit, México alrededor de AD 200, frente al *Bodegón* de Alejandro de Loarte (circa 1620). *Bodegón* es otra palabra para un sótano, o lugar donde se guarda la comida. Este término utilizado en español para hablar de una naturaleza muerta emergió en el periodo de la obra de Loarte, anticipando la mayoría de otros término usados en la historia del arte para describir este género.[4] En el siglo XVII había debates acalorados sobre el mérito de este tipo de pintura, y si se debía perseguir debido a su temática. A diferencia de los grandes temas de los cuadros históricos, los bodegones parecían celebrar el dominio de la vida española degradada por un realismo bajo y cotidiano relacionado a los que trabajaban en los bodegones mismos. Francisco Calvo Ser-

3. Mark Albert Johnston, resumen de "Bearded Women in Early Modern England," *SEL Studies in English Literature, 1500–1900* 47, no. 1 (Winter 2007): 1–28.

4. Francisco Calvo Serraller, "Bodegónes," en *The Spanish Portrait: From El Greco to Picasso*, por Javier Portus et al. (Londres: Scala, 2004), 55.

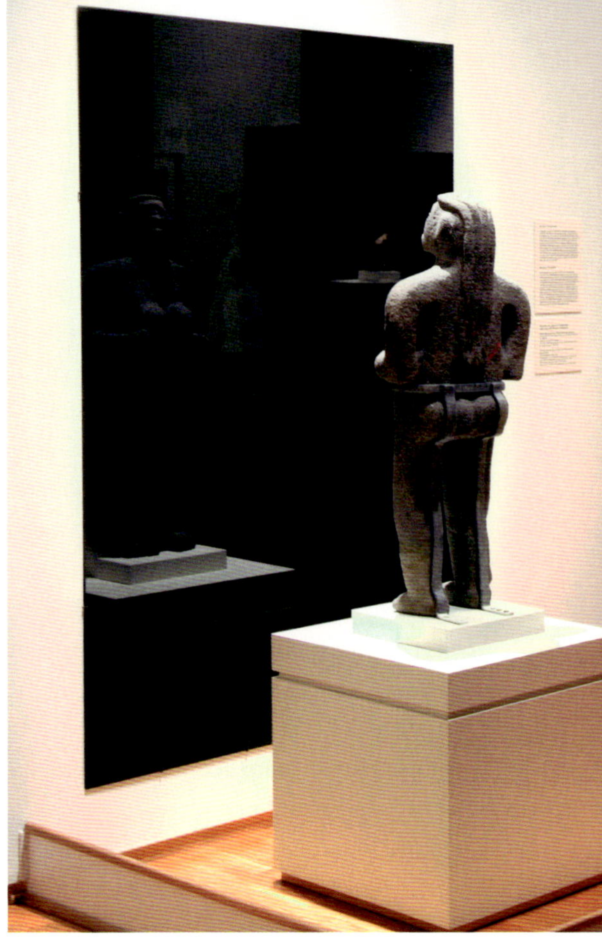

ism that also applied to those who work in the *bodegón*. Francisco Calvo Serraller writes that in Sebastián de Covarrubias's dictionary of 1611 a *bodegonero* is described as follows: "They are those who have a *bodegón*, who are ordinarily dirty and greasy from their business, and generally fat and flabby owing to the dissolute life they lead, and to whom we compare men whose girth appears to be like theirs."[5] But for those who championed the genre at the time, such as Alfonso Pérez Sánchez, "a humble, grave, and profound sensibility impregnated with an almost religious sentiment, which imposes order on objects of transcendent value, becomes the new and highly personal contribution of the first Spanish artists in the genre."[6] In Loarte's painting, a decidedly flabby but apparently warm-hearted *bodegonero* is surrounded by a sampler of freshly killed fish and fowl, along with gold coins and playing cards that emphasize the transience of material wealth and the inevitable presence of death, common to the *vanitas* tradition. The bright circular bowl he holds out is filled with blood, a symbol of life, sacrifice, death, and eternity that would resonate with Loarte's Catholic audience. Into this bowl gazes the emaciated female figurine, her mouth a mirroring orifice. If the appetites of the Spanish were insatiable, they also left the indigenous populations of the Americas in a condition of poverty and starvation. Particularly moving, this juxtaposition is also sadly relevant to contemporary conditions of wealth and poverty, conditions of insatiable greed and starvation, not only in Central America but globally.

Black Mirror/Espejo Negro invites us to contemplate tragic moments of colonial history, but it also brings us face to face with the way the history of art is generally obscured by its traditional modes of display. The paintings from Spain and New Spain, by such well-known masters as Velázquez, El Greco, Zurbarán, and Cabrera, retreat behind walls of black glass. They can only be seen obliquely through a reflective surface that also reflects each of the pre-Columbian sculptures. We cannot see one without the other. There is no neutral place for the paintings to reside, unfettered by the legacy of their historical époque. What Lasch provides for us in his juxtapositions is not only a narrative of uncanny social encounter, but also a new system for recording an artwork's provenance. Here the art object cannot be contemplated in an isolated, aesthetic framework, but must also be seen in direct relation to its cultural means of production. Spain became

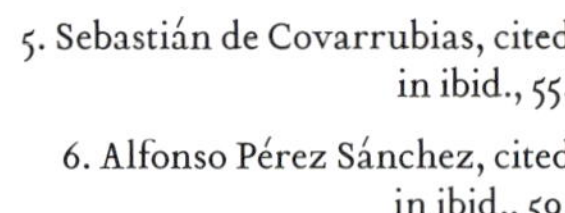

5. Sebastián de Covarrubias, cited in ibid., 55.

6. Alfonso Pérez Sánchez, cited in ibid., 59.

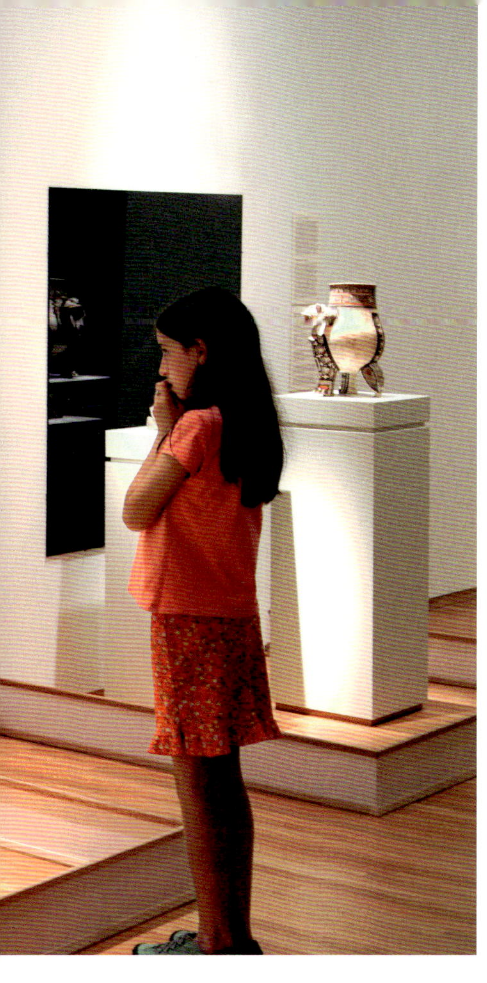

raller escribe que en el diccionario de Sebastián de Covarrubias de 1611 un bodegonero se describe como: "los dueños de un bodegón, gente comunmente sucia y grasosa por su trabajo, generalmente gordos y fofos por la vida que llevan, así como hombres cuya cincha se asemeja a la de ellos."[5] Pero para los que abogaron por el género en aquella época, como Alfonso Pérez Sánchez, "una sensibilidad humilde, seria y profunda impregna con un sentimiento casi religioso, impone orden en objetos de valor trascendental, y se convierte en la contribución nueva y altamente personal de los primeros artistas españoles del género."[6] En el cuadro de Loarte, un decididamente fofo pero aparentamente afectuoso bodegonero está rodeado por una muestra de pescados y aves recién matados, con monedas de oro y naipes que enfatizan la fugacidad de la riqueza material y la presencia inevitable de la muerte, muy común en la tradición de *vanitas*. El tazón redondo y de colores brillante que sostiene está lleno de sangre, símbolo de la vida, el sacrificio, la muerte y la eternidad que resonaría con el público católico de Loarte. La figurilla emaciada femenina mira dentro de este tazón, su boca un orificio reflejante. Si los apetitos de los españoles fueron insaciables, también dejaron a las poblaciones indígenas de las Américas en una condición de pobreza y inanición. Particularmente conmovedora, esta yuxtaposición también sigue siendo tristemene relevante a las condiciones contemporáneas de la riqueza y la pobreza, condiciones de avaricia insaciable e inanición, no sólo en Centroamérica sino globalmente.

5. Sebastián de Covarrubias, citado en ibid., 55.

6. Alfonso Pérez Sánchez, citado en ibid., 59.

Black Mirror/Espejo Negro nos invita a contemplar los momentos trágicos de la historia colonial, pero también nos hace enfrentarnos con la manera en que los modos de exposición tradicionales generalmente esconden la historia del arte. Los cuadros de España y de Nueva España, por tales maestros bien conocidos como Velázquez, El Greco, Zurbarán y Cabrera, se retiran detrás de paredes de vidrio negro. Sólo se ven oblicuamente a través de una superficie reflectiva que también refleja cada una de las esculturas precolombinas. No podemos ver el uno sin el otro. No hay lugar neutral para los cuadros, libre de la herencia de su época histórica. Lo que Lasch provee en sus yuxtaposiciones no es sólo una narrativa de un encuentro social ominoso, sino un nuevo sistema para documentar la procedencia de una obra de arte. Aquí el objeto artístico no se puede contemplar dentro de un marco estético aislado, sino que tiene que verse en relación directa a su modo de producción cultural. España se hizo país rico por su conquista colonial; los pintores de la corte en ambos continentes fueron los beneficiarios de esta riqueza, siendo también los encargados de la representación visual de esta época bastante despiadada de conquista.

El proyecto de Lasch también transforma el proceso de recepción del público. El pega y

a wealthy country because of its colonial conquests; court painters on both continents were the beneficiaries of this wealth and ultimately the visual scribes of this fairly ruthless era of conquest.

Lasch's project also transforms the process of audience reception. The push-pull of the reflective surface elicits unanticipated forms of pacing and leaning, a dance of discovery or even discomfort. The act of contemplation and observation is heightened in the exhibit such that viewers become aware not only of their own gaze, but also the exchange of gazes between the artworks that are situated in an imaginary tête-à-tête. There is something photographic—in the sense of the daguerreotype—or even cinematic, about the rectangular forms hovering in the gallery space with their silvery shadowed inhabitants. As with a photograph, the images and objects occupy both the present and the past; a temporal collapse takes place in the gallery space. We, reflected in the glass, become as much phantoms as those other obscured subjects of the pre-Columbian and Spanish colonial past. Through this distancing maneuver we are invited to contemplate the richness of a still-obscured history that is part of our haunted present. We are motivated by the enduring human desire to see across cultural difference, to engage in an ethics of encounter through the opacity of reflection. We cannot accurately see what we cannot understand. Vision, which is generally allied in the Western philosophical tradition with knowledge, is shown at this critical point of contact to be a form of blindness. Ultimately, *seeing* and *being seen*—the always imperfect, always failing yet always searching exchanges of the gaze—emerge as the true subjects of Lasch's experimental display.

The conceptual key to reading the exhibit is of course "Liquid Abstraction," a polished disk of obsidian made by the Aztecs in Mexico in the fifteenth century. It sits in the center of the exhibit like a sentinel of time. Unlike onyx, with its inky opacity, volcanic obsidian has embedded reflective minerals, and because it is a very hard stone it can be polished to a nearly translucent thinness. Obsidian has been associated with gaining clear insights and has been used in both Europe and the Americas in various arts of clairvoyance achieved by concentrating on an object—usually one with a reflective surface (such as a mirror, crystal ball, or water)—until visions appear. This act of divining, or scrying, was primarily used to see into the future or, more rarely, the past. In *Black Mirror/Espejo Negro* the question becomes: who are the scryers, the pre-Columbian sculptures who gaze at the black glass or us? Who is divining the meaning of the image in the glass? What makes us look for information in an obsidian disk, in a mirror? We enter into a kind of *mis-en-abîme* of the dark mirror, in which the museum becomes the frame for our own ability to consider the process of musing. As a lens, the museum orders objects for our eyes to view, drawing our attention to details, highlighting the rare and the beautiful, obscuring the marginal. We come to understand all exhibitions as a kind of black mirror in obsidian, a looking-glass with a double reflection. We both see and do not see ourselves, and this is what the future always looks like.

jale de la superficie reflectante provoca formas no anticipadas de andar y echarse de un lado para otro, un baile de descubrimiento, quizás de incomodidad. El acto de contemplación y observación aumenta en la exposición para que los espectadores se den cuenta no sólo de su propia mirada sino del intercambio de miradas entre las obras artísticas que se situan en una *tête-à-tête* imaginario. Hay algo fotográfico—en el sentido del daguerrotipo—o aun cinemático en las formas rectangulares que flotan en el espacio de la galería, con sus habitantes oscuros y plateados. Como una fotografía, las imágenes y los objetos ocupan el presente y el pasado; un colapsamiento temporal tiene lugar en el espacio de la galería. Nosotros, reflejados en el vidrio, llegamos a ser fantasmas tal como los otros sujetos oscuros del pasado colonial precolombino y español. Por esta maniobra de distanciamiento nos invitan a contemplar la riqueza de una historia todavía oscurecida que forma parte de nuestro presente embrujado. El perdurante deseo humano de ver a través de la diferencia cultural nos motiva a involucrarnos en una ética de encuentro por la opacidad del reflejo. No podemos ver precisamente lo que no podemos entender. La visión, generalmente aliada en la tradición occidental filosófica con el conocimiento, se ve en este momento crítico de encuentro como una forma de ceguera. Ultimadamente, el *ver* y *ser visto*—siempre imperfecto, siempre fracasando pero siempre buscando intercambios de miradas—emergen como los verdaderos sujetos de la muestra experimental de Lasch.

La clave conceptual para leer la exposición es, evidentemente, "La abstracción líquida," un disco pulido de obsidiana hecho por los aztecas en México en el siglo XV. Se asienta en el centro de la exposición como guardián del tiempo. A diferencia del ónice con su opacidad entintada, el obsidiana volcánico contiene minerales reflectantes enterrados, y como es una piedra muy dura se le puede pulir hasta una delgadez casi transparente. El obsidiana se ha asociado con la intuición y se ha usado tanto en Europa como en América para varias artes de clarividencia lograda al concentrarse en un objeto—normalmente uno con una superfice reflectiva (tal como un espejo, una bola de cristal o el agua)—hasta que las visiones aparezcan. Este acto de adivinar se usaba más que nada para ver hacia el futuro o, rara vez, al pasado. En *Black Mirror/Espejo Negro* la pregunta es: ¿quiénes son los adivinadores, las esculturas precolombinas que miran el vidrio negro, o nosotros? ¿Quién está adivinando el significado de la imagen en el vidrio? ¿Qué nos hace buscar información en un disco de obsidiana, en un espejo? Entramos en un tipo de *mis-en-abîme* del espejo oscuro, en el cual el museo se convierte en el marco de nuestra capacidad de considerar el proceso de cavilar. Como un lente el museo ordena los objetos para que los vean nuestros ojos, llamando nuestra atención a los detalles, iluminando lo extraordinario y lo hermoso, oscureciendo lo marginal. Llegamos a entender todas las exposiciones que vemos como un tipo de espejo negro en obsidiana, un espejo con reflejos dobles. Nos vemos y no nos vemos a nosotros mismos, y esto es siempre cómo se ve el futuro.

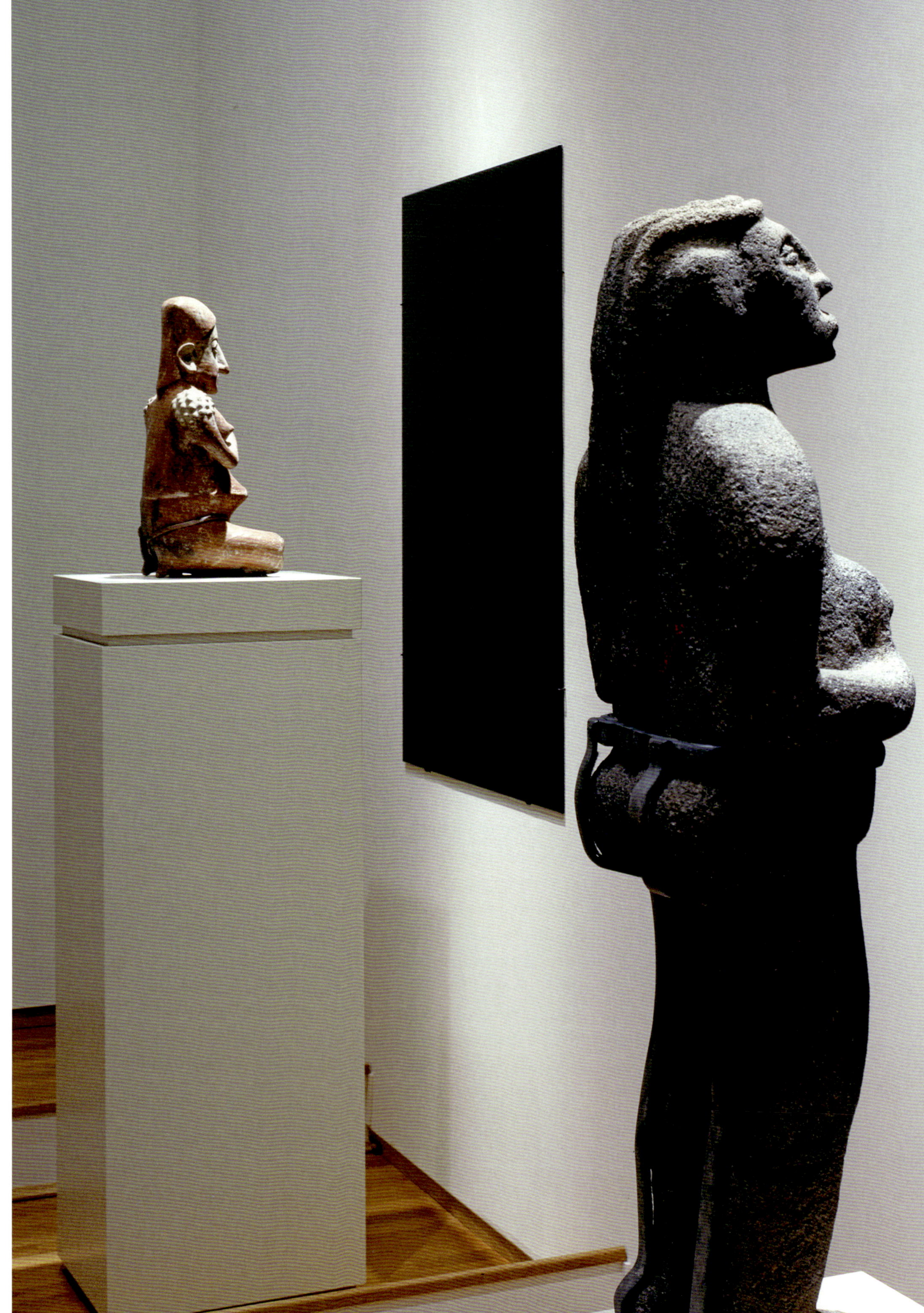

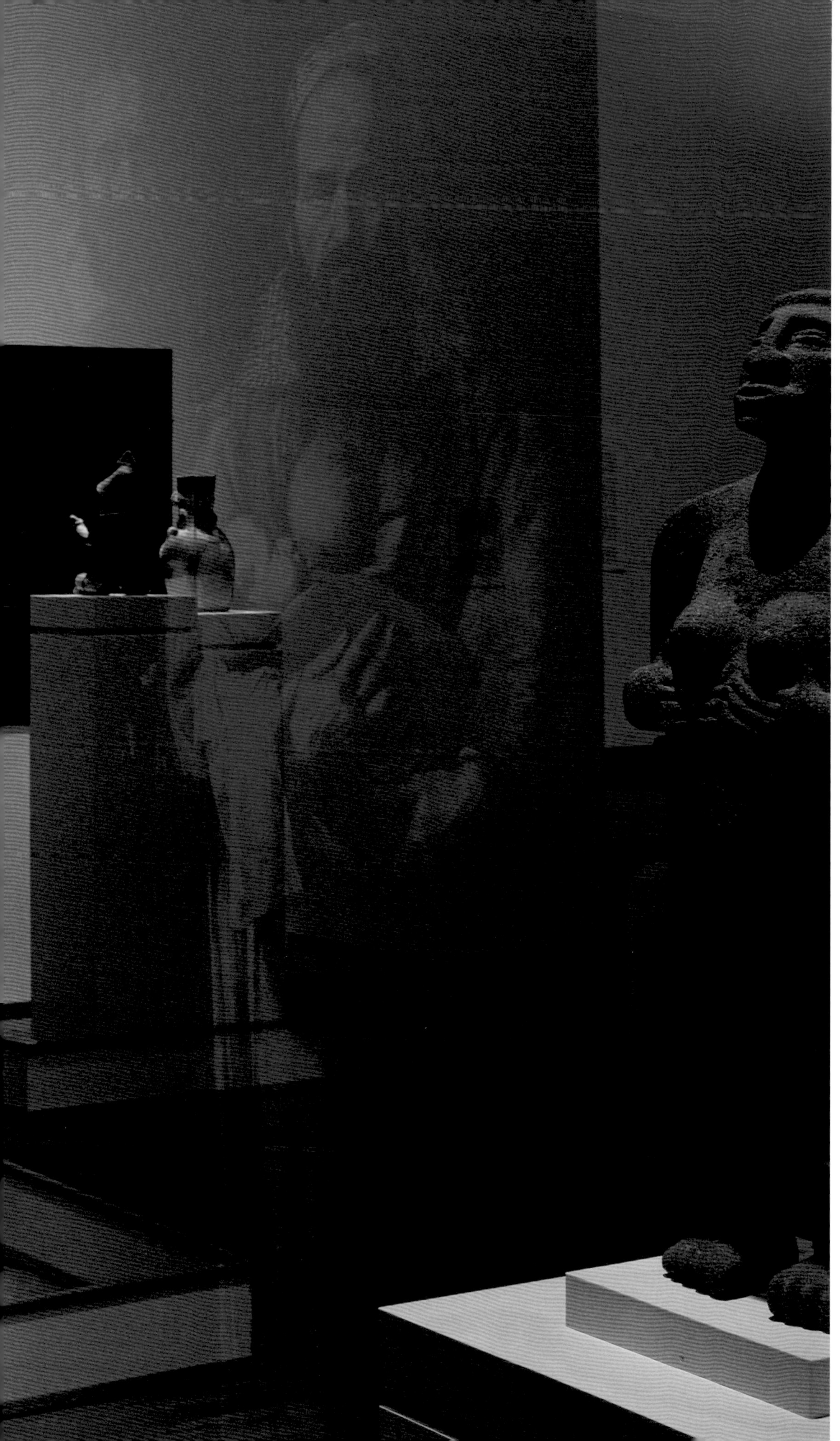

Colonial Reflections/ Magical Imaginations: Pedro Lasch's Tezcatlipoca

PETE SIGAL

When indigenous thought becomes reimagined in the colonial framework, we find that the colonial obscures the pre-Conquest and the matrix for thinking is changed. This concept is nothing new to any but the most casual reader of postcolonial theory, but here I wish to argue that we must realize how stark the reimagining is. In my work I have shown that both the sexually transgressive Tezcatlipoca, a supreme Nahua god, and the rituals surrounding the Nahua fertility goddesses come to signify, during the colonial years, the sexually abject Spaniard.[1] In our search to uncover meaning from this process, we all too often assert an authentic indigenous subject, outside of history; thus devoid of any process of becoming.[2] Alternatively, we forget about indigenous subjects, suggesting instead that colonialism is the only process that we can find; thus we come away only knowing the sexually abject Spaniard, reducing the Nahua individual to the dustbin of the historical process. The archive signifies only absence.

I believe that Pedro Lasch's installation, working as it did with theories of the subject that went beyond the inclusion-versus-occlusion paradigm suggested above, discovers a way out of this conundrum.[3] I began to think about the relationship of my work to the installation represented in this book, and perhaps to begin an analysis of the artist, not as the author of the work, but rather as himself a work of art that came into being in the interaction between the indigenous, the colonial, and the postcolonial.[4] I will argue that the liminal space of the *Black Mirror/Espejo Negro* exhibit allows for an interaction to take place in which we become transformed into ritual practitioners.

As I stood gazing upon the Virgin of Guadalupe, with an indigenous figure seemingly rudely turning his back to me, I witnessed an innocence lost. For staring at me was not an obscured Virgin, hidden behind the mirror, with her eyes properly averted as others carried her picture, but an indigenous deity, seemingly transfixing my eyes upon him. More disturbingly, I saw my own stare returning my gaze. It was this gaze, of myself upon myself, that I tried to avoid. Why could I not handle my own image in the black mirror? It seemed to me that my image disrupted what I wanted to see: the indigenous subject. But here I first interacted with the subconscious imaginings of Lasch, and, perhaps more important, imagined the subject that we call the artist. For here we have found the magical thinking of the black mirror, its liminal space, and its process of becoming the abject.

This ritual process, designed to transform the postmodern subject from his/her easily nested identity into a ritual specialist, began many centuries before the Spanish arrived in Tenochtitlan.[5] Let us imagine the ancient process of reproducing the central figure in the ritual that creates Lasch: Tezcatlipoca. Nahua *tlacuilos*, the painter/writers who produced Nahua manuscripts before the arrival of the Spaniards, presented Tezcatlipoca, "the smoking mirror," as a deity who signified an array of things.[6]

At once masculine and feminine, warrior and mother, trickster and supreme deity, the *tlacuilos* wanted their viewers to see the god as a jumble of elements signifying both

1. See Pete Sigal, "The *Cuiloni*, the *Patlache*, and the Abominable Sin: Homosexualities in Early Colonial Nahua Society," *Hispanic American Historical Review* 85, no. 4 (2005): 555–94; Pete Sigal, "Queer Nahuatl: Sahagún's Faggots and Sodomites, Lesbians and Hermaphrodites," *Ethnohistory* 54, no. 1 (2007): 9–34; and Pete Sigal, *The Flower and the Scorpion: Sexuality and Ritual in Early Nahua Culture* (Durham, N.C.: Duke University Press, forthcoming).

2. See the critique of this historiography in Serge Gruzinski, *The Mestizo Mind: The Intellectual Dynamics of Colonization and Globalization* (New York: Routledge, 2002).

3. While the exhibit clearly considers Foucauldian notions of subjectivity, I would more closely associate the work with Lacanian notions of the spectacle and particularly, as will become clear, with Victor Turner's concept of liminality. See Michel Foucault, *The Archaeology of Knowledge and The Discourse on Language*, trans. A. M. Sheridan Smith (New York: Pantheon, 1972); Jacques Lacan, "The Function and Field of Speech and Language in Psychoanalysis," and "The Mirror Stage as Formative of the *I* Function as Revealed through Psychoanalytic Experience," both in *Écrits: The First Complete Edition in English*, trans. Bruce Fink (New York: Norton, 2002); Victor Turner, *The Ritual Process: Structure and Anti-Structure* (Chicago: Aldine, 1969).

4. While this concept is obviously based partly on Nietzche's thought, I am thinking more closely of the creation of the artist in José Esteban Muñoz, *Disidentifications: Queers of Color and the Performance of Politics* (Minneapolis: University of Minnesota Press, 1999).

5. For an introduction to ritual in Tenochtitlan, see Gordon Brotherson, *Feather Crown: The Eighteen Feasts of the Mexica Year* (London: British Museum, 2005).

6. See Guilhem Olivier, *Mockeries and Metamorphoses of an Aztec God: Tezcatlipoca, "Lord of the Smoking Mirror,"* trans. Michel Besson (Boulder: University Press of Colorado, 2003).

Reflejos coloniales/ imaginaciones mágicas: El Tezcatlipoca de Pedro Lasch

PETE SIGAL

Cuando el pensamiento indígena es reimaginado dentro del marco colonial, nos damos cuenta de que lo colonial enoscurece la preconquista y cambia su matriz del pensar. Esto sólo es algo nuevo para el lector más casual de la teoría poscolonial, pero aquí me gustaría desarrollar un argumento que enfatiza el grado tan fuerte de esta reimaginación. En mis investigaciones he demostrado que tanto el sexualmente transgresivo Tezcatlipoca, dios nahua supremo, como los rituales relacionados a las diosas nahuas de la fertilidad llegaron a representar, durante los tiempos de la colonia, al español abyecto.[1] En nuestra búsqueda por desenterrar un significado en este proceso, demasiadas veces afirmamos a un sujeto indígena auténtico, fuera de la historia, y así desprovisto de cualquier proceso de evolución.[2] O bien podemos olvidarnos de los sujetos indígenas, y en cambio sugerir que el colonialismo es el único proceso que podemos encontrar; así sólo conocemos al español sexualmente agresivo, reduciendo al individuo nahua al basurero del proceso histórico. El archivo significa sólo la ausencia.

Trabajando con teorías del sujeto que llegan más allá del paradigma de la inclusión versus la oclusión citado arriba, creo que la instalación de Pedro Lasch descubre una salida a este problema.[3] Empecé a pensar sobre la relación de mis investigaciones con la instalación representada en este libro, tal vez para comenzar un análisis del artista, no como el autor de la obra sino de él mismo como obra de arte que llegó a ser en la interacción entre lo indígena, lo colonial y lo poscolonial.[4] Propondré aquí que el espacio liminal de la exposición de *Black Mirror/Espejo Negro* permite que tome lugar una interacción en la cual nos convertimos en practicantes rituales.

Mientras me paré a mirar a la Virgen de Guadalupe, con una figura indígena que me daba la espalda de una manera aparentamente mal educada, fui testigo de una inocencia perdida. Porque la que me miraba no era una Virgen, oscurecida detrás del espejo, con sus ojos correctamente apartados mientras otras personas cargaban su imagen, sino una deidad indígena, aparentemente paralizando mis ojos en su figura. Aun más alarmante, observé mi propio acto del ver, devolviendo mi mirada. Era esta mirada, la mía sobre mi mismo, que trataba de evitar. ¿Por qué no pude aguantar mi propia imagen en el espejo negro? Me pareció que mi imagen interrumpía lo que yo quería ver: el sujeto indígena. Pero aquí por primera vez me encontré con las imaginaciones del inconsciente de Lasch, y tal vez más importante, me imaginé al sujeto que llamamos *el artista*. Porque aquí hemos encontrado el pensar mágico del espejo negro, su espacio liminal y su proceso de convertirse en el abyecto.

Este proceso ritual, diseñado para transformar al sujeto posmoderno desde su identidad fácilmente anidada hacia la de un especialista del ritual, empezó muchos años antes de la llegada de los españoles a Tenochtitlan.[5] Imaginemos el proceso antiguo de reproducir la figura central en el ritual que crea a Lasch: Tezcatlipoca. Los tlacuilos nauhua, pintores/escritores que produjeron los manuscritos nahuas antes de la llegada de los españoles, presentaron a Tezcatlipoca, "el espejo humeante," como una deidad que tenía una gama de significados.[6]

Masculino y femenino a la vez, guerrerro y madre, embustero y deidad suprema, los tlacuilos querían que los espectadores vieran al dios como un revoltijo de elementos que significaba

1. Véase Pete Sigal, "The *Cuiloni*, the *Patlache*, and the Abominable Sin: Homosexualities in Early Colonial Nahua Society," *Hispanic American Historical Review* 85, no. 4 (2005): 555–94; y "Queer Nahuatl: Sahagún's Faggots and Sodomites, Lesbians and Hermaphrodites," *Ethnohistory* 54, no. 1 (2007): 9–34; Pete Sigal, *The Flower and the Scorpion: Sexuality and Ritual in Early Nahua Culture* (Durham, N.C.: Duke University Press, de próxima aparición).

2. Véase la crítica de esta historiografía en Serge Gruzinski, *The Mestizo Mind: The Intellectual Dynamics of Colonization and Globalization* (New York: Routledge, 2002).

3. Mientras que es evidente que la exposición considera las nociones de la subjetividad de Foucault, vinculo la obra más con nociones lacanianas del espectáculo y particularmente, como pronto se hará claro, con el concepto de Victor Turner de la liminalidad. Véase: Michel Foucault, *The Archaeology of Knowledge and The Discourse on Language*, trad. A. M. Sheridan Smith (New York: Pantheon, 1972); Jacques Lacan, "The Function and Field of Speech and Language in Psychoanalysis," y "The Mirror Stage as Formative of the *I* Function as Revealed through Psychoanalytic Experience," en *Écrits: The First Complete Edition in English*, trad. Bruce Fink (New York: Norton, 2002); Victor Turner, *The Ritual Process: Structure and Anti-Structure* (Chicago: Aldine, 1969).

4. Mientras que este concepto se basa en parte en el pensamiento de Nietzche, estoy pensando más en la constitución del artista en José Esteban Muñoz, *Disidentifications: Queers of Color and the Performance of Politics* (Minneapolis: University of Minnesota Press, 1999).

5. Para una introducción al ritual en Tenochtitlan, véase: Gordon Brotherson, *Feather Crown: The Eighteen Feasts of the Mexica Year* (Londres: British Museum, 2005).

6. Véase Guilhem Olivier, *Mockeries and Metamorphoses of an Aztec God: Tezcatlipoca, "Lord of the Smoking Mirror,"* trad. Michel Besson (Boulder: University Press of Colorado, 2003).

the unpredictability of the cosmos and quotidian existence and the liminal nature of ritual life.[7] As such, they envisioned him decked out in all kinds of warrior gear, implements of sacrifice, and other elements threatening death—these all suggested his position as a supreme, and highly masculine, warrior.[8] Yet, the same images also showed the penetration of Tezcatlipoca's body and presented him as engaging in a series of pursuits deemed in the Nahua universe as feminine.[9] In his most common pre-Conquest image, he signified aggressive warrior masculinity through his possession of many weapons (darts, clubs, arrows, knives) and through the signifiers of death, the skulls of humans and the heads of animals.[10] He would fight off all enemies and defend the community. He also signified phallic sexual prowess through his long loincloth. Yet, two flower glyphs strung together with an element resembling an umbilical cord emanate from his mouth. As these flowers signified sexual excess, in this image, Tezcatlipoca, through his mouth, gave birth to sexual behaviors deemed excessive. Giving birth to excessive sex, an activity deemed feminine, signified the dual nature of Tezcatlipoca. Just as he could transform himself into a human woman, as a deity he could signify both the masculine and the feminine.

In post-Conquest times, the *tlacuilos*, now turned into Europeanized *escribanos*, simplified Tezcatlipoca's image: now viewers of the imagery could see him only in his trickster guise, holding his black mirror.[11] Colonialism had effectively stripped Tezcatlipoca of both his masculine and his feminine self—the collection of attributes that made up the god had become radically and forever altered. And, as one text, placed below his trickster image, stated, Tezcatlipoca was now "the devil as he deceived Eve before she sinned."[12]

Colonialism thus transformed Tezcatlipoca into a Catholic sign of evil. But this transformation to the abject could never become complete. Nahuas who witnessed images of Tezcatlipoca passed around their communities, who heard stories of the gods and rituals of yore, who could not read the Spanish text declaring Tezcatlipoca a devil, continued to worship the god in traditional rituals, at least until the 1650s.[13] So the colonial process of abjection did not allow the archive to signify only absence.

It is with this context in mind that I began my journey into the *Black Mirror/Espejo Negro* exhibit and my imagined journey into Pedro Lasch's soul. In the exhibit, after we witnessed the black mirror, peering only into our own dark hearts, we moved through the installation with the Virgin of Guadalupe reflecting a Classic period Mayan incense burner (see pages 16 and 17). But it takes us a while to locate Guadalupe, as Lasch obscured the colonial frame inside the black mirror. Lasch wants us first to imagine that we have unimpeded access to the indigenous subject, only suddenly to be struck by the argument that we only witness that subject through colonialism. And then we realize the trick: my own gaze, returning to myself, impedes even my view of the obscured colonial appropriation of the indigenous subject.

Lasch titled this particular dyad "The Smoking Mirror," a direct translation of the

7. See Sigal, *The Flower and the Scorpion.*

8. On this concept of masculinity, see Inga Clendinnen, *Aztecs: An Interpretation* (Cambridge: Cambridge University Press, 1991).

9. See Cecelia Klein, "The Aztec Sacrifice of Tezcatlipoca and Its Implications for Christ Crucified," and Pete Sigal, "The Perfumed Man: Sacrifice, Penetration, and the Feminization of the Male Body in Sixteenth-Century Mesoamerica," both in *Power, Gender, and Ritual in Europe and the Americas: Essays in Memory of Richard C. Trexler*, ed. Peter Arnade and Michael Rocke (Toronto: Centre for Reformation and Renaissance Studies, 2008).

10. This image, from p. 17 of the *Codex Borgia* (published in facsimile as *Codex Borgia*, ed. Gisele Díaz and Alan Rodgers [New York: Dover Publications, 1993]), is on the front of the dust jacket of Olivier's *Mockeries and Metamorphoses of an Aztec God*. Those who wish to see the image may do so online at http://www.famsi.org/research/graz/borgia/index.html.

11. For one of many similar examples, see *Codex Telleriano-Remensis* (facsimile), in Eloise Quiñones Keber, ed., *Codex Telleriano-Remensis: Ritual, Divination, and History in a Pictorial Aztec Manuscript* (Austin: University of Texas Press, 1995), fol. 23r.

12. *Codex Telleriano-Remensis*, fol. 23r.

13. See Sigal, *The Flower and the Scorpion.*

tanto la imprevisibilidad del cosmos y la existencia cotidiana, así como el carácter liminal de la vida ritual.[7] Como tal lo imaginaron adornado con todo tipo de vestimentas de guerrero, instrumentos del sacrificio y otros elementos que amenazan con la muerte—todo esto sugiriendo su posición de guerrerro supremo, y altamente masculino.[8] Sin embargo, estas mismas imágenes también mostraron la penetración del cuerpo de Tezcatlipoca y lo presentaron participando en una serie de actividades consideradas femeninas en el universo nahua.[9] En la imagen más común antes de la conquista, él significaba la masculinidad guerrerra y agresiva por la posesión de muchas armas (dardos, garrotes, flechas, cuchillos) y por los significados de la muerte, las calaveras humanas y las cabezas de animales.[10] Él luchó contra todos los enemigos y defendió la comunidad. También significaba el poder fálico sexual con su taparrabos alargado. Sin embargo, dos glifos de flores hilados con un elemento parecido al cordón umbílico emanan de su boca. Como estas flores significaban el exceso sexual, en esta imagen, Tezcatlipoca, a través de su boca, dio la luz a conductas sexuales estimadas como excesivas. Dar a luz al sexo excesivo, una actividad considerada femenina, significaba el carácter dual de Tezcatlipoca. Así como pudo convertirse en una mujer humana, como una deidad pudo significar tanto lo masculino como lo femenino.

En la época antes de la conquista, los tlacuilos, ya convertidos en escribanos europeizados, simplificaron la imagen de Tezcatlipoca: ahora los espectadores de la imaginería sólo lo podían ver en su apariencia de embustero, llevando su espejo negro.[11] El colonialismo efectivamente le quitó a Tezcatlipoca su ser masculino y su ser femenino—la colección de atributos que habían formado al dios fueron radicalmente alteradas para siempre. Y como un texto abajo de su imagen de embustero explicó, Tezcatlipoca era ahora "el diablo, como él engañó a Eva antes de que pecara."[12]

Así el colonialismo transformó a Tezcatlipoca en la señal católica del mal. Pero esta transformación en el abyecto nunca pudo completarse. Los nahuas que presenciaron imágenes de Tezcatlipoca que se pasaron por sus comunidades, que escucharon las historias de los dioses y los rituales de antes, que no pudieron leer el texto español que declaró a Tezcatlipoca como diablo, siguieron adorando al dios en rituales tradicionales, por lo menos hasta 1650.[13] Así el proceso de abyección colonial no permitió que el archivo significara sólo la ausencia.

Es con este contexto en mente que comencé mi viaje a la exposición *Espejo Negro* y mi viaje imaginario al alma de Pedro Lasch. En la exposición, después de presenciar el espejo negro, mirando detenidamente sólo nuestros corazones oscuros, pasamos por la instalación con la Virgen de Guadalupe reflejando un incensario del periodo clásico Maya (véase páginas 16 y 17). Pero nos tardamos en localizar a Guadalupe, porque Lasch oscureció el marco colonial dentro del espejo negro. Lasch quiere que primero imaginemos que tenemos acceso libre al sujeto indígena, y sólo nos damos cuenta de repente del argumento de que únicamente atestiguamos este sujeto a través del colonialismo. Luego nos damos cuenta del truco: mi propia mirada, volviendo a mi mismo, impide también mi vista de la apropiación colonial oscurecida del sujeto indígena.

Lasch titula esta pareja "El espejo humeante," una traducción directa del nahua "Tezcatli-

7. Véase Sigal, *The Flower and the Scorpion*.

8. Sobre este concepto de la masculinidad, véase Inga Clendinnen, *Aztecs: An Interpretation* (Cambridge: Cambridge University Press, 1991).

9. Véase: Cecelia Klein, "The Aztec Sacrifice of Tezcatlipoca and Its Implications for Christ Crucified," y Pete Sigal, "The Perfumed Man: Sacrifice, Penetration, and the Feminization of the Male Body in Sixteenth-Century Mesoamerica," ambos en *Power, Gender, and Ritual in Europe and the Americas: Essays in Memory of Richard C. Trexler*, ed. Peter Arnade y Michael Rocke (Toronto: Centre for Reformation and Renaissance Studies, 2008).

10. Esta imagen, en la página 17 del *Códice Borgia* (publicado en facsimile como *Codex Borgia*, ed. Gisele Díaz and Alan Rodgers [New York: Dover Publications, 1993]), está en la aportada de *Mockeries and Metamorphoses of an Aztec God* de Olivier. Véase la imagen en http://www.famsi.org/research/graz/borgia/index.html.

11. Para uno de muchos ejemplos parecidos, véase: *Codex Telleriano-Remensis* (facsimile), en Eloise Quiñones Keber, ed., *Codex Telleriano-Remensis: Ritual, Divination, and History in a Pictorial Aztec Manuscript* (Austin: University of Texas Press, 1995), fol. 23r.

12. *Codex Telleriano-Remensis*, fol. 23r.

13. Véase Sigal, *The Flower and the Scorpion*.

Nahuatl Tezcatlipoca. But instead of pairing a Nahua image of Tezcatlipoca with the devil, we find a Mayan figure up against the Virgin of Guadalupe, a sign, in the nineteenth century, of the Mexican nation.[14] Does the nation emerge from the Virgin giving birth to our Mayan figure? Or does the Virgin, herself a complicated figure often associated in popular lore and religion with pre-Conquest Nahua mother goddesses, come to signify our sense of a smoking mirror: a trickster in which the authentic indigenous is hidden?

These questions present us with the key problematic at work for me: the methodology produced in the exhibit allows us access to an endless series of mirrors. These mirrors produce ritual interaction, and I realize suddenly that I have been tricked by the master trickster himself, Pedro Lasch, also known as Tezcatlipoca. Lasch knows the controversies surrounding the story of the Virgin of Guadalupe, a story spread probably late in the seventeenth or even in the eighteenth century to get indigenous peoples to buy in to the emerging concept of Mexican national consciousness, a consciousness in which they had little material stake—a grand trickster move.[15] And Lasch tells us, regarding the Mayan figure, that it was "earlier judged to be a fake." So where is the authentic indigenous here? In the mestizo appropriation of some odd amalgamation of Nahua fertility goddesses? Or in the perhaps fake, perhaps true, Mayan incense burner?

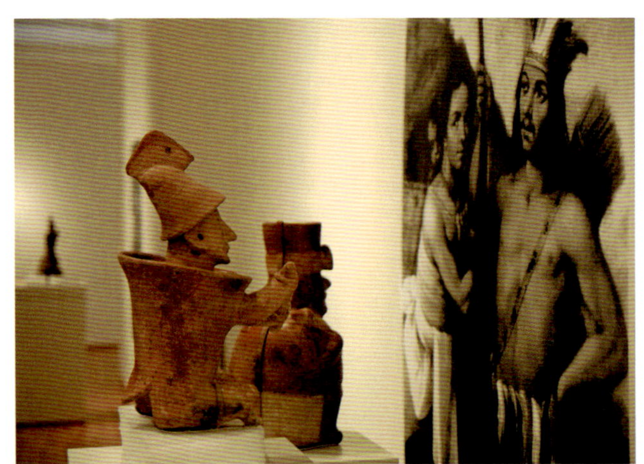

No truth can be found here, but we already have been drawn/tricked into the ritual process. We have become transformed as we have moved into a liminal space, never appropriating the indigenous subject, nor finding the colonial powers, but neither limiting ourselves to our own identities. The discomfort seeps into our bodies, thus allowing an embodiment of the ritual process, destroying, however temporarily, our sense of ourselves. We become confused as we see the multiple figures gazing back at us. Tezcatlipoca Lasch, the trickster, will not allow us access to an authentic indigenous subject, but rather will make sure that we question, imagine, and reimagine the process of building the liminal. Thus our Tezcatlipoca/Espejo humeante/Smoking Mirror is born not as an identity, but rather as moving target, subverting the process in which he is supposed to become either colonial subject *or* object.

This only begins our ritual entrance into *Black Mirror/Espejo Negro*, as the linguistic construction of our subconscious breaks down the space separating our bodies from the colonial and the indigenous. Here, language always appears so inadequate that we cannot determine what we see, how our gaze is returned, or most important, why we feel uneasy as we stare into and enter the ritual realm.[16] We can call Tezcatlipoca a trickster, as I have, but this provides a nineteenth-century anthropological framework. Or we can call him *el Diablo*, as some Spaniards and even some Nahuas did, as represented in the mid-sixteenth-century image described above. But even in this colonial manu-

14. See Jacques Lafaye, *Quetzalcóatl and Guadalupe: The Formation of Mexican National Consciousness, 1531–1813*, trans. Benjamin Keen (Chicago: University of Chicago Press, 1976).

15. See Stafford Poole, *Our Lady of Guadalupe: The Origins and Sources of A Mexican National Symbol, 1531–1797* (Tucson: University of Arizona Press, 1995).

16. On language as structuring the subconscious and unconscious, see Lacan, "The Function and Field of Speech and Language in Psychoanalysis."

poca." Pero en vez de formar pareja entre una imagen nahua de Tezcatlipoca con el diablo, encontramos una figura maya contrapuesta con la Virgen de Guadalupe, un signo, en el siglo XIX, de la nación mexicana.[14] ¿Emerge la nación de la Virgen dando a luz a nuestra figura maya? ¿O, es que la Virgen, en sí una figura complicada y muchas veces asociada en las tradiciones populares y religión con una diosa nahua maternal de la preconquista, viene a significar nuestro sentido de un espejo humeante: un embustero en el cual lo indígena auténtico está escondido?

Estas preguntas nos presentan con lo que es para mí la problemática clave: la metodología producida en la exposición nos permite acceso a una serie de espejos sin fin. Estos espejos producen una interacción ritual, y de repente me doy cuenta que me engañó el maestro de los embusteros, Pedro Lasch, también conocido como Tezcatlipoca. Lasch conoce las controversias sobre la historia de la Virgen de Guadalupe, una historia difundida probablemente a finales del siglo XVII, o talvés en el siglo XVIII para convencer a los indígenas que participaran en el concepto emergente de la consciencia nacional mexicana, una consciencia en la cual tenían poco interés material—una jugada del gran embustero.[15] Y Lasch nos dice, con respecto a la figura maya, que antes fue "juzgada como una falsificación." Entonces ¿dónde está el indígena auténtico aquí? ¿En la apropiación mestiza de una amalgamación rara de las diosas nahuas de la fertilidad? ¿O en la posible falsificación, tal vez verdadera, del incensario maya?

No se encuentra ninguna verdad aquí, pero ya se nos involucró en el proceso ritual. Nos convertimos mientras nos movemos en un espacio liminal, nunca apropiando al sujeto indígena, tampoco encontrando los poderes coloniales, ni limitándonos a nuestras propias identidades. La incomodidad se filtra en nuestros cuerpos, permitiendo así la incorporación del proceso ritual, destruyendo, aunque sea brevemente, nuestro sentido de consciencia propia. Nos confundimos mientras vemos las figuras múltiples que nos regresan la mirada. Tezcatlipoca Lasch, el embustero, no nos permite acceso a un sujeto indígena auténtico, más bien asegura que cuestionemos, imaginemos y re-imaginemos el proceso de construir lo liminal. Así nuestro Tezcatlipoca/Espejo Humeante nace no como identidad sino como blanco en movimiento, subvirtiendo el proceso en el cual debe convertirse o en sujeto colonial *o* objeto.

Todo esto sólo comienza nuestra entrada ritual al *Black Mirror/Espejo Negro*, donde la construcción lingüística de nuestro inconsciente rompe el espacio que separa nuestros cuerpos de lo colonial y lo indígena. El lenguaje aquí parece tan inadecuado que no podemos determinar lo que vemos, cómo se devuelve nuestra mirada o más importante, por qué nos sentimos inquietos mientras miramos y entramos al reino ritual.[16] Podemos llamar a Tezcatlipoca embustero, como lo he hecho, pero esto proviene de un marco antropológico decimonónico. O lo podemos llamar el Diablo, tal como algunos españoles y aún algunos nahuas lo hicieron y como apareció en la imagen de mediados del siglo xvi que se describe arriba. Pero aún en este manuscrito colonial, presenciamos una creciente complicación en la cual los españoles nunca pueden capturar a Tezcatlipoca. Así que ¿quién era este Tezcatlipoca? ¿y qué podemos aprender de él en la exposición de Lasch? ¿Qué nos dice sobre las conceptualizaciones de la

14. Véase Jacques Lafaye, *Quetzalcóatl and Guadalupe: The Formation of Mexican National Consciousness, 1531–1813*, trad. Benjamin Keen (Chicago: University of Chicago Press, 1976).

15. Véase Stafford Poole, *Our Lady of Guadalupe: The Origins and Sources of a Mexican National Symbol, 1531–1797* (Tucson: University of Arizona Press, 1995).

16. Sobre el lenguaje como estructura de la subconciencia y el inconsciente, véase Lacan, "The Function and Field of Speech and Language in Psychoanalysis."

script, we can sense increasing complication in which the Spaniards never can capture Tezcatlipoca. So who was this Tezcatlipoca, and what can we learn of him from Lasch's exhibit? What does this tell us about Nahua self-conceptualizations? Two brief stories of Tezcatlipoca will suffice before we conclude with a return to analyze the artist created by the exhibit.

In the year 9 Rabbit, known to us as 994 CE, a man named Huemac succeeded to the throne in Tollan, the legendary center of Toltec civilization. Huemac was married to an elite woman from an allied city-state. At one point he requested a meeting with some of his closest military allies, and he demanded that they provide him with women who had buttocks at least four hand-spans wide. The allies went back to their people and sent Huemac the requested women. Huemac then told the allies that the women were not fat enough, which caused a dispute. At this point, Tezcatlipoca and another god heard about the disagreement. Both turned themselves into women with buttocks four hand-spans wide, and they seduced Huemac. Tezcatlipoca then convinced the allies that Huemac had betrayed them, persuading them to go to war.[17] In the story, though, Huemac fucks Tezcatlipoca, turning the god into what Nahuas usually viewed as the feminized and disempowered passive partner.[18] But, in this story, Tezcatlipoca only gains power.

Another story is based on a ceremony described in many pre-Conquest and early colonial texts. Nahua leaders chose one captive, a noble man, to become Tezcatlipoca for the year. They chose a man whom they viewed as a paragon of perfect masculinity, through both action and aesthetics; this individual needed to symbolize bodily perfection and beauty. Various characteristics, though, also symbolized Tezcatlipoca as a feminine character: blowing on a flute (a sign of the Nahua phallus), carrying flowers, and wearing the "flowery garment" usually reserved for prostitutes. The texts further suggest bisexual sexual activity during this year. And at the end of his life, he crushed his flute/phallus while ascending the pyramid upon which priests would sacrifice him. This individual needed to symbolize total power: he had to be both male and female, because the Nahua universe required him to be both penetrator and penetrated, warrior and mother.[19]

I have lingered on the figure of Tezcatlipoca to present us with an indigenous subject who cannot be understood within our modern, if troubled, Western frame: Tezcatlipoca contains such a jumble of attributes because he can put on and take off any of these attributes at any time in order to suit his purpose. His sense of self thus exceeds our notion of the embodied self and instead extends into a cosmological sphere in which self becomes a set of characteristics temporarily bundled together.

Black Mirror/Espejo Negro focuses on a key element of this god, not by accident, but rather to suggest to us the impossibility of finding the indigenous subject except through an obscured view. As we witness the mirror itself, we cannot see ourselves in it, but we find our shadows reflected through it. These shadows become our story. Lasch explains:

17. *Anales de Cuauhtitlan*, in *Codex Chimalpopoca: The Text in Nahuatl with a glossary and grammatical notes*, ed. John Bierhorst (Tucson: University of Arizona Press, 1992), 8; *Historia Tolteca-Chichimeca: Anales de Quauhtinchan*, ed. Silvia Rendón (Mexico City: Antigua Libreria Robredo, 1947), 68–70.

18. See Richard C. Trexler, *Sex and Conquest: Gendered Violence, Political Order, and the European Conquest of the Americas* (Ithaca, N.Y.: Cornell University Press, 1999); Sigal, "The *Cuiloni*, the *Patlache*, and the Abominable Sin."

19. See Sigal, *The Flower and the Scorpion.*

consciencia de los nahua por ellos mismos? Dos historias breves sobre Tezcatlipoca serán suficientes antes de concluir con un análisis del artista creado por la exposición.

En el año 9 conejo, conocido por nosotros como el AD 994, un hombre llamado Huemac heredó el trono en Tollan, el legendario centro de la civilización Tolteca. Huemac estaba casado con una mujer de la élite de una ciudad-estado aliada. En algún momento convocó una reunión con algunos de sus aliados militares más cercanos, exijiendo que le trajeran mujeres con nalgas de al menos cuatro manos de ancho. Los aliados regresaron a sus pueblos y trajeron a Huemac las mujeres que pedía. Huemac entonces dijo a sus aliados que las mujeres no eran suficientemente gordas, lo cual generó una disputa. En este momento, Tezcatlipoca y otro dios escucharon sobre el conflicto. Ambos dioses se transformaron en mujeres con nalgas de cuatro manos de ancho y sedujeron a Huemac. Tezcatlipoca después convenció a los aliados que Huemac los había traicionado, persuadiéndolos para que iniciaran la guerra contra él.[17] En la historia, sin embargo, Huemac se coge a Tezcatlipoca, convirtiendo al dios en los que los nahuas normalmente veían como el miembro feminizado, deshabilitado y pasivo de una pareja masculina.[18] Pero en la historia que aquí nos concierne, Tezcatlipoca sólo gana en poder.

Otra historia está basada en una ceremonia descrita en muchos textos de la preconquista y la era colonial temprana. Líderes nahua escojieron a un cautivo noble para convertirlo en Tezcatlipoca para ese año. Lo escojieron por considerarlo el ejemplo perfecto de la masculinidad, tanto por su acción como su estética; este individuo tenía que simbolizar la perfección física y la belleza. Varias características simbólicas, sin embargo, también daban a Tezcatlipoca un caracter femenino: el soplar de la flauta (símbolo nahua del falo), el cargar de flores, y el vestir un traje de flores generalmente usado por prostitutas. Los textos también sugieren actos bisexuales durante este año. Al final del año, el escogido destruía su flauta/falo durante su ascenso a la pirámide en la cual era sacrificado por los sacerdotes. Este individuo tenía que simbolizar el poder total: tenía que ser tanto femenino como masculino porque el universo nahua requería que fuera penetrador y penetrado, guerrero y madre.[19]

He persistido un poco con la figura de Tezcatlipoca para presentar un personaje que no puede ser comprendido dentro de nuestro encuadre moderno, por aquejado que éste sea: Tezcatlipoca contiene una mezcla tan extraña de atributos porque puede ponérselos y quitárselos como le convenga. Su sensación del ser propio por tanto excede nuestra concepción del ser corpóreo y se expande hacia la esfera cosmológica en donde el ser se convierte en una serie de características agrupadas temporalmente.

Black Mirror/Espejo Negro se enfoca en un elemento clave de este dios, y no por casualidad, sino para sugerir la imposibilidad de encontrar al sujeto indígena fuera de una visión turbia. Como testigos frente al espejo, no podemos vernos dentro de él, sino que encontramos a nuestras sombras reflejadas por el mismo. Lasch explica:

> En la América precolombina, así como en muchas otras culturas, los espejos negros se usaban comúnmente para la adivinación, el arte de conocer el pasado y el futuro, y la

17. *Anales de Cuauhtitlan*, en *Codex Chimalpopoca: The Text in Nahuatl with a glossary and grammatical notes*, ed. John Bierhorst (Tucson: University of Arizona Press, 1992), 8; *Historia Tolteca-Chichimeca: Anales de Quauhtinchan*, ed. Silvia Rendón (Ciudad de México: Antigua Libreria Robredo, 1947), 68–70.

18. Véase Richard C. Trexler, *Sex and Conquest: Gendered Violence, Political Order, and the European Conquest of the Americas* (Ithaca: Cornell University Press, 1999); Sigal, "The *Cuiloni*, the *Patlache*, and the Abominable Sin."

19. Véase Sigal, *The Flower and the Scorpion.*

> In pre-Columbian America, as in many other cultures, black mirrors were commonly used for divination, the art of knowing past and future events, and for necromancy, the art of communicating with the dead. . . . Threatened by similar associations with sorcery and deviance, Pope John XXII banned the use of mirrors for any religious purpose in 1318.

Yet the black mirrors continued to appear because people wanted to see these shadows, to think about what they revealed about the self, whether seeing into the future or remembering the past. Tezcatlipoca's mirror, too, witnesses the self, allowing us to see not whole bodies, but rather fractured pieces of an embodied ritual.

As Lasch appropriately focused our attention on the shadows of the past that we think we see in the black mirror, I return now to the method of the shadows. For here we begin our slow exit from the ritual, our return to quotidian normality. We have experienced a position betwixt and between, never approximating the indigenous subject, never appropriating colonialist inscription, but also never situated entirely in our own skin.[20] We have seen our images reflected back to us in the black mirror, but not quite. The indigenous and Spanish imaginaries have gotten in the way, just as our own obscured bodies have gotten in the way of discovering them. This in-between position has left us in a position analogous to Nahua ritual practitioners. The individual who would become Tezcatlipoca just before his last year on earth existed as a nobleman. Then, captured, he became a prisoner destined for sacrifice. Chosen to be Tezcatlipoca, he transformed into an in-between position: part human, part divine, part masculine, part feminine, part live, part dead. While we faced no similar threats, the exhibition transformed us into part postmodern individuals, part colonialists, part indigenous: our mentalities stayed in this liminal position until leaving, when we foreclosed any possibility of permanent change, perhaps by going to lunch.

The artist we know as Pedro Lasch, at least the one created by this exhibit, always stays in the liminal, never quite the postmodern subject, nor the indigenous entity. His imagined position remains betwixt and between, forever stuck in ritual. Still, this created self seems in the exhibit to strive for knowledge of the indigenous subject. Lasch, destined for failure—for he will never capture that subject—instead provides us with something far more important and profound: a method for entering ritual space, for becoming unstably liminal, and for understanding an interaction between the various elements that comprise the installation and make up the subconscious imaginings that create the artist and the art. Lasch, our trickster, has allowed us to enter an archive of shadows in the hope that we will continue to enact rituals in our imagined encounters with the indigenous. *Black Mirror/Espejo Negro* leads us not to despair, but rather to a process of discovering abject subjects, interactions, liminality, and the impossibility of postmodern subjectivity.

20. Turner, *The Ritual Process*, 95.

> necromancia, el arte de comunicarse con los muertos. . . . Sintiéndose amenazado por asociaciones similares, el Papa Juan XXII prohibió el uso de espejos para cualquier función religiosa en 1318.

Pero los espejos negros continuaban apareciendo porque la gente quería ver estas sombras, para ver lo que exponían sobre el ser, ya sea en su forma futura o pasada. El espejo de Tezcatlipoca también sirve como testigo del ser, permitiéndonos ver no cuerpos enteros, sino pedazos fragmentados de un ritual encarnado.

Como Lasch apropiadamente llama nuestra atención a las sombras del pasado que vemos en el espejo negro, regreso ahora al método de las sombras. Aquí comenzamos nuestra lenta salida del ritual, nuestro regreso a la normalidad cotidiana. Hemos experimentado una posición intermedia e interpuesta, nunca prójima al sujeto indígena, nunca apropiándose de la inscripción colonialista, pero igualmente nunca situada sobre nuestra propia piel.[20] Hemos visto nuestras imágenes respondiéndonos a través del espejo negro, pero no del todo. Los imaginarios indígenas y españoles se han atravesado en el camino, así como nuestros cuerpos, oscurecidos, se han atravesado en nuestro descubrimiento de ellos. Esta posición intermedia nos ha dejado en una posición análoga a la de los practicantes del ritual nahua. El individuo que se convertiría en Tezcatlipoca para su último año en esta tierra existió antes como un hombre noble. Después, capturado, se convertiría en un prisionero dedicado a ser sacrificado. Escojido para ser Tezcatlipoca, se transformó para entrar en una posición intermedia: parte humano, parte divino, parte masculino, parte femenino, parte vivo, parte muerto. Mientras que nosotros no pasamos por semejantes peligros, la exposición nos transformó en parte individuos posmodernos, parte colonialistas, parte indígenas: nuestras formas de pensar se quedaron en este espacio liminal hasta el partir, cuando abandonamos toda posibilidad de cambio permanente, quizás saliendo para el almuerzo.

El artista que conocemos como Pedro Lasch, al menos el que es creado por esta exposición, siempre se mantiene liminal, nunca el sujeto posmoderno, ni el ente indígena. Su postura imaginada se mantiene intermedia e interpuesta, atrapada eternamente en el ritual. Aún así, este ser creado parece luchar en la exposición por el encuentro con el sujeto indígena. Lasch, predestinado para el fracaso—ya que nunca logrará capturar este sujeto—en su lugar nos presenta con algo mucho más importante y profundo: un método para entrar en el espacio ritual, para transformarse en lo liminal e inestable, y para comprender la interacción entre los diferentes elementos que componen la instalación, así como las imaginaciones del inconsciente que crean al arte y al artista. Lasch, nuestro embustero, nos ha invitado a entrar a un archivo de sombras con la esperanza de que continuaremos ejerciendo rituales en nuestros encuentros con lo indígena. *Black Mirror/Espejo Negro* no nos lleva a la desesperación, sino más bien al descubrimiento de sujetos abyectos, sus interacciones, su liminalidad, y la imposibilidad de la subjetividad posmoderna.

20. Turner, *The Ritual Process*, 95.

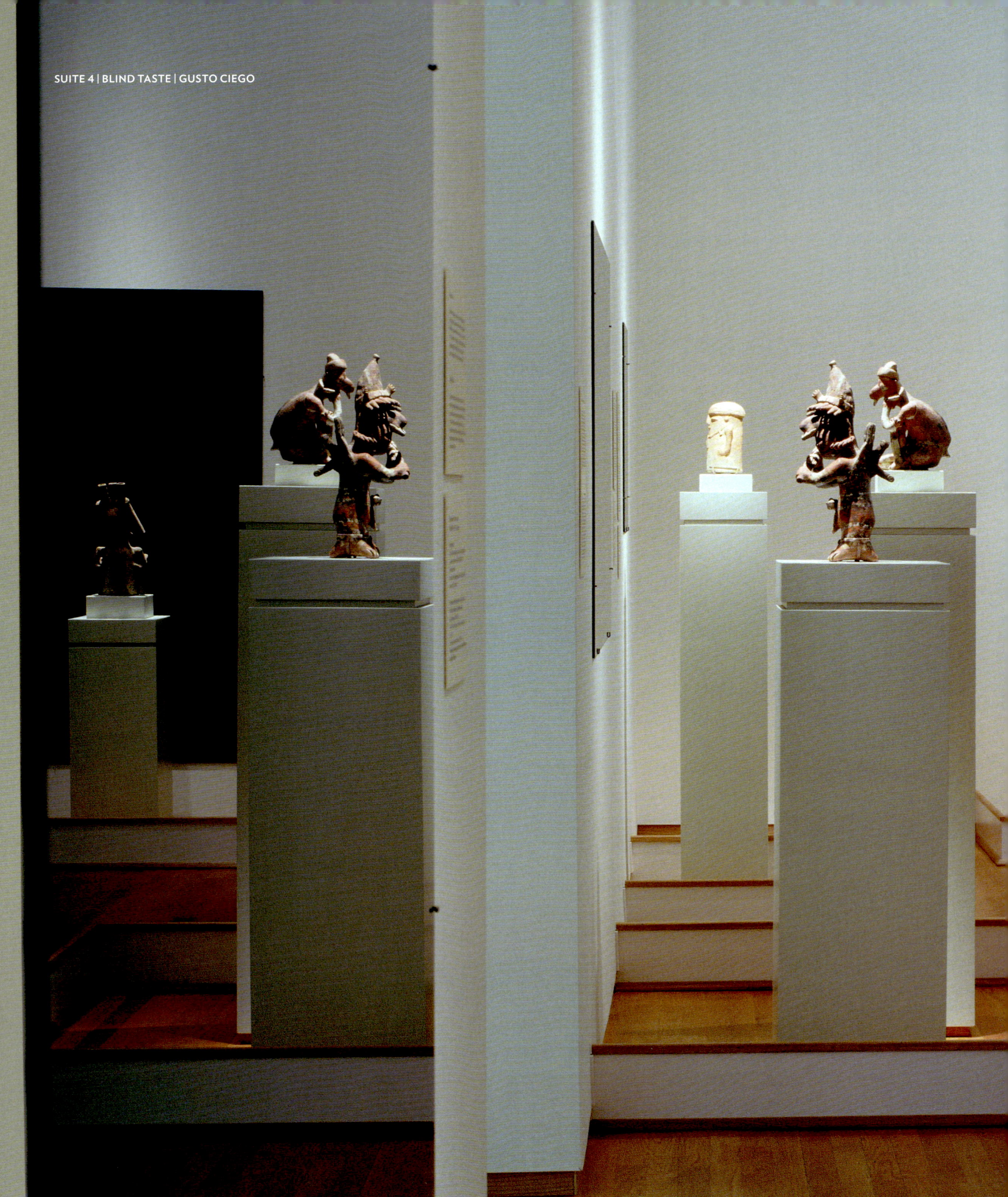

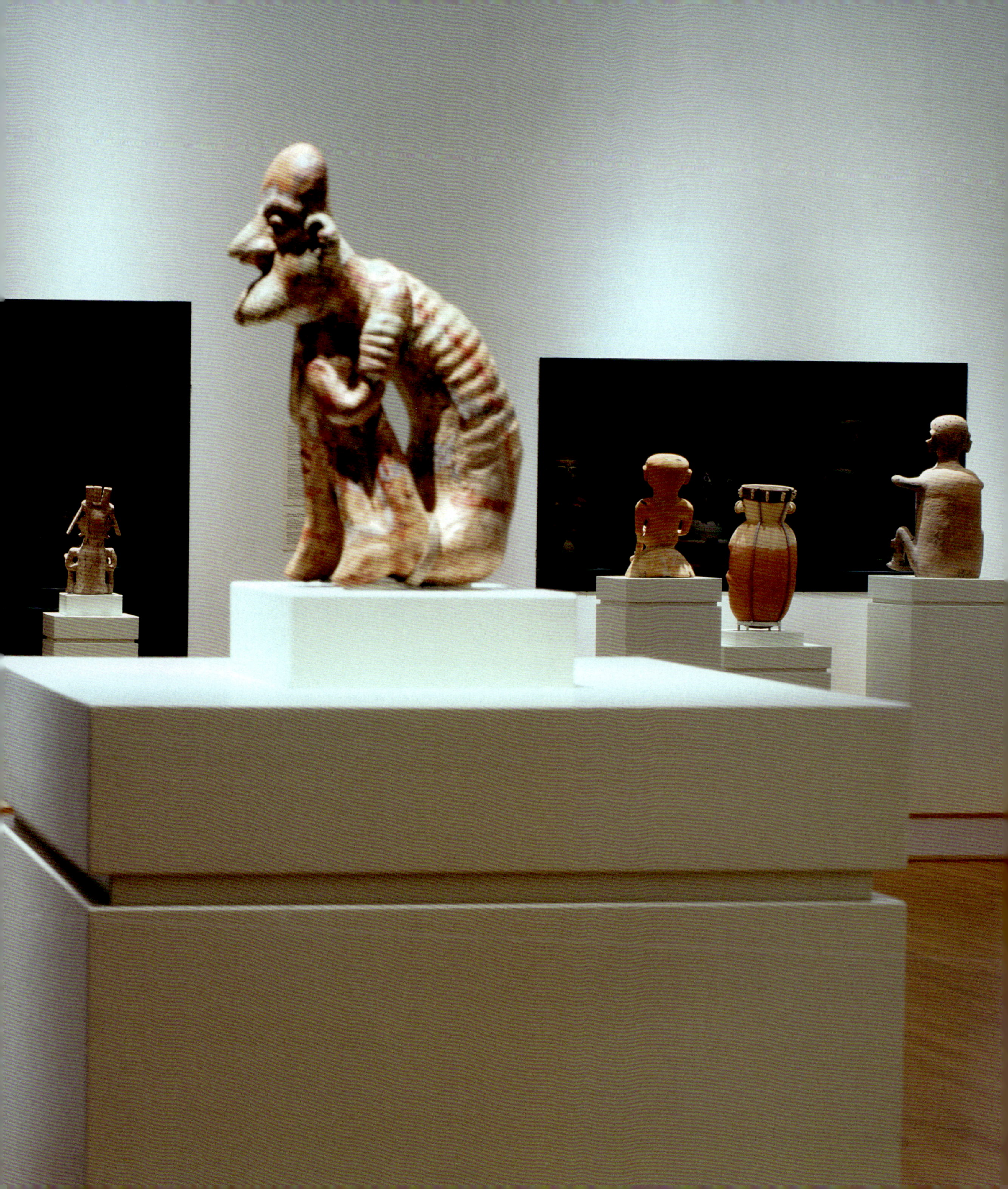

Decolonial Aesthetics: Unlearning and Relearning the Museum Through Pedro Lasch's *Black Mirror/ Espejo Negro*

WALTER MIGNOLO

I

When on a winter night you—the traveler—enter the exhibition hall in the Nasher Museum of Art at Duke University to see Pedro Lasch's installation *Black Mirror/Espejo Negro*, you have a strange sensation: all the statues and vessels that are the highlight of the installation are offering their backs to you. They do not care about your presence, they are not saying, "Here I am, look at me."

When you approach the statues, you see their faces reflected in the black mirror hung in front of them.

Then, after you have a sense of the composition and of the installation, you approach one of the sculptures to get a better grasp of what is going on. For unknown reasons you end up in front of a composition titled "Mimesis and Transgression."

While looking at the statue's face in the mirror—because you are standing in front of its back—and thinking about the meaning of the title, you realize that there are other figures in the mirror, but not reflected and not highlighted. You may or may not have recognized those figures, but in either case, you recognize that the images did not come from any Mesoamerican civilization but from Spanish culture. Someone approaches you, looking at the same image, and says, "Interesting, that is José de Ribera, *La Mujer Barbuda* (1631). You know, the original is at El Hospital Tavera, in Toledo, and I think it belongs to the Fundación Lerma." And there you are too, reflected in the mirror, mixed in between the statue and *la mujer barbuda*.

Since you are still concentrating on the pre-Columbian statue from the Atlantic Watershed region of Costa Rica, the words "bearded woman" come as if from another space. You look at the person who informed you about Ribera's painting, and ask, "How do you know that?" "Oh, I am a professor of European art history," the person says. Then you come back to your own thoughts and realize that you are in front of a very complex installation where art, lights, reflections, archaeology, history, and . . . and coloniality are organizing the power relations of intricate compositions. You begin to understand that the expected power relations are somewhat distorted, not exactly reversed. It is as if the person who did the installation were thinking about how imperial Spain told the stories about the colonization of the Americas, and now what you were looking at was the story told from the perspective of those who were not allowed to tell their story.

Since you are yourself a well-educated person, although not an art historian or an expert in ancient Mesoamerican civilizations, you tell yourself, I can follow two paths here. One would be to make sense of it from the history of geometry, and most likely from the Greeks onward, so I could support my arguments drawing from Part II of Edmund Husserl's book on the crisis of European sciences or from Edgar Morin's works on com-

Estética descolonial: Desaprendiendo y reaprendiendo el museo a través del *Black Mirror/ Espejo Negro* de Pedro Lasch

WALTER MIGNOLO

I

Cuando en una noche de invierno tú—el viajero—entras en la sala de exposición del Nasher Museum of Art at Duke University para ver la instalación *Black Mirror/ Espejo Negro* de Pedro Lasch, sientes una extraña sensación: todas las esculturas y vasijas a las cuales está dedicada la obra te dan la espalda. No les importa tu presencia, no dicen, "Mírame, aquí estoy."

Cuando te acercas a las esculturas ves sus rostros reflejados en el espejo frente a ellas.

Más tarde, al haber tomado cuenta de la composición y la instalación en general, te acercas a una de las esculturas para entender mejor lo que está sucediendo. Por razones no sabidas acabas frente a la composición de 'Mimesis y transgresión."

Mientras miras el rostro de la escultura reflejado en el espejo—ya que estás parado frente a su espalda—y pensando en el significado del título, te das cuenta de que hay otras figuras en el espejo, pero éstas no son reflejos ni están iluminadas. Puedes o no haber reconocido estas figuras, pero en todo caso, sabes que no vienen de ninguna cultura mesoamericana sino que pertenecen a la cultura española. Alguien se te acerca, mirando la misma imagen, y dice, "Interesante, este es José de Ribera, *La Mujer Barbuda* (1631). Sabes, el original está en el Hospital Tavera, en Toledo, y creo que le pertenece a la Fundación Lerma." Y ahí estás tú también, reflejado en el espejo, mezclado junto con la escultura y la mujer barbuda.

Ya que todavía te estás concentrando en la escultura precolombina de la región atlántica de Costa Rica, las palabras "mujer barbuda" parecen venir desde otro espacio. Volteas a ver a la persona que te informó sobre la pintura de Ribera y preguntas, "¿Cómo sabes eso?" "Ah, mi trabajo es sobre la historia del arte europeo," esta persona dice. Luego regresas a tus propios pensamientos y te das cuenta de estar parado frente a una instalación muy compleja donde el arte, las luces, los reflejos, la arqueología, la historia, y . . . la colonialidad están organizando las relaciones de poder en composiciones cuidadosamente articuladas. Empiezas a entender que las relaciones de poder están un tanto distorcionadas, no exactamente inversas. Es como si la persona que hizo la instalación estuviera pensando en cómo la España Imperial contaba las historias de la conquista, pero aquí trata de ver las cosas desde la perspectiva de los que tenían prohibido contar su historia.

Como eres una persona bien educada, aunque no seas historiador de arte o experto en civilizaciones mesoamericanas, te dices a ti mismo; Puedo seguir dos caminos aquí. Por un lado, podría tratar de entender la situación desde la historia de la geometría, comenzando probablemente por los griegos y siguiendo hasta usar para el argumento la segunda parte del libro de Edmund Husserl sobre la crisis de las ciencias europeas, o el trabajo de Edgar Morin sobre la complejidad. Pero sabes por tus lecturas generales sobre las culturas mesoamericanas que sus medidas y conceptualización del espacio eran muy sofisticadas. Así que no necesitas a

plexity. But you know from general reading on ancient Mesoamerican civilizations that their measurement and conceptualization of space was highly sophisticated. So you do not need Husserl—but the fact is that you know more about Husserl and the Western concept of space than about the Mayan or Aztec's. You reach this "eureka" moment and tell yourself: I have to unlearn what I learned in order to relearn.

But even if you were not well versed in ancient Mesoamerican concepts of space, you know enough about the Spaniards conquering the valley of Anahuac, and then moving south to the site of ancient Mayas. You remember the Spanish narratives from an undergraduate seminar in college. In these colonial narratives, whether Mesoamerican civilizations were revered or not, their people, buildings, and institutions were always in the background, even when they, Aztecs and Mayas, were the main characters in the story. What you begin to realize is that you never thought that the people narrated by the Spaniards (and in other cases, by other European imperial narratives) had their own perspective; that they are people, they have agency and are not passive receivers of Western civilization. And now you begin to realize in this complex installation that the problem cannot be dealt with, with Husserl or Morin. You realize that what you had in mind when you entered the room was an image of history framed and maintained by coloniality, that is, the triumphant imperial narratives that highlighted the march of civilization and disguised what it had to destroy, dismiss, devalue in order to justify its forward march. And you begin to think that if the Spaniards, and later on the French and the British, and also the Dutch, were to justify coloniality by building on a discourse of civilization and salvation, what we need to do now is to think . . . well . . . to think "decolonially." Is that learning to unlearn? Probably it is. And all of a sudden something clicks when your eyes encounter your own eyes in the black mirror in between the statue and "la mujer barbuda": it is decolonial thinking that is behind these compositions, not just complexity. Or if it is complexity, it is a complexity structured by the colonial power relations that are being unveiled in the installation.

II

Now you smile to yourself with a sense of satisfaction, and you begin to make sense of the complexity as you move to the next unit. You know that for some reason when you visit museums you first look at the title of the piece and then at the painting, sculpture, or installation. This one is titled "Incest, Narcissism, and Melancholy." Then you concentrate on the image:

"Hmmm," you mumble, continuing the monologue, "let's see if I can make sense of this one; see if I am learning to unlearn." And there is the art historian again, next to you and "learning" you that the unreflected figures looking at you from behind the glass, but not reflected, are a portrait of Philip IV and Ana, painted around 1607 probably, and now

Husserl—el hecho es que sabes más sobre Husserl y el concepto occidental del espacio que sobre el de los mayas o los aztecas. ¡Llegas al momento del "eureca!" y te dices: tengo que desaprender lo que he aprendido para poder reaprender.

Pero aunque no conoces mucho sobre los antiguos conceptos mesoamericanos del espacio, sabes suficiente sobre los españoles que conquistaron el valle de Anahuac, expandiéndose hacia el sur a la tierra de los antiguos mayas. Te acuerdas de las narrativas españolas que estudiaste en un curso de la universidad. En esta narrativas, fueran o no admiradas las civilizaciones mesoamericanas, su gente, sus edificios, sus instituciones siempre se encontraban en el fondo, incluso cuando ellos, los aztecas y los mayas, eran los personajes centrales de la trama. Lo que te das cuenta es que nunca pensaste que la gente narrada por los españoles (y en otros casos, por otras narrativas imperiales europeas) tenía su propia perspectiva; que son gente, no receptores pasivos de la civilización europea sino agentes propios. Y ahora te das cuenta en esta compleja instalación que el problema no puede atenderse con Husserl o Morin. Te das cuenta que cuando entraste en la sala tenías en la mente una imagen de la historia enmarcada y mantenida por la colonialidad, es decir, una imagen de las narrativas triunfantes imperiales que iluminan la marcha de la civilización y disfrazan lo que tuvieron que destruir, subestimar, y devaluar para justificar su marcha. Empiezas a pensar que si los españoles, y luego los franceses y los ingleses, y también los holandeses, justificaron la colonialidad con un discurso de civilización y salvación, lo que ahora tenemos que hacer es . . . pues . . . pensar "descolonialmente." ¿Es esto aprender a desaprender? Probablemente. Entonces, de repente, algo encaja en tu mente cuando tus ojos se encuentran a sí mismos en el espejo, entre la escultura y la mujer barbuda: es el pensamiento descolonial lo que está detrás de estas composiciones, no sólo la complejidad. O si es la complejidad, es una que está estructurada por las relaciones de poder coloniales develadas por la instalación.

II

Ahora sonríes, satisfecho, y empiezas a entender la complejidad que te rodea, pasando a la siguiente unidad. Sabes que por alguna razón cuando visitas los museos primero ves el título de la pieza y luego ves la pintura, escultura; o instalación misma. Este par se titula "Incesto, narcisismo y melancolía." Te concentras en la imagen.

"Hmmm," murmuras, continuando el monólogo, "vamos a ver si puedo descifrar esta; a ver si estoy aprendiendo a desaprender." Y aquí está otra vez la persona que estudia la historia del arte, haciendo que *aprendas* que las figuras no reflejadas que te miran desde atrás del espejo son el retrato de Felipe IV y Ana, pintado probablemente alrededor de 1607 y ahora en la colección del Kunsthistorisches Museum en Viena. "¡Ja!" exclamas en una reacción espontánea, sintiendo que el *desaprender* está funcionando. "¿Y la figura sentada frente al cuadro o la vasija?" preguntas. "Eso no lo sé," te responde. Pero otra persona a tu derecha, quien pronto te enteras se dedica a la arqueología, interviene diciendo, "Creo que la figura sentada

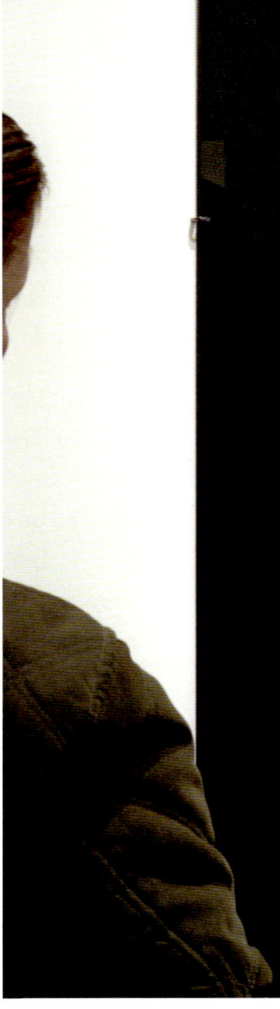

in the Kunsthistorisches Museum in Vienna. "Ha!" you say in a spontaneous reaction, feeling that unlearning is working. "And the seated figure and the vessel?" you ask. "That I do not know," your interlocutor responds. But the person at your right, who you soon learn is an archaeologist, intervenes, saying, "I think that the seated figure comes from Monte Albán, and belongs to the Nasher Museum collection, regularly stored but not regularly exhibited. And I think the vessel with the effigy of a jaguar comes from southwestern Nicaragua. Actually, this effigy also belongs to the Nasher Museum collection." "Oh," you say spontaneously, since your head is spinning trying to connect Philip and Ana with a seated figure with the mask of a serpent and a jaguar-effigy vessel.

"So," you think, "all of these were simultaneous and parallel histories," . . . your thoughts, blurred at that moment, returning to what you had learned in college: that once the Spaniards arrived, Mesoamerican history stopped. History since then was made by the Europeans that invented America, establishing a new beginning and relegating Mayan and Aztec civilizations to the past. Now once again this scene is working out using the same logic as the previous one. You remind yourself that you have to unlearn in order to relearn. But now you need to know about the black mirror. "Hmmm . . . ," here you have to learn, but you would do it while unlearning at the same time. The art historian is still next to you. So you ask "Do you happen to know what the *black mirror* means?" "Oh, yes, I do. In Europe from roughly 1700 to 1850, painters and early tourists would take excursions into the countryside carrying black, round mirrors strikingly similar to the obsidian disk at the center of this installation. Europeans called these objects 'Claude mirrors,' and used them to study images of beautiful landscapes, reflected and temporarily captured in the dark glass. This search for pleasing picturesque landscapes in nature, which were framed in the mirror and resembled the compositions of landscape paintings, impacted landscape design and aesthetic attitudes toward the environment. The history of the 'Claude mirror' and 'the picturesque' is suggestive of the treatment of particular peoples as part of the natural landscape, rather than as part of human civilization or culture."

Now you are expanding your own mental picture, relearning. So, then, you think, instead of "gentle Indians" or the innumerable tourist photographs taken today, what we see in the *Black Mirror* are the picturesque "natives" from Spain. The Spaniards, or Europeans in general, are no longer the observers who are not observed; now they are being observed, and they are being observed in the scenario of what they did in the Americas in their dismantling of highly sophisticated civilizations.

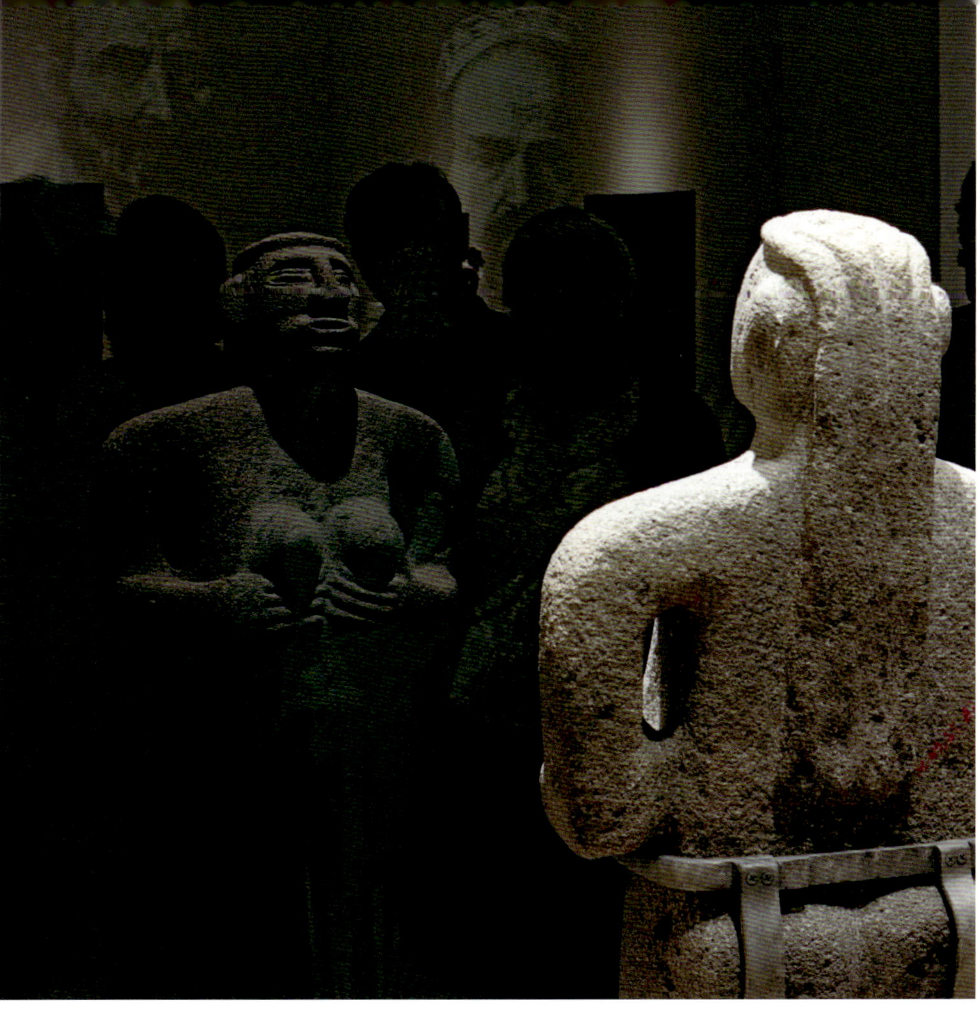

viene de Monte Albán y pertenece a la colección del Nasher, generalmente está guardada en la bodega y no expuesta. Y creo que la vasija con la forma de jaguar viene del suroeste de Nicaragua. De hecho, ésta también pertenece al Nasher Museum." "Ah," dices espontáneamente, ya que tu cabeza da vueltas tratando de conectar a Felipe y Ana con la figura que tiene máscara de serpiente y la vasija en forma de jaguar.

"Entonces," piensas, "todas estas eran historias paralelas," tus ideas borrosas por un instante, regresando a lo que aprendiste en la universidad: que una vez que llegaron los españoles la historia mesoamericana se detuvo y hubo un nuevo comienzo, el de la historia hecha por europeos que inventaban a América, estableciendo un nuevo principio y relegando las civilizaciones mayas y aztecas hacia el pasado. Una vez más, esta escena se desarrolla con la misma lógica imperial expuesta antes. Recuerdas que hay que desaprender para aprender. Pero ahora tienes que aprender sobre el espejo negro. "Hmmm . . . ," pero lo puedes hacer mientras desaprendes. Le preguntas a la persona que conoce sobre historia del arte "¿Sabes por casualidad lo que significa el espejo negro?" "Sí, lo sé. Entre 1700 y 1850 en Europa pintores y turistas tempranos hacían excursiones al campo llevando consigo pequeños espejos negros circulares sorprendentemente similares al espejo de obsidiana en el centro de esta instalación. Los europeos les llamaban 'espejos Claude,' y los usaban para estudiar las imágenes de bellos paisajes, enmarcados y temporalmente capturados por el oscuro vidrio. Esta

III

Then it so happens that the three of you end up at the Nasher coffee shop ruminating on the *Black Mirror/Espejo Negro*. "But there is still another element," you say. "Why *Black Mirror/Espejo Negro*, if neither the Maya's nor Aztec's original language was Spanish? There is a Latino, or you could say, Chicano or Hispanic element in the complexity of the installation." "Sure," responded the archaeologist. "I know Pedro Lasch is Mexicano, and I suspect that the overall vision of the installation is not archeological" ("Nor is it about the history of Spanish painting," interrupted the art historian), "but is instead an aesthetic-political act." "An aesthetic-political act?" you ask, not because you do not understand what the archaeologist is saying but because you have not thought about that yet and want to talk more about it. "Yes," says the archaeologist. "You see, Lasch is not an archaeologist digging in sites to find the remains of civilizations that have been buried by conquering civilizations. He is digging in the basement of the museum and 'excavating' what museums in general, for reasons known and unknown, do not exhibit regularly. It is not that the public is not interested. Most of the time museums are not interested in creating an interest in the public in certain issues that are considered 'less relevant' than others."

"Did you notice," the art historian interrupts, addressing you, "that in this same museum at this very moment, there is a well-promoted and spectacular exhibit titled *El Greco to Velázquez*?" "Oh, yes," you respond. "I have not seen it yet. I go often to Madrid and visit the Museo del Prado every time I go. I go mainly to look at *The Triumph of Death* by Brueghel, but then I always end up looking at Spanish painting." "Why *The Triumph of Death*?" the art historian asks. "Because it seems to me a realistic vision of Western capitalist society today." "Hmmm," mumbles the art historian. He was the author of a book on Pieter Brueghel published not long ago. "And so you were saying?" you ask, turning to the archaeologist.

"I was just remembering Fred Wilson's opening installation in the Museum of World Culture in Gothenburg. Are you familiar with Fred Wilson?" the archaeologist asks you. No, you say, and the art historian says yes. "By the way, Jennifer González, who will speak here later in the week, wrote a wonderful chapter about Wilson in her book *Subject to Display: Reframing Race in Contemporary Installation Art*. I think it was published by MIT." "Anyway," the archaeologist continues, "Jette Sandahl, the manager of the Museum of World Culture who invited Fred Wilson, recognized that allowing him into a museum is a rather risky business. He digs methodically through the collection and turns up items that serve his purpose: to create a puzzle of odd bits and pieces; and in this way forges an unexpected and entirely new perspective—often with a subtle yet powerful image of power and exclusion. It is in fact rumored that Sandahl resigned shortly after the 'scandal' Wilson's installations provoked in the well-behaved community of

búsqueda por el placer del paisaje natural, enmarcado por el vidrio de forma parecida a las pinturas de la época, impactaron incluso el diseño mismo del paisaje, así como las actitudes estéticas hacia el medio ambiente. La historia del 'espejo Claude' y de lo 'pintoresco' sugiere el trato de pueblos enteros como parte del paisaje natural, en vez de verlos como parte de la civilización y la cultura humana."

Ahora estás expandiendo tu propio cuadro mental, reaprendiendo. Entonces, continúas, en vez de "indios gentiles" o las innumerables fotografías que turistas contemporáneos toman de los que consideran "nativos," lo que vemos en el *Espejo Negro* son los pintorescos "nativos" de España. Los españoles, o los europeos en general, ya no son los observadores que no son observados; ahora están siendo observados, y están siendo observados dentro del escenario de lo que hicieron en América, desmantelando civilizaciones enteras muy sofisticadas que ahí existían.

III

Sucede que más tarde tú y tus dos acompañantes se encuentran en la cafetería del museo, pensando juntos sobre *Black Mirror/Espejo Negro*. "Pero hay un elemento más," dices. "¿Por qué *Black Mirror/Espejo Negro* si ni los mayas ni los aztecas hablaban inglés o español? Hay una dimensión *latina*, o se podría decir, *chicana* o *hispana* dentro de la complejidad de la instalación." "Claro," responde tu acompañante desde el punto de vista de la arqueología. "Yo sé que Pedro Lasch es mexicano, y sospecho que la visión general de instalación no es arqueológica" ("Ni tampoco se trata sobre la historia de la pintura española," interrumpe la otra persona), "se trata aquí de un acto estético y político." "¿Un acto estético y político?" preguntas, no porque no entiendas a lo que se refiere sino porque todavía no habías pensado en eso y quieres hablar más sobre el tema. "Verás," continúa tu acompañante, "Lasch no es un arqueólogo desenterrando los restos de civilizaciones que han sido enterradas por sus colonizadores. Está excavando el sótano del museo y lo que los museos en general, por razones sabidas y no sabidas, no exponen al público en forma regular. No es que el público no tenga interés. En el mayor de los casos los museos no tienen interés en crear interés público sobre temas que consideran 'menos relevantes' que otros."

"¿Te diste cuenta?" interrumpe la persona que estudia el arte europeo, "¿que en este mismo museo, en este mismo momento, hay una espectacular exposición promovida con mucho apoyo financiero que se llama *De El Greco a Velázquez*?" "Sí, claro" respondes. "No la he visto todavía. Voy seguidamente a Madrid y cada vez que voy visito el Museo del Prado. Voy sobre todo a ver *El triunfo de la muerte* de Brueghel, pero ya estando ahí siempre termino viendo las pinturas españolas." "¿Por qué el *El triunfo de la muerte*?" te preguntan. "Porque me parece una visión realista del capitalismo occidental de nuestros días." "Hmmm," murmura el historiador de arte. El escribió un libro sobre Pieter Brueghel no hace mucho tiempo. "¿Entonces, decías . . . ?" te diriges a la arqueóloga.

Gothenburg. I think she is now in New Zealand. But anyhow, I am derailing here. More to the point, Sandahl said she had asked Fred Wilson to help bring their own specific demons out into the open, since he is very skilled at demonstrating in an interesting and subtle way the pillars of colonial power, evolutionary assumptions, racism, and sexism—built-in foundations themselves."[1]

1. http://www.thevitalspark2007.org.uk/speakers/jette-sandahl. (Page accessed on October 4, 2009)

The archaeologist continues: "What I find fascinating in Fred Wilson's work and in particular the exhibit at the Museum of World Culture, and which I connect with Pedro Lasch's *Black Mirror/Espejo Negro*, is a constant reminder that his experience, existence, vision, share Western categories of thought, but he is also thinking from the experiences and knowledges built and transmitted by hundreds of thousands of Africans in the Americas, enslaved Africans, runaway slaves, religions like Candomblé and Voodoo, Santería and Rastafarianism. In Lasch's work we are constantly being reminded of another aspect of the same historical processes, but where ancient civilizations in this land were transformed into *Indians*." "Hummm, I am thinking of *Las Meninas*," you said to yourself but out loud; "*Las Meninas?!*" exclaimed the art historian with surprise. "What does *Las Meninas* have to do with all of this?" "I will tell you in a minute" (and you have again that feeling of unlearning), "but please, finish your story," you say to the archaeologist.

"Interesting, *Las Meninas*, I think I know the connection you are trying to make. But in any case, what I was saying is that one of the potent impacts of Fred Wilson's work lies in the fact that his exhibits and installations go to the heart of the matter: the 'demons' are indeed 'classifying categories' that are taken for granted. Wilson uncovers those categories, lays them bare, naked, exposed, and we enjoy or react negatively according to whether we feel comfortable with the world classified according to those categories or we feel oppressed, cornered, suspect in the way 'we' fall within the natural world that the 'demon-categories' turn into 'labels.' Fred Wilson is an American citizen, but he is not of European descent. Which means that his subjectivity and vision has been formed by palenques and kilombos (for example, the social formation of African runaway slaves) instead of being formed by Athens and Rome (for example, the equivalent of palenques and kilombos for Europeans and people of European descent in the Americas and the Caribbean, Australia, or South Africa). What I am trying to point to is the radical shift and detachment from Western conceptions of art, and museum installations that artists like Pedro Lasch and Fred Wilson are enacting. There are different worlds and subjectivities being created here. It is also interesting that if this kind of installation is transformed into a commodity, since you are concerned with capitalist civilization"—the anthropologist addresses your previous comment on Brueghel—"it may very well be that it would be the appropriation of a commodity that will begin to erode the system from inside, a poisoned commodity so to speak."

"Me estaba acordando de la instalación inaugural de Fred Wilson en el Museo de la Cultura del Mundo en Gothenburg. ¿Conoces la obra de Fred Wilson?" la arqueóloga te pregunta. "No," dices, y el historiador de arte responde que sí. "Por cierto, Jennifer González, quien presentará su trabajo aquí esta semana, escribió un maravilloso capítulo sobre Wilson en su libro *Subject to Display: Reframing Race in Contemporary Installation Art.* Creo que fue publicado por MIT." "En todo caso," continua la arqueóloga, "Jette Sandahl, la jefa de ese museo y la persona que invitó a Wilson reconoció que darle acceso a su colección es un asunto riesgoso. El artista rebusca metódicamente todo lo que encuentre y sirva a su propósito: armar un rompecabezas de fragmentos que generan de forma inesperada una nueva perspectiva—muchas veces una que incluye sutiles pero potentes imágenes del poder y la exclusión. Se rumora de hecho que Sandahl renunció después del escándalo que la obra de Wilson generó en la 'bien portada' comunidad de Gothenburg. Creo que ella ahora está en Nueva Zelandia. Pero en todo caso, me estoy distrayendo. Más al punto, Sandahl dijo que había invitado a Wilson para ayuderles a sacar sus propios demonios a la luz, ya que él es muy bueno y sutil en su forma de mostrar los soportes del poder colonial, u otras evoluciones asumidas, así como el racismo y el sexismo—con frecuencia fundamentos de los anteriores."[1]

1. http://www.thevitalspark2007.org.uk/speakers/jette-sandahl. (Página visitada el 4 de octubre del 2009)

La arqueóloga continúa: "Lo que me parece fascinante del trabajo de Fred Wilson y la exposición del Museo de la Cultura del Mundo en especial, y esto es algo que relaciono con *Black Mirror/Espejo Negro* de Pedro Lasch, es un recordatorio que su experiencia, existencia, y visión comparten categorías occidentales del pensamiento, pero también está pensando desde las experiencias y conocimientos construídos y transmitidos por cientos de miles de africanos en el Continente Americano, esclavos escapados, religiones como el candomblé y el vudú, la santería y el rastafarismo. En el trabajo de Lasch se nos recuerda constantemente sobre otro aspecto de los mismos procesos históricos, pero donde antiguas civilizaciones de estas tierras fueron convertidos en *indios*." "Hmmm, estoy pensando en *Las Meninas*," te dijiste a ti mismo pero sin querer lo dijiste también en voz alta. "¿¡*Las Meninas*?!" exclamó el historiador de arte con gran sorpresa. "¿Qué tienen que ver *Las Meninas* con todo esto?" "Te lo digo en un momento" (y de nuevo tienes esa sensación del desaprender), "pero por favor, termina tu historia," le dices a la arqueóloga."

"Interesante, *Las Meninas*, creo que entiendo la conección que estás tratando de hacer. Pero en fin, lo que estaba diciendo es que uno de los impactos tan potentes del trabajo de Fred Wilson reside en el hecho de que sus exposiciones e instalaciones van al corazón del asunto: los 'demonios' ciertamente son 'categorías de clasificación' que asumimos como normales. Wilson devela estas categorías, las pone al desnudo, expuestas, y nuestro goce o respuesta negativa resultante depende de nuestra comodidad con el vivir en relación a estas categorías o nuestra sensación de estar oprimidos o acorralados por ellas, sospechosos de la forma en la que 'nosotros' caemos dentro de estas 'categorías-demonios' que se convierten en 'etiquetas' que 'nos tachan' de cierta forma. Fred Wilson es estadounidense, pero no es de descen-

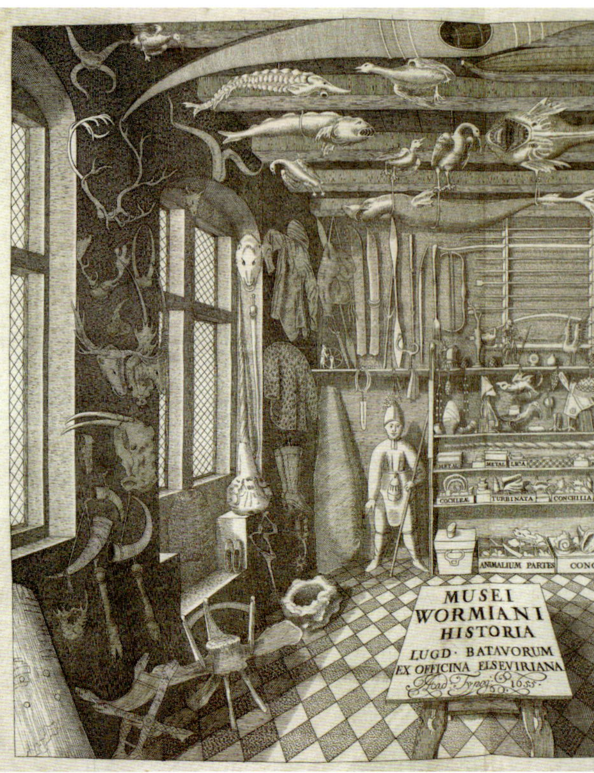

Figure 1. Title page from Ole Worm, *Museum Wormianum; seu, Historia rerum rariorum, tam naturalium, quam artificialium, tam domesticarum, quam exoticarum, quae Hafniae Danorum in a aedibus authoris servantur. / Adornata ab Olao Worm . . . .*, copperplate line engraving by G. Wingendorp (Lugduni Batavorum, ex officina Elsevirio-rum, 1655). Courtesy of Smithsonian Institution Libraries, Washington, D.C.

"Oh, I see," you say. "Then if I am following your reasoning, what we have here in *Black Mirror/Espejo Negro* is a deep" (and you hesitate about the use of this word but do not have another at this time) "and laborious digging into the imaginary of modernity, of the myth of art, of the role of the museum in forming subjectivities and in other words, their performing like magicians: now you see it, now you don't." "Something like that," the archaeologist consents. The art historian also concurs, and contributes with some information about the history of museums, a Western institution that emerged as part of the process of formation of national identities in Europe, mentioning also the foundation of the Louvre and the British Museum and adding that there was also the creation of the "cabinet des curiosités" during the European Renaissance, a precursor of the museum. The point here being that the "cabinet" became the site for collecting objects from European colonies. "Let me give you an example," the art historian says, grabbing a laptop, setting it on the table, and looking for an image in the hard drive. "Here, look at this" (figure 1).

"Later came the division between art museums and museums of natural history, where the 'art' of European colonies found their place. But now I understand," the art historian continues, "the Renaissance perspective so obvious in this representation has been disposed of in Lasch's installation. Not only are we faced with the backs of the sculptures exhibited, and see dark and gray images of Spanish paintings, but we also see ourselves looking at the installation. The detached observer becomes involved in what he or she is observing."

"Bingo!!" you interrupt, with a smile and a tap on the table. "This is exactly where *Las Meninas* comes into the picture. You see, what Velázquez did and the French philosopher explained . . . ," you hesitate. "Michel Foucault," cut in the art historian. "Yes, him," you continue. "What one represented and the other wrote about and explained was a dislocation within the history of European perspective, a dislocation where the eye of the observer is being observed. In *Las Meninas*, the observer sees what the subjects being painted (the king and queen) see. So Velázquez reversed the perspective by refracting it in the mirror. This is similar to Cervantes's novel, where Don Quixote reads in the second part of his adventures what was narrated to us in the first part. Both Velázquez and Cervantes are ascertaining the emergence of the modern subject

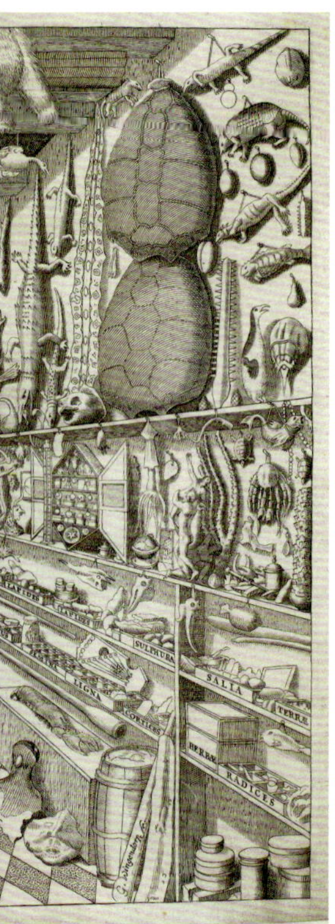

dencia europea. Esto significa que su subjetividad y visión han sido formadas por palenques y quilombos (la formación de esclavos escapados, por ejemplo), no por Atenas y Roma (el equivalente de los palenques y quilombos para los europeos y descendientes de europeos en América, el Caribe, Australia y Sudáfrica, por ejemplo). Lo que estoy tratando de resaltar es el giro radical y el distanciamiento de las concepciones occidentales del arte que artistas como Wilson y Lasch están manifestando en sus instalaciones museísticas. Aquí se están generando otros mundos y subjetividades. También es interesante que si estas obras se convierten en un producto para el mercado, ya que te interesa esto de la civilización capitalista"—la antropóloga se refiere a tu anterior comentario sobre Breughel—"bien podría ser este producto uno cuya apropiación erosiona el sistema desde adentro, una especie de producto envenenado."

Figura 1. Carátula de Ole Worm, *Museum Wormianum; seu, Historia rerum rariorum tam naturalium, quam artificialium, tam domesticarum, quam exoticarum, quae Hafniae Danorum in a aedibus authoris servantur. / Adornata ab Olao Worm . . . .* , grabado en cobre de G. Wingendorp (Lugduni Batavorum, ex officina Elsevirio-rum, 1655). Cortesía de Smithsonian Institution Libraries, Washington, D.C.

"Ah, ya veo," tú dices. "Entonces siguiendo tus ideas, lo que tenemos en *Black Mirror/Espejo Negro* es una profunda" (y titubeas con esta palabra pero no se te ocurre otra) "y laboriosa excavación del imaginario de la modernidad, del mito del arte, del papel del museo mismo en la formación de subjetividades y, en otras palabras, de sus acciones de magia: ahora lo ves, ahora ya no." "Algo por el estilo," responde la arqueóloga. El historiador de arte también está de acuerdo, contribuyendo información sobre la historia de los museos como una institución occidental que emerge en parte por el proceso de formación de las identidades nacionales de Europa, mencionando también la creación del Louvre y el Museo Británico, y agregando que por supuesto como precursores de éstos existieron los "gabinetes de curiosidades" de la Europa renacentista. El punto aquí es que estos 'gabinetes' se convirtieron en repositorios de cosas coleccionadas en las colonias europeas. "Déjame darte un ejemplo," dice el historiador de arte poniendo su computadora sobre la mesa y buscando una imágen que ahí tiene guardada. "Mira esta imagen" (figura 1).

"Más tarde llegó la división entre los museos de arte y los museos de historia natural, donde el 'arte' de las colonias europeas encontraba su lugar. Pero ahora entiendo," dice el historiador de arte, "la perspectiva renacentista que es tan obvia en esta imagen que les acabo de mostrar ha sido eliminada por Lasch en su instalación. No sólo vemos las espaldas de las esculturas expuestas, o imágenes oscuras y grises de pinturas españolas, sino también nos vemos a nosotros mismos viendo la instalación. El observador distante se involucra aquí en lo que él o ella observa."

"¡¡Bingo!!" interrumpes, con una sonrisa y un pequeño golpe sobre la mesa. "Aquí es exactamente donde entra en juego *Las Meninas*. Verás, lo que Velázquez hizo y el filósofo francés explicó . . . ," titubeas. "Michel Foucault," intercala el historiador de arte. "Sí, él," continúas. "Lo que uno representó y de lo cual el otro escribió una explicación fue una dislocación dentro de la historia de la perspectiva europea, una dislocación donde el ojo del que observa es

and emancipating it from their own past; although they are unintentionally obliterating already the existence of the colonial subject in their own present. I am not only speaking of the Spaniards and their descent in the Americas, but also and mainly, of the Indian and Afro populations who were not passive and happy receivers of European civilization, but instead engaged in an active process of decolonization. It is in this genealogy that Lasch and Wilson engage their work, their decolonial aesthetic, not in the genealogy of Velázquez and Cervantes."

Now you feel that you are preaching, but want to test your unlearning/relearning process. "The reversal of perspective," you continue, "and the mirroring that locates the gaze of the observer in *Las Meninas* is a great moment in the formation of the European modern subject. But that modern subject is already implicated in coloniality. It is more obvious in Cervantes. The narrator of Don Quixote is Cidi Hamete Benengeli, an Arab speaker. But, voilà, all references are to knowledge in Latin, Greek, and Spanish, not one single reference to the splendid thinkers of the Muslim past."

"I do not follow," the art historian said. "Me neither," the archaeologist added.

"OK, listen" ("Watch out, you are becoming professorial"), "here is how with Lasch and Wilson, but particularly with Lasch, the use of the mirror brings something else into consideration. First of all, both installations are imagined and enacted by modern yet also colonial subjects. Aren't Afro-American and Chicanos colonial subjects?" "Yes, we could say so," one says, and the other nods yes. "Well, then what we have here is not just a reversal of perspective in which the observer is looking at the painter, but one where the modern subject (through his art and knowledge) is devalued, placed in the shadow of the mirror, which is the incarnation of coloniality. Wilson, as you said," addressing the archaeologist, "is achieving a similar goal but bringing to the foreground what the museum placed in the underground, in the basement. The reversals and refractions here are indeed a contribution to the formation of decolonial subjects in the same revolutionary way that Velázquez and Cervantes contributed to the formation of the modern subject and modern subjectivities. So Wilson and Lasch are the 'true' Cidi Hamete Benengeli, telling the story from the silence of the modern subject! Picasso's *Las Meninas* from 1957 is only a scratch and a twist of the modern European subject entering into its postmodern phase. You can say that Picasso deconstructs Velázquez, inside the European culture and cosmology. But Wilson and Lasch are decolonizing aesthetics and its foundation, the modern/postmodern subject."

"In a somewhat related way"—said the art historian—"what I wanted to say earlier when I brought up the image of Renaissance perspective, is that it appears to me now that what Pedro Lasch and Fred Wilson are doing is just detaching themselves from the history of museums and its complicities with 'art.' That is the meaning of 'digging into

observado. En *Las Meninas*, el observador ve lo que los sujetos del cuadro (el rey y la reina) ven. Velázquez invirtió la perspectiva al refractarla en el espejo. Esto es parecido a la novela de Cervantes, cuando Don Quijote lee en la segunda parte de sus aventuras lo que fue narrado a nosotros en la primera parte. Tanto Velázquez como Cervantes están afirmando la emergencia del sujeto moderno y emancipándolo de su propio pasado; aunque sin quererlo están también ya borrando la existencia del sujeto colonial en su propio presente. No sólo estoy hablando de los españoles y sus descendientes en América, sino ante todo de las poblaciones afro e indias que no fueron felices y pasivos receptores de la civilización europea; por el contrario, son ellas quienes llevan a cabo desde el principio un activo proceso de descolonización. Lasch y Wilson colocan su trabajo dentro de esta segunda geneología, no la primera de Velázquez y Cervantes."

Ahora sientes que estás dando un sermón, pero quieres probar tu proceso de aprender/desaprender. "El reverso de la perspectiva," continúas, "y el reflejo que localiza la mirada del observador en *Las Meninas* es un gran momento en la creación del sujeto europeo moderno. Pero el sujeto moderno está ya implicado en la colonialidad. Esto es más obvio en Cervantes. El narrador del Quijote es Cidi Hamete Benengeli, y habla árabe. Pero, he ahí, todas las referencias al conocimiento son en latín, griego, y español; ni una sola referencia a los grandes filósofos del pasado musulmán."

"Estoy perdido," dice el historiador de arte. "Yo también," agrega la arqueóloga.

"A ver, escucha" (cuidado, estás tomando tono de profesor), "así es como Lasch y Wilson, pero sobre todo Lasch introducen algo nuevo para tomar en cuenta. Primeramente, ambas instalaciones son concebidas por sujetos modernos que también son sujetos coloniales. ¿O no son los chicanos y los afroamericanos sujetos coloniales?" "Se podría decir que sí," dice un acompañante y la otra accede con la cabeza. "Bueno, entonces lo que tenemos aquí no sólo es un reverso de la perspectiva en el cual el observador ve al pintor, sino un reverso en el cual el sujeto moderno (a través de su arte y conocimiento) es devaluado, colocado en la sombra del espejo que es la encarnación de la colonialidad. Wilson, como dijiste," te diriges a la arqueóloga, "logra una meta similar pero trayendo al primer plano lo que el museo puso en el fondo o en el sótano. Los reversos y las refracciones son aquí una verdadera contribución a la formación de los sujetos descoloniales, igual de revolucionarios que la obra de Velázquez y Cervantes lo fueron en cuanto a la formación del sujeto moderno y sus subjetividades. ¡En este sentido, Wilson y Lasch son los 'verdaderos' Cidi Hamete Benengeli, contando la historia desde el silencio del sujeto moderno! *Las Meninas* de Picasso de 1957 es sólo una raspadita y media vuelta del sujeto moderno europeo entrando a su etapa posmoderna. Se podría decir que Picasso deconstruye a Velázquez, pero dentro de la cultura y cosmología europea. Wilson y Lasch, por el otro lado, están descolonizando la estética y su fundamento, el sujeto moderno/posmoderno."

the basement of the museum,' as you said," addressing this time the archaeologist. "That is interesting," you continue, and you add: "Now, if art museums are part of the imperial imaginary that contributed, on the one hand, to the creation and management of the imaginary of us, the museumgoers, of what we understand as art and, on the other hand, of natural history museums that create a distinction between 'art' and 'natural objects,' then what we see in the *Black Mirror/Espejo Negro* are objects that 'belong' to natural history museums rather than museums of art, and that is why they are in the basement." "Precisely," says the archaeologist. "Now . . . ," you continue, "if all of this is imperial history and its colonial consequences, can we say that Pedro Lasch's and Fred Wilson's installations are decolonial interventions?" "I would say so," says the archaeologist. "The main protagonists of this installation are not part of Western history, but at the same time, they are not exhibited here as a curiosity or as the exotic exemplar of bygone civilizations." "No, they are prominently exhibited and illuminated in front of the dark and gray figures of European civilizations. You see, that is the difference, say, between touristic exoticism or the *National Geographic*, and Lasch's and Wilson's installations."

"Now I understand," you add, addressing the archaeologist, "what you meant a while ago when you said that this installation was an act of aesthetic, epistemic, and political disobedience. That means, that *Black Mirror/Espejo Negro* is questioning the way we feel (sense, aesthesis). It is telling us that our naturalized concept of knowing is only partial, and in doing so stages a political act that invites us to become engaged in breaking the Western code. . . . But, the obsidian mirror at the center of the installation—how do you explain that?"

"Oh, that," the archaeologist and the art historian respond. The art historian wins the competition: "It has a long and complicated history," and he mentions that Arnauld Maillet, author of *The Claude Glass: Use and Meaning of the Black Mirror in Western Art*, will also deliver a talk at the end of the week. "To make a long story short, a story that was well summarized by Pedro Lasch himself, would be to say that there are two stages in the history of the black mirror. The first stage goes back to the European Middle Ages and extends to the Renaissance, and was linked to rituals of divination and sorcery. In the second stage, in the second half of the eighteenth century, when the black mirror was reframed by Claude Lorrain, it was linked to geometry rather than to magic." "But there is a third state that doesn't fit your chronology," the archaeologist responds to the art historian. "which is the uses and meaning of something similar to what you call the 'black mirror' in ancient Mayan and Aztec civilizations, long before any Spaniards or British set foot in this land. But I think what is relevant for the installation is the moment in which the European and Mesoamerican histories come together, in the sixteenth century, and mix under well-structured power relations. Let's say that the 'black mirror' at the center of the installation forges the bond between the two sides of

"De cierta forma relacionada"—dice el historiador de arte—"lo que quise decir antes cuando saqué el tema de la perspectiva renacentista, es que me parece que lo que Pedro Lasch y Fred Wilson están haciendo es separarse de la historia de los museos y sus complicidades con 'el arte.' Ese es el significado de 'excavar en el sótano del museo,' como dijiste anteriormente," hablando él ahora con la arqueóloga. "Interesante," continúas, y agregas tú: "Ahora, si los museos de arte son parte del imaginario imperial que contribuyó, por un lado, a la creación y mantenimiento del imaginario de nosotros mismos como visitantes de museos, de lo que entendemos como arte y, por el otro lado, de los museos de historia natural que crean una distinción entre 'arte' y 'objetos naturales,' entonces lo que vemos en *Black Mirror/Espejo Negro* son objetos que 'pertenecen' al museo de historia natural más que al museo de arte, y por lo mismo están en el sótano del museo." "Precisamente," dice el arqueólogo. "Ahora . . . ," continúas, "¿si todo esto es historia imperial y sus consecuencias, podemos decir que las instalaciones de Lasch y Wilson son intervenciones descoloniales?" "Yo diría que sí," dice la arqueóloga. "Los principales protagonistas de esta instalación no son parte de la historia occidental, pero al mismo tiempo, aquí no están expuestos como curiosidades o ejemplos exóticos de civilizaciones extintas." "No, están expuestos en primer plano e iluminados frente a las figuras grises y oscuras de civilizaciones europeas. Ya ves, esta es la diferencia entre, digamos, el exotismo turístico de *National Geographic* y las instalaciones de Lasch y Wilson."

"Ahora entiendo," agregas, hablando con la arqueóloga, "lo que decías antes al hablar de la obra como un acto de desobediencia estética, epistémica y política. Esto significa que *Black Mirror/Espejo Negro* cuestiona la manera en que *sentimos* (sentido, estesis). Nos está diciendo que nuestro concepto naturalizado del saber es sólo parcial, y al hacerlo escenifica un acto político que nos invita a involucrarnos en el rompimiento del código occidental . . . . Pero, el espejo de obsidiana en el centro de la instalación—¿cómo lo explicas?"

"Ah, eso," la arqueóloga y el historiador de arte responden. El historiador de arte gana la competencia: "Tiene una larga y compleja historia," y menciona que Arnaud Maillet, autor de *The Claude Glass: Use and Meaning of the Black Mirror in Western Art*, también va a dar una charla aquí esta semana. "En breve, esta es la historia que ha sido bien resumida por Pedro Lasch mismo. Podríamos decir que hay dos etapas en la historia del espejo negro. La primera nos remonta a la Edad Media europea y se extiende hasta el Renacimiento y se asocia con los rituales mágicos y la adivinación. En la segunda etapa, cuando el espejo negro es transformado por el uso de Claude Lorrain, éste se asocia más con la geometría que con la magia." "Pero hay una tercera etapa que no entra en tu esquema," responde la arqueóloga al historiador de arte. "El uso y significado de algo muy similar a los espejos negros de los que hablas, pero hablo ahora de aquéllos usados por antiguas civilizaciones aztecas y mayas, mucho antes de la llegada de los españoles o los ingleses a estas tierras. Pero creo que lo que es importante es el momento en que estas dos historias se encuentran, la europea y la mesoamericana, en el siglo XVI, mezclándose dentro de estructuras de poder bien organizadas. Podemos decir que el 'espejo negro' en el centro de la instalación crea una amalgama entre las dos partes de la

European modernity and European coloniality that were imposed upon Mesoamerican civilizations. Here," he says, grabbing a piece of paper from his pocket. "I copied this from the Internet, it was written by Pedro Lasch himself. It is a shortened version that I prepared for my students but you can find it on the Web:

> The Aztecs directly associated obsidian with Tezcatlipoca, the deadly god of war, sorcery, and sexual transgression, while in Europe threatened by similar associations with sorcery and deviance, Pope John XXII banned the use of mirrors for any religious purpose in 1318. Yet centuries later, obsidian plates of all shapes and sizes would be introduced into Christian altars across Spain and its colonies. . . .

"So you see how parallel histories came together. But, according to Lasch, there was another twist in the second era you mentioned"—says the archaeologist to the art historian—"and it is when the black mirror was extricated from its past related to magic and entered into a present associated with science and technology." "It was the age of the observer presented in Jonathan Crary's *Techniques of the Observer*," the art historian completes the information. "That is it, thanks. Well," the archaeologist continues, "the eighteenth century was not only the second era in the history of the black mirror, but also of European colonial expansion. So this is what Pedro Lasch says about that complex moment, when the changing role of the black mirror goes hand in hand with the changing hands of European imperial management:

> This optical device marked a shift to a new period, when ritual and magic gave way to scientific illusionism and colonialist expansion. We no longer use black mirrors to speak with the dead, or to fix a gaze on objects that may last a little longer than we will. Yet little black eyes still hover all around us in the form of cameras placed in many public buildings and outdoor spaces. These black mirrors still act as go-betweens between the present and the absent, the visible and the invisible, the colonizer and the colonized.

So you, the traveler, who has been silently and attentively listening to the conversation between the archaeologist and the art historian, conclude without realizing it: "The obsidian mirror functions like the slash that divides and unites modernity/coloniality, the two faces of European expansion, and that at the same time has a magical and epistemic power—I am using the oxymoron intentionally," you say, "of opening up for Pedro Lasch the decolonial imaginary that sets the installation in motion." You do not know if your interlocutors agree or not, but they remain silent, and the situation is saved by someone who approaches the table, greeting your interlocutors and introducing herself.

modernidad y colonialidad europeas que fueron impuestas sobre las civilizaciones mesoamericanas. "Miren," dice, tomando un pedazo de papel de su bolsillo. "Copié esto del internet, fue escrito por Pedro Lasch. Es una versión abreviada que preparé para mis alumnos, pero lo pueden encontrar entero en la red:

> Los aztecas asociaban el obsidiana directamente con Tezcatlipoca, dios mortal de la guerra, la brujería y la transgresión sexual. Sintiéndose amenazado por asociaciones similares, el Papa Juan XXII prohibió el uso de espejos para cualquier función religiosa en 1318. Pero siglos más tarde, placas de obsidiana de todas formas y tamaños serían introducidas en los altares de toda España cristiana y sus colonias. . . .

"Entonces ven como se entrelazan las historias paralelas. Sin embargo, según Lasch, hay otro giro en la segunda etapa que mencionaste"—dice la arqueóloga al historiador de arte—"y es cuando el 'espejo negro' es separado de su pasado mágico y entra en un presente donde se relaciona con la ciencia y la tecnología." "Se trata de la era del observador presentada en el libro de Jonathan Crary *Techniques of the Observer*," complementa el historiador de arte. "Así es, gracias. Entonces," la arqueóloga continúa, "el siglo XVIII no sólo fue la segunda etapa del 'espejo negro' sino también la etapa de expansión colonial europea. Es esto lo que dice Pedro Lasch al presentar ese complejo momento, cuando el cambio de papel del 'espejo negro' va de mano en mano con la nueva administración imperial europea:

> Esta herramienta óptica marca de hecho el paso de una época de ritual y magia a otra de ilusionismo científico y expansión colonialista europea. Ya no usamos espejos negros para hablar con los muertos, o para fijar la mirada en objetos que pudieran durar un poco más que nosotros mismos. Sin embargo, pequeños ojos negros flotan en nuestro alrededor en forma de cámaras de vigilancia en todo tipo de espacios interiores y exteriores. Estos pequeños espejos negros todavía actúan como intermediarios entre los presentes y los ausentes, lo visible y lo invisible, los colonizados y los colonizadores.

Entonces tú, el viajero, quien por un momento has estado callado escuchando atento la conversación entre la arqueóloga y el historiador del arte, concluyes sin darte cuenta, "El espejo de obsidiana funciona como la barra que divide y une modernidad/colonialidad, las dos caras de la expansión europea, pero tiene aquí al mismo tiempo un poder mágico y epistémico—estoy usando el oxímoron intencionalmente," dices, "tiene el poder de abrir para Lasch el imaginario descolonial que impulsa la instalación entera." No sabes si tus interlocutores están de acuerdo o no, pero permanecen callados, y la situación se salva al acercarse alguien a la mesa, saludando a tus interlocutores y presentándose.

Black Mirror | Espejo Negro: Index to the Photographic Suites
Black Mirror | Espejo Negro: Índice de las suites fotográficas

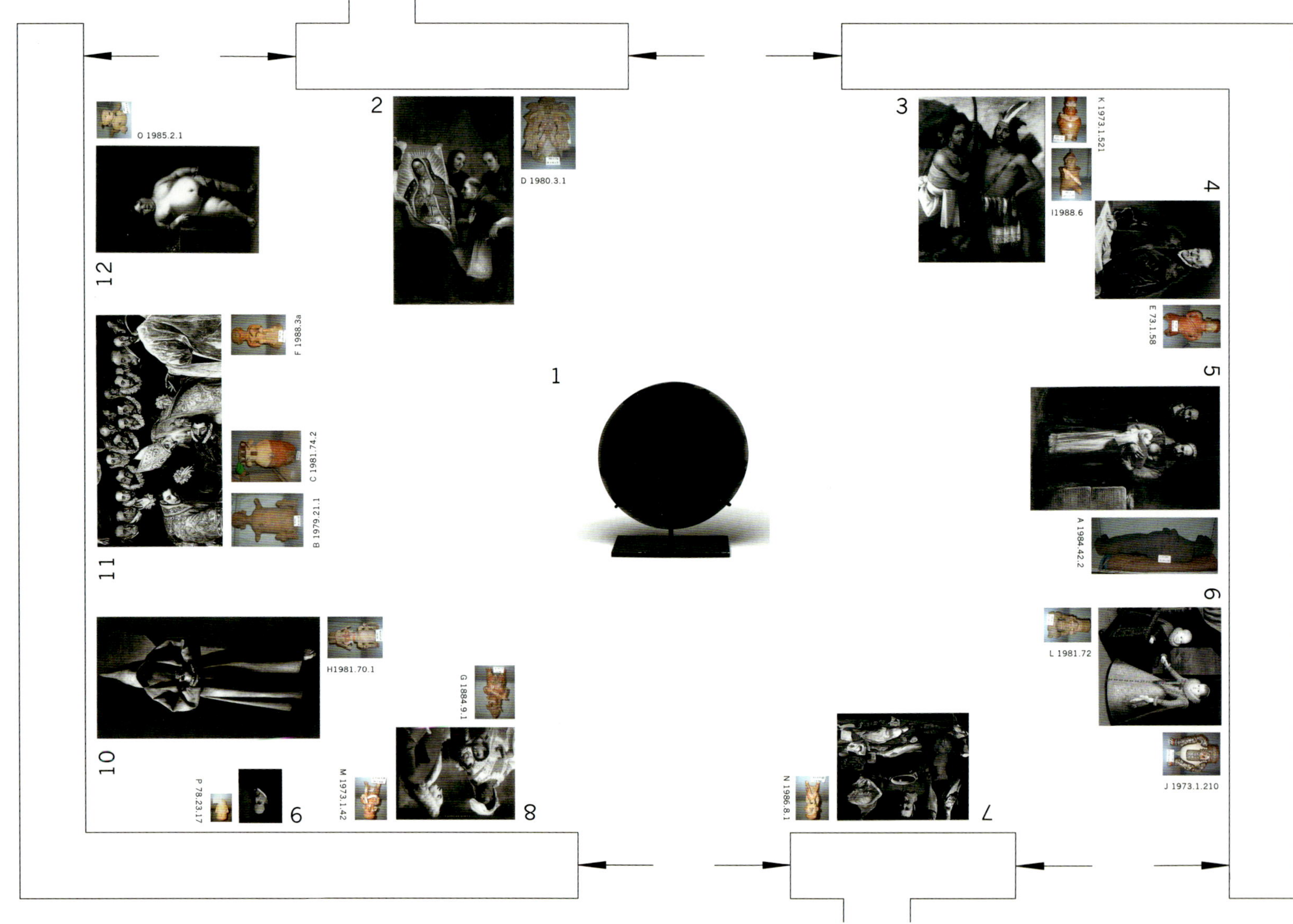

B*lack Mirror/Espejo Negro* is the common title and overarching concept for three large-scale projects by Pedro Lasch: an ephemeral museum installation, a set of thirty-nine archival photographs edited in five limited suites, and a book bringing together the first two parts and including critical responses by scholars from a range of relevant fields.

This index reproduces the thirty-nine images that comprise the photographic suites; each suite was reproduced in an edition of five. The dimensions listed correspond only to the printed photographs, not to the original sculptures, mirrors, and pedestals in the installation. The printing scale was determined by the artist to show the pre-Columbian work in the photograph at the exact same size as the three-dimensional original, thus reproducing in the large-scale archival photographs—especially when framed behind glass—the same mirroring effect that occurred in the pairings in the installation in their relationship to the viewers' bodies. Each pairing of a sculpture and a painting through a specific black mirror has a title and a number from one to twelve (twelve black mirrors were included in the installation), yet

each pairing is also the subject of various photographic works. For this reason, and to register different perceptual modes of the installation, the photographic works are arranged in five suites. Suite 1 shows images produced during the research and installation process. Suite 2 consists of the back views of all the sculptures in front of the perpendicular rectangular mirrors. These photographs were intentionally taken so as to avoid any reflections. Suite 3 presents one pairing at a time, photographed at angles that show the relationships between the pre-Columbian three-dimensional works and the Spanish two-dimensional ones. These photographs were taken to exclude the reflection of the space and the viewers, yet showing the reflections of the sculptures in the glass, as well as the ghostly images of the figures in the paintings. Suite 4 introduces the viewer to the spatial complexity of the installation. The photographs show not only sculptures and paintings but entire arrangements of various pairings, as well as the reflections produced in the space as a whole. Suite 5 concludes the series by recording the full complexity of the installation. Here we see sculptures, paintings, spaces, and museum visitors, all simultaneously coexisting on the surface of the black mirror. The numbering of the works in the suites results from the above structure. BM2S3, for example, stands for Black Mirror 2, as represented in Suite 3. BM2S2, would be the same pairing, but seen through from the back, as is the case with all images in Suite 2. These numbers are sometimes included in the works' titles, as it may help distinguish different works based on the same pairing.

The artist is extremely grateful to Jerry Blow for the invaluable technical expertise and creative spirit he lent in the production of these photographic suites.

B*lack Mirror/Espejo Negro* es el concepto general y título de tres proyectos de gran escala de Pedro Lasch: una instalación de museo efímera, una edición limitada de treinta y nueve fotografías en cinco suites, así como un libro que reune las primeras dos partes y la respuesta crítica a la obra desde diferentes disciplinas del conocimiento por parte de expertos en cada tema.

Este índice reproduce las treinta y nueve imágenes que conforman las suites fotográficas en su edición de 5. Las dimensiones listadas corresponden únicamente a las fotografías impresas, no a las esculturas originales, ni a los espejos o los pedestales en la instalación. La escala de impresión fue determinada por el artista para mostrar cada obra precolombina con el mismo tamaño de la obra escultórica original, reproduciendo por tanto en las fotografías de la edición limitada de gran tamaño—sobre todo cuando estas son enmarcadas bajo vidrio—la misma relación que las confrontaciones de espejo y escultura tenían sobre el cuerpo del público en el museo durante la instalación original. Cada confrontación o par de una escultura y su pintura correspondiente detrás del espejo tiene un título propio y un número del uno al doce (hubo doce espejos negros en la instalación), pero el mismo par es también el sujeto de varias obras fotográficas. Por esta razón y para registrar las diferentes formas de percepción en juego en la instalación, las fotografías están organizadas en cinco suites. Suite 2 presenta sólamente la vista de las espaldas de las esculturas y los espejos rectangulares negros detrás de ellas. Estas imágenes fueron tomadas intencionalmente sin incluir ningún reflejo. Suite 3 presenta un par a la vez, fotografiado desde ángulos que muestran la relación entre las esculturas precolombinas y los cuadros españoles. Estas fotografías excluyen el reflejo de los espacios y el público, pero muestran el reflejo de las esculturas sobre el vidrio, así como el fantasma de las figuras de los cuadros. Suite 4 da acceso a la complejidad especial de la instalación. Estas fotografías muestran no sólo los reflejos de esculturas y cuadros, sino de espacios enteros y combinaciones de varios pares. Suite 5 concluye la serie al documentar la complejidad total de la situación original. Aquí vemos esculturas, pinturas, espacios y al público mismo en el museo en una coexistencia temporal sobre la superficie del espejo. La numeracíon de las suites es el resultado de esta estructura. BM2S3, por ejemplo, representa al Espejo Negro 2 (por las siglas de "black mirror" en inglés) visto dentro de la suite 3. BM2S2 se refiere al mismo par, pero visto dentro de la suite 2. Estos números a veces se incluyen en el título de las fotografías para distinguir entre obras basadas en el mismo par de escultura y pintura colapsados por el mismo espejo.

El artista está muy agradecido a Jerry Blow por el invaluable conocimiento técnico y espíritu creativo que prestó para la producción de estas suites fotográficas.

SUITE 1 PROCESS SUITE | SUITE DE PROCESO

SUITE 2 BACK VIEW | VISTA POSTERIOR

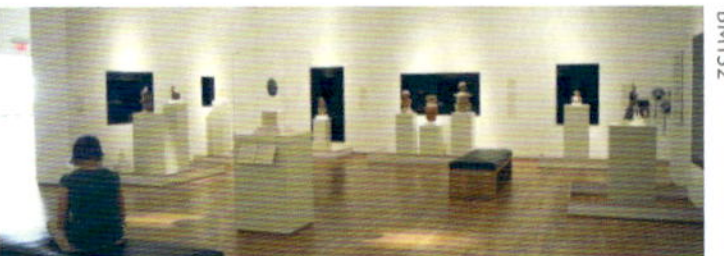
BM1S2

Liquid Abstraction
11 x 30 in.
Abstracción líquida
28 x 76 cm
Page 10

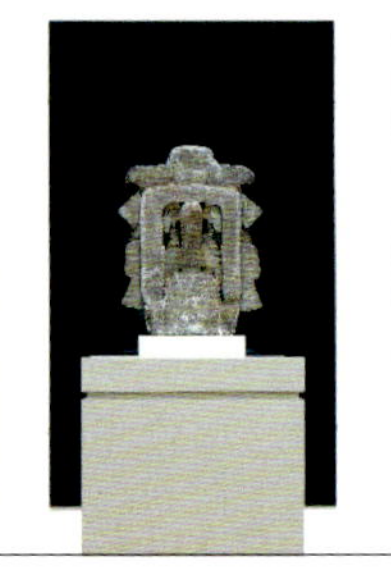
BM2S2

The Smoking Mirror
70 x 50 in.
El espejo humeante
178 x 127 cm
Page 16

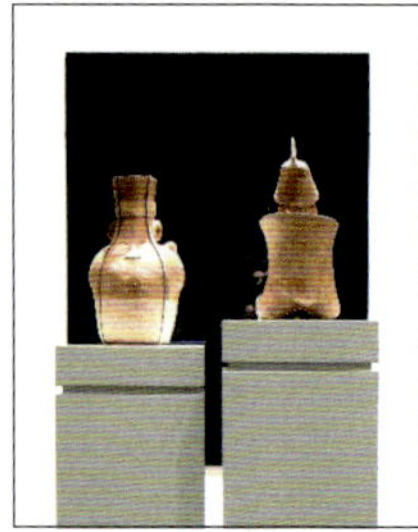
BM3S2

Human Landscape and the Picturesque
48 x 38 in.
El paisaje humano y lo pintoresco
122 x 96.5 cm
Page 18

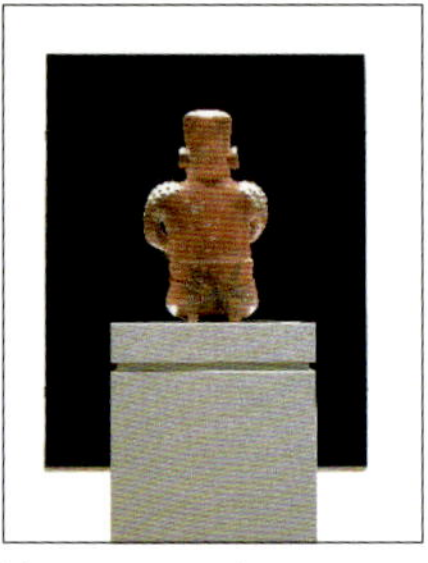
BM4S2

Hypnotism and Necromancy
45 x 34 ⅛ in.
Hipnotismo y necromancia
114.5 x 86.5 cm
Page 22

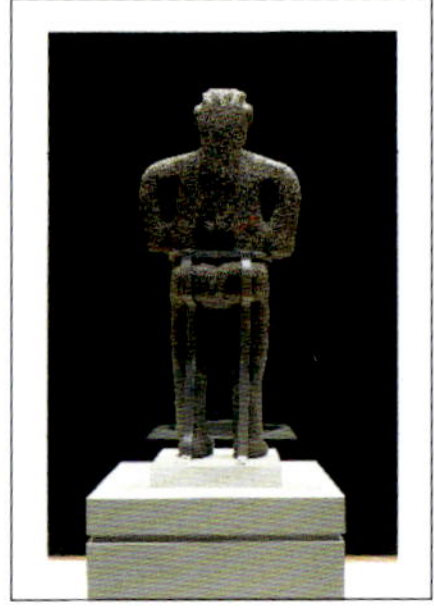
BM5S2

Mimesis and Transgression
71 x 49 in.
Mimesis y transgresión
180.5 x 124.5 cm
Page 24

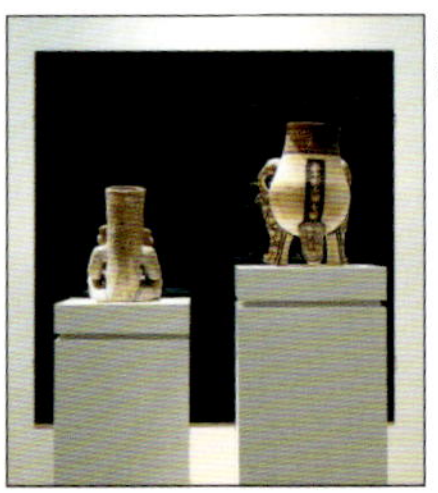
BM6S2

Incest, Narcissism, and Melancholy
50 x 44 in.
Incesto, narcisismo y melancolía
177 x 112 cm
Page 28

SUITE 3 PAINTING-SCULPTURE CONFRONTATION | CONFRONTACION ESCULTURA-PINTURA

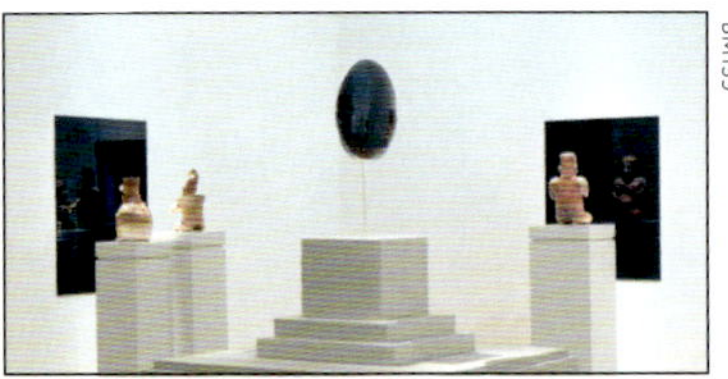
BM1S3

Liquid Abstraction
17 ¼ x 34 in.
Abstracción líquida
45 x 86.5 cm
Page 12

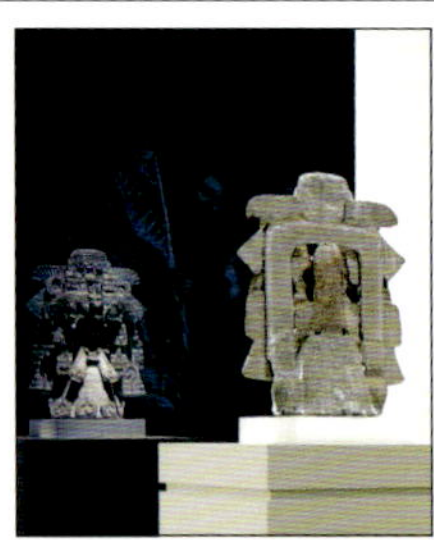
BM2S3

The Smoking Mirror
38 x 31 ¾ in.
El espejo humeante
96.5 x 79.5 cm
Page 17

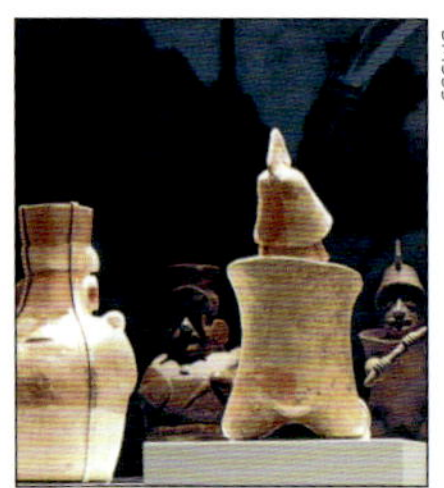
BM3S3

Human Landscape and the Picturesque
27 x 24 in.
El paisaje humano y lo pintoresco
68.5 x 63.5 cm
Page 19

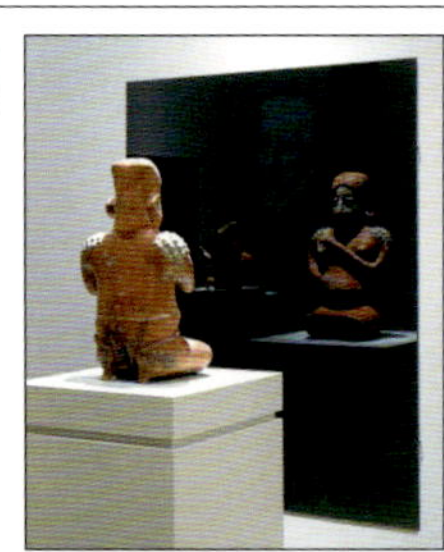
BM4S3

Hypnotism and Necromancy
48 x 39 in.
Hipnotismo y necromancia
122 x 99 cm
Page 23

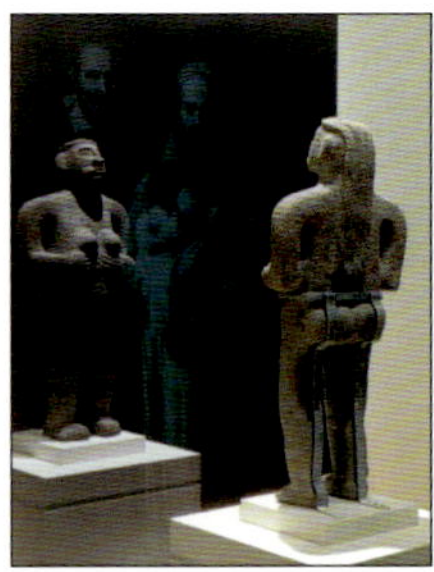
BM5S2

Mimesis and Transgression
54 x 40 ½ in.
Mimesis y transgresión
137 x 103 cm
Page 25

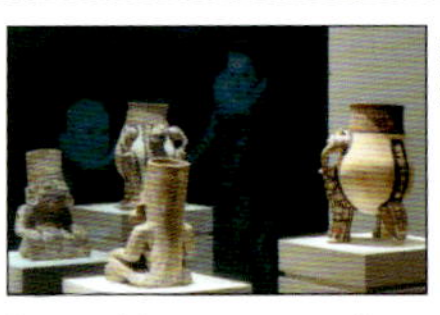
BM6S3

Incest, Narcissism, and Melancholy
35 x 54 in.
Incesto, narcisismo y melancolía
89 x 137 cm
Page 29

SUITE 4 SPACIAL SUITE | SUITE ESPACIAL

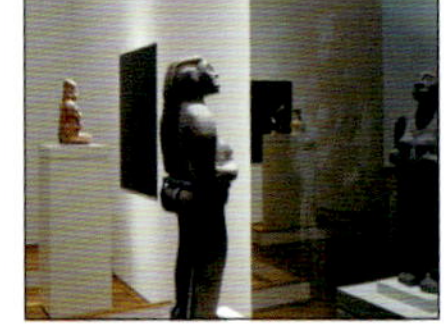
BM5S4

Mimesis and Transgression
53 x 67 in.
Mimesis y transgresión
134.5 x 170 cm
Page 72

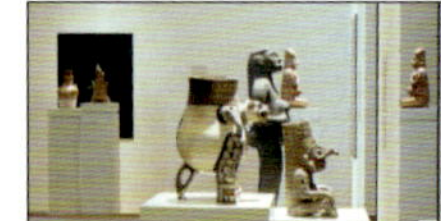
BM6S4

Incest, Narcissism, and Melancholy
33 x 61 in.
Incesto, narcisismo y melancolía
84 x 155 cm
Page xvi

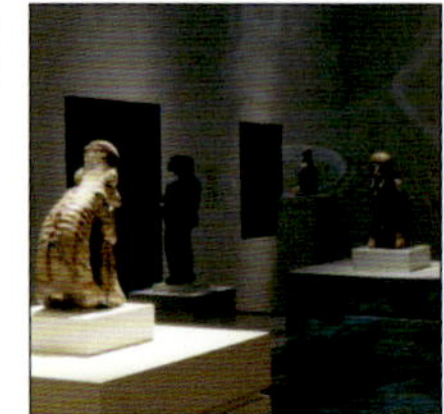
BM7AS4

Blind Taste
21 x 21 in.
Gusto ciego
53.5 x 53.5 cm
Page 62

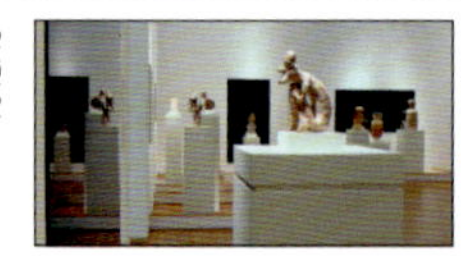
BM7BS4

Blind Taste
36 x 65 ¾ in.
Gusto ciego
91.5 x 167 cm
Page 84

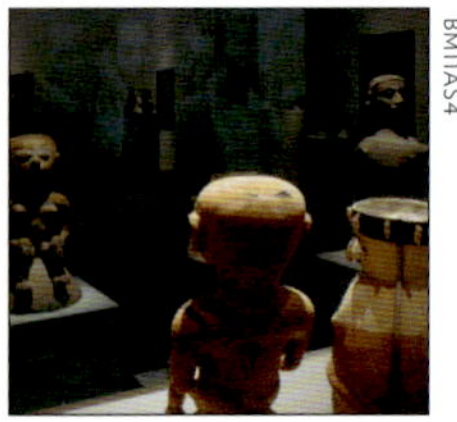
BM11AS4

Expulsion and Return
37 x 38 in.
Expulsión y retorno
94 x 96.5 cm
Page x

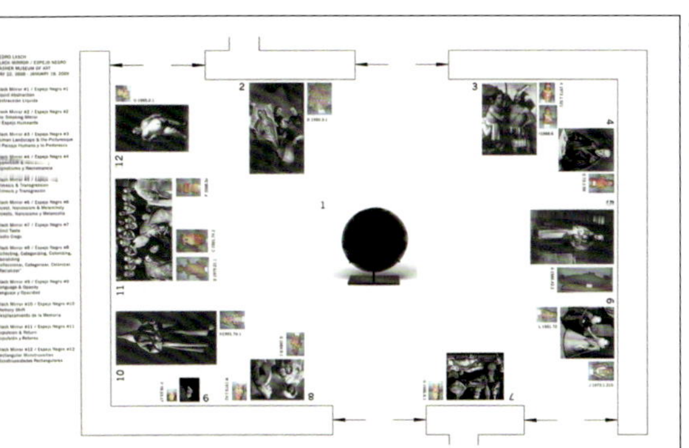

BM51A

Installation Layout and Guide
16 x 25 in.
Plano y guía de instalación
41 x 63.5 cm
Page 104

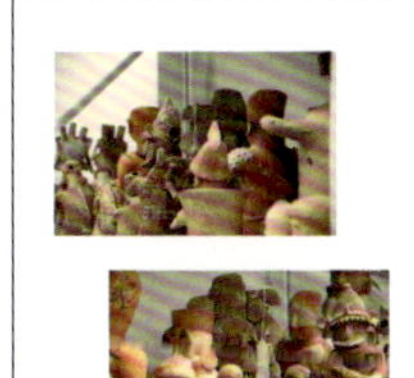

BM51B

Marching from Basement Storage to Upstairs Gallery
28 x 22 in.
Marchando de la bodega del sótano a la galería superior
71 x 56 cm
Pages ii, 108

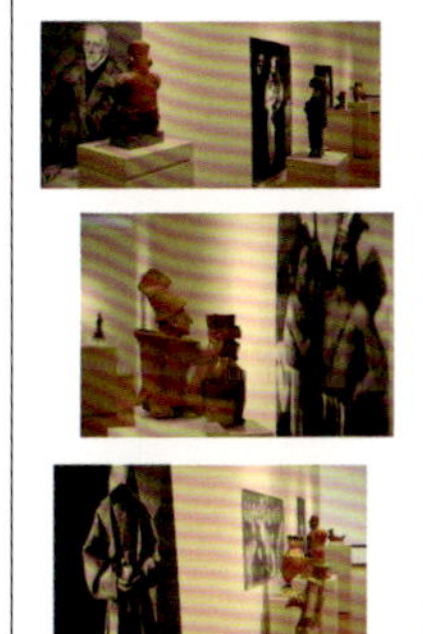

BM51C

Dialogues Before the Dark Glass
32 x 18 in.
Diálogos antes del vidrio oscuro
81.5 x 46 cm
Page 78

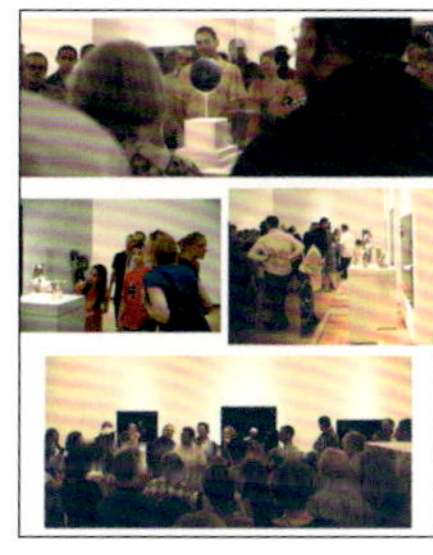

BM51D

Museum Visitors Viewing Installation
28 x 22 in.
Público del museo viendo la instalación
71 x 56 cm
Page xiv

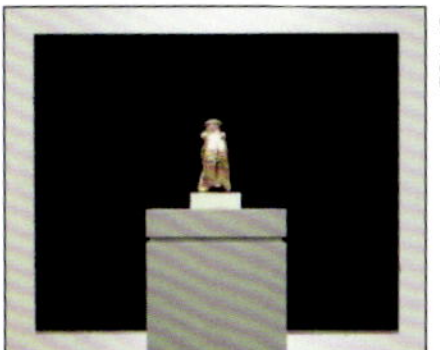

BM7S2

Blind Taste
52 x 60 in.
Gusto ciego
132 x 152.5 cm
Page 30

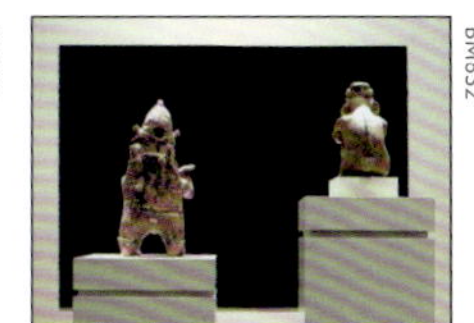

BM8S2

Collecting, Categorizing, Colonizing, Racializing
38 x 49 in.
Coleccionar, categorizar, colonizar, racializar
96.5 x 124.5 cm
Page 34

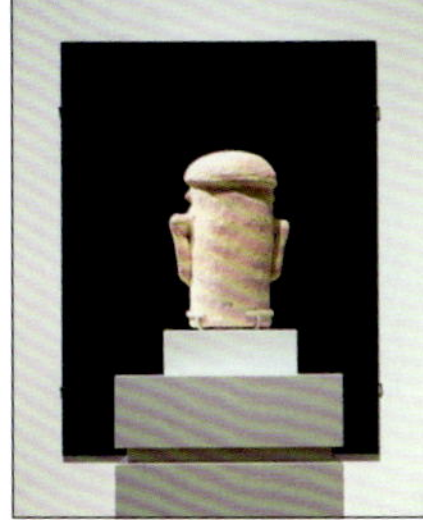

BM9S2

Language and Opacity
28 x 22 in.
Lenguaje y opacidad
71 x 56 cm
Page 36

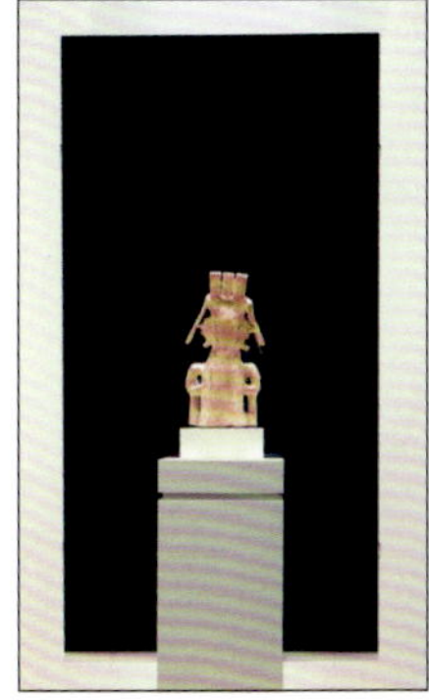

BM10S2

Memory Shift
68 x 40 in.
Desplazamiento de la memoria
173 x 101.5 cm
Page 40

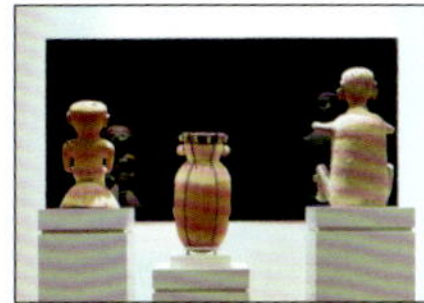

BM11S2

Expulsion and Return
48 x 67 in.
Expulsión y retorno
122 x 170 cm
Page viii

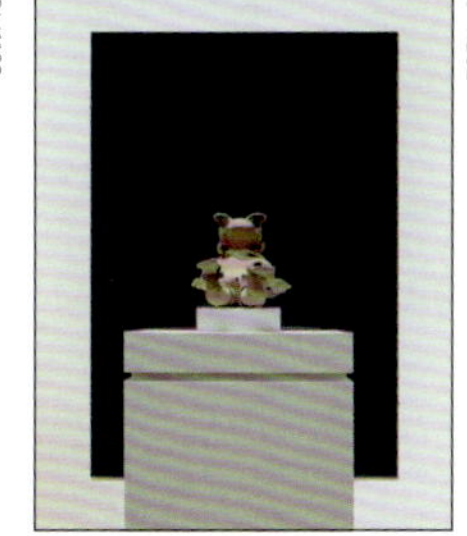

BM12S2

Rectangular Monstrosities
52 x 40 in.
Monstruosidades rectangulares
132 x 101.5 cm
Page 46

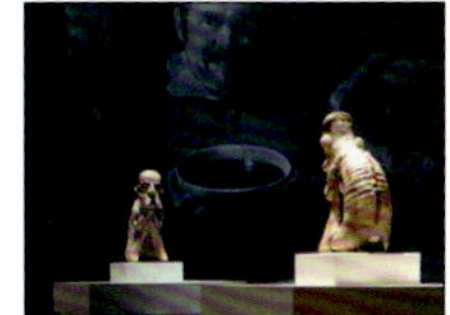

BM7S3

Blind Taste
30 x 38 in.
Gusto ciego
76 x 96.5 cm
Page 31

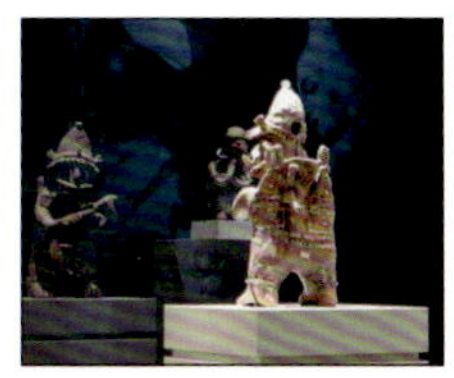

BM8S3

Collecting, Categorizing, Colonizing, Racializing
32 x 49 in.
Coleccionar, categorizar, colonizar, racializar
81.5 x 96.5 cm
Page 35

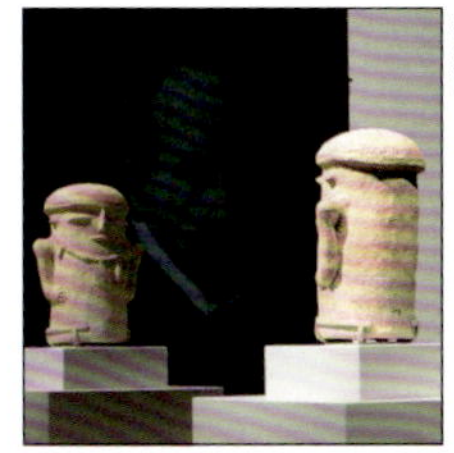

BM9S3

Language and Opacity
18 x 17⅛ in.
Lenguaje y opacidad
45.5 x 43.5 cm
Page 37

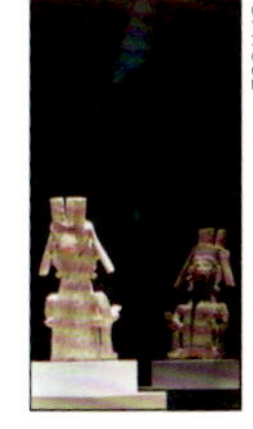

BM10S2

Memory Shift
49 x 25 in.
Desplazamiento de la memoria
124.5 x 63.5 cm
Page 41

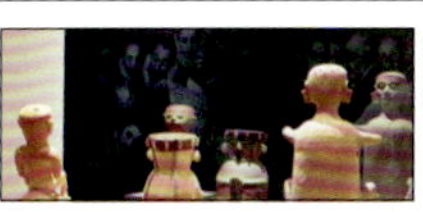

BM11S3

Expulsion and Return
26 x 62 in.
Expulsión y retorno
66 x 157.5 cm
Page 42

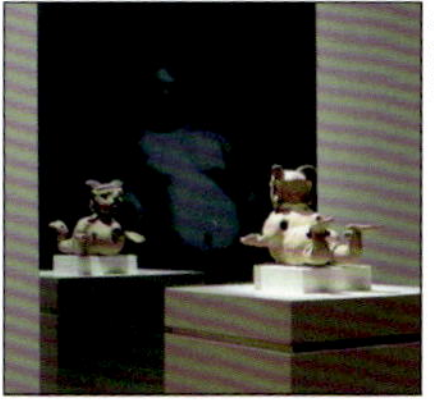

BM12S3

Rectangular Monstrosities
38 x 40 in.
Monstruosidades rectangulares
96.5 x 101.5 cm
Page 47

SUITE 5 SOCIAL CONSTRUCT SUITE | SUITE DE CONSTRUCCION SOCIAL

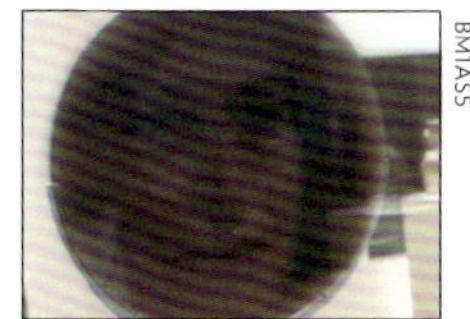

BM1AS5

Liquid Abstraction
12 x 16 in.
Abstracción líquida
30.5 x 40.6 cm
Page 48

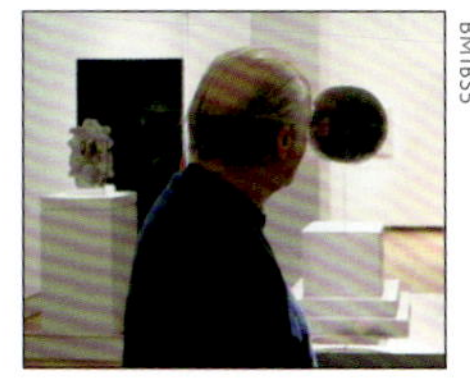

BM1BS5

Liquid Abstraction
24 x 28 in.
Abstracción líquida
61 x 71 cm
Page vi

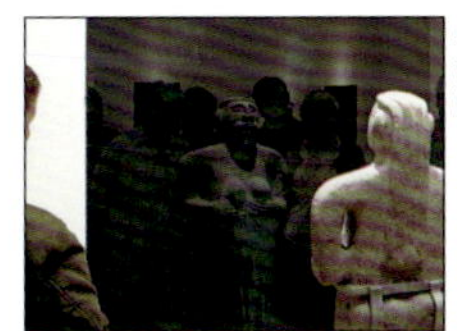

BM5AS5

Mimesis and Transgression
34 x 45 in.
Mimesis y transgresión
86.5 x 114.5 cm
Page 90

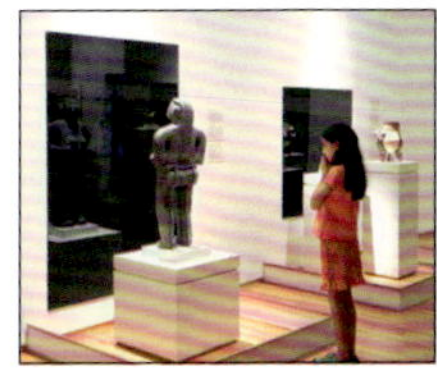

BM5BS5

Mimesis and Transgression
24 x 28 in.
Mimesis y transgresión
61 x 71 cm
Page 68

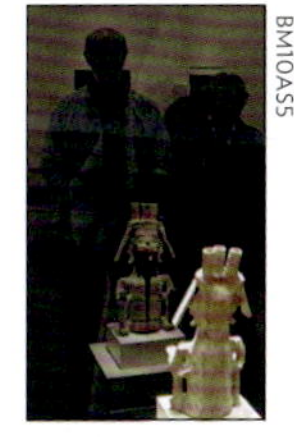

BM10AS5

Memory Shift
43 x 25 in.
Desplazamiento de la memoria
109.5 x 63.5 cm
Page i

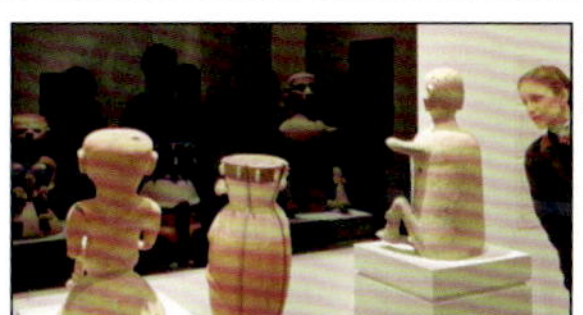

BM11S5

Expulsion and Return
36 x 65¾ in.
Expulsión y retorno
91.5 x 167 cm
Page 54

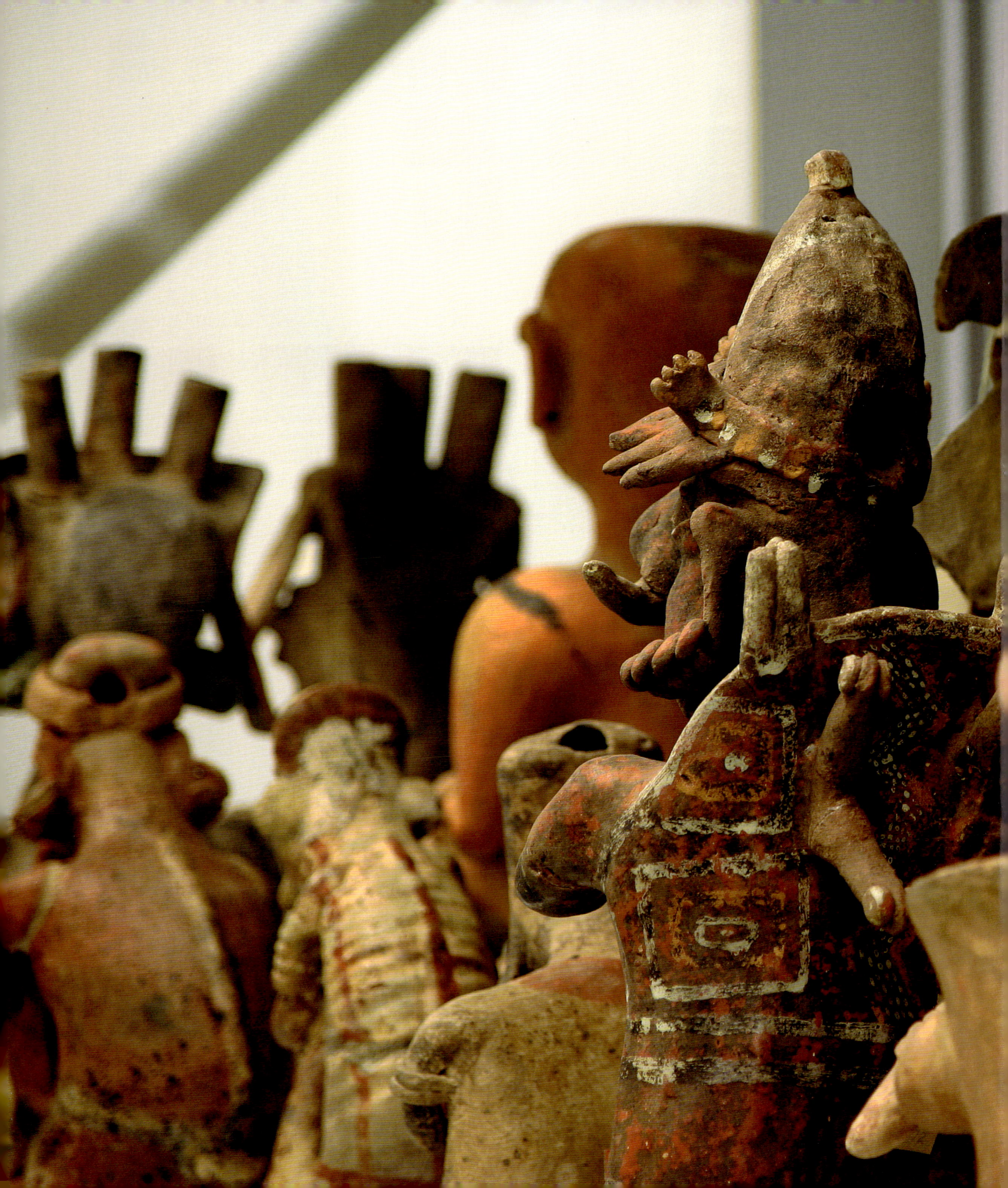

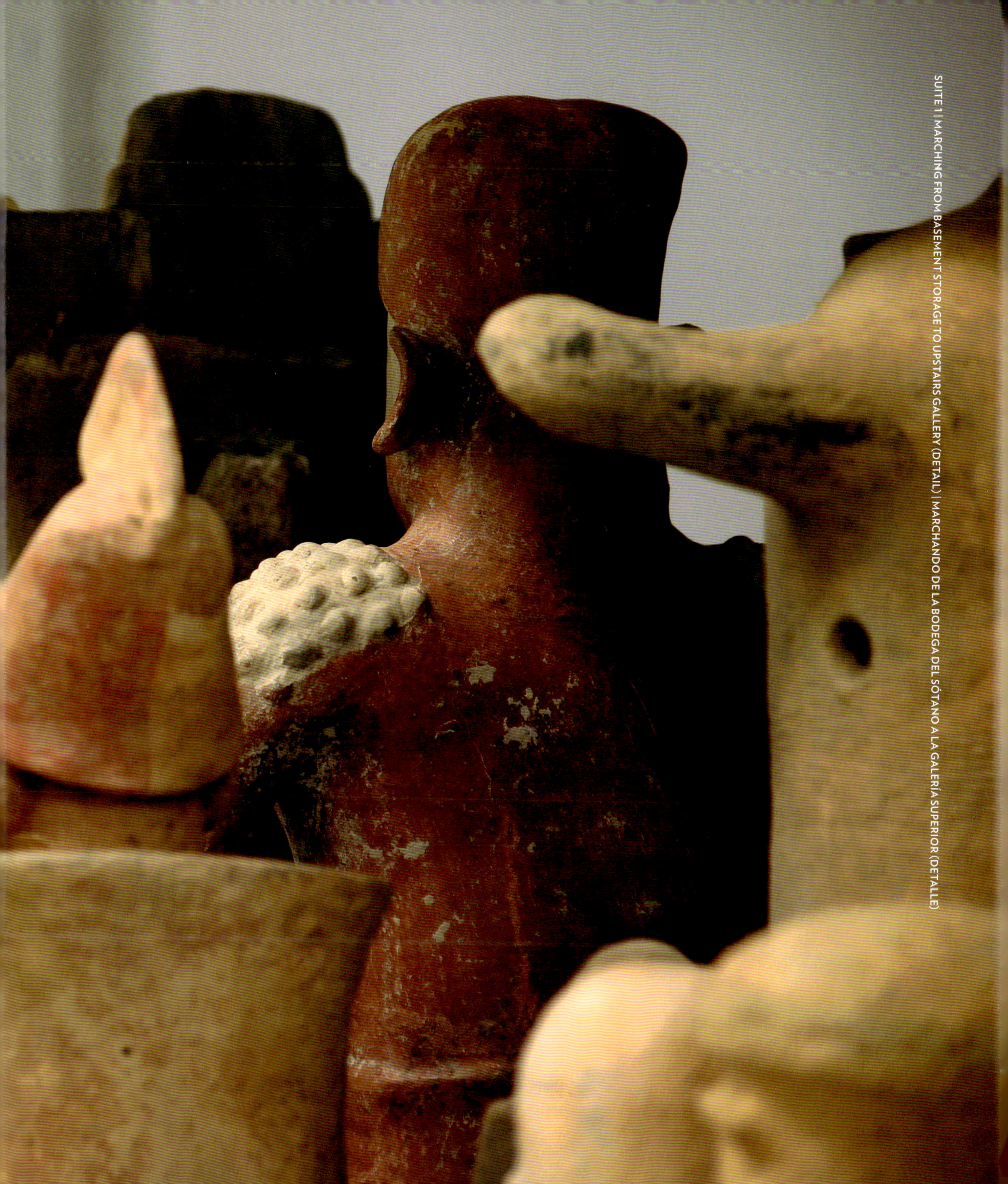

SUITE 1 | MARCHING FROM BASEMENT STORAGE TO UPSTAIRS GALLERY (DETAIL) | MARCHANDO DE LA BODEGA DEL SÓTANO A LA GALERÍA SUPERIOR (DETALLE)

CONTRIBUTORS | CONTRIBUYENTES

SRINIVAS ARAVAMUDAN: author of *Tropicopolitans: Colonialism and Agency, 1688–1804* and *Guru English: South Asian Religion in a Cosmopolitan Language*; editor of *Slavery, Abolition and Emancipation: Writings of the British Romantic Period*, vol. 6, *Fiction* and William Earle's *Obi, or The History of Three-Fingered Jack*; professor, Department of English and the Literature Program; dean of the humanities, Duke University.

JENNIFER A. GONZÁLEZ: author of *Subject to Display: Reframing Race in Contemporary Art* and numerous contributions to art journals, exhibition catalogs, and anthologies, including *With Other Eyes: Looking at Race and Gender in Visual Culture* and *Race in Cyberspace*; chair, History of Art and Visual Culture Department, University of California, Santa Cruz.

PEDRO LASCH: solo exhibitions include *Open Routines* (Queens Museum of Art, 2006) and *Black Mirror/Espejo Negro* (Nasher Museum of Art at Duke University, 2008); group exhibitions at the Baltimore Museum of Art, Walker Art Center, MASSMoCA (United States), Royal College of Art (U.K.), Centro Nacional de las Artes (Mexico), Singapore Art Museum (Singapore), and Gwangju Biennial (South Korea); assistant research professor, Department of Art, Art History and Visual Studies, Duke University.

ARNAUD MAILLET: author of *The Claude Glass: Use and Meaning of the Black Mirror in Western Art*, *Prothèses lunatiques: Les Lunettes, de la science aux fantasmes*; Ph.D., University of Paris; art historian working on literary and aesthetic theory in relation to the Arabic practices of divination; currently teaching in Strasbourg, France.

WALTER MIGNOLO: among his many publications are *The Darker Side of the Renaissance: Literacy, Territoriality, and Colonization*, awarded the Catherine Singers Kovacs Prize, MLA Convention of 1996; *Local Histories/Global Designs: Coloniality, Subaltern Knowledges, and Border Thinking*, translated into Spanish and Portuguese; and *The Idea of Latin America*, recipient of the Frantz Fanon Award from the Philosophical Caribbean Association. His forthcoming book is *The Darker Side of Western Modernity: Global Futures, Decolonial Options*; William H. Wannamaker Professor of Literature and Romance Studies and director, Center for Global Studies and the Humanities, Duke University.

MOLLY RENDA: collaborative book-design projects include Larry Towell, *El Salvador*; Sam Stephenson, *Dream Street: W. Eugene Smith's Pittsburgh Project*; and Kristine Stiles, *Jean Toche: Impressions from the Rogue Bush Imperial Presidency*; art director, *NC State* magazine, NC State University.

PETE SIGAL: author of *From Moon Goddesses to Virgins: The Colonization of Yucatecan Maya Sexual Desire*, as well as numerous essays and writings on pre-Columbian history, culture, and sexuality; editor of *Infamous Desire: Male Homosexuality in Colonial Latin America*; associate professor, Department of History, Duke University.

SRINIVAS ARAVAMUDAN: autor de *Tropicopolitans: Colonialism and Agency, 1688–1804* y *Guru English: South Asian Religion in a Cosmopolitan Language*; editor de *Slavery, Abolition and Emancipation: Writings of the British Romantic Period*, vol. 6, *Fiction*; y William Earle's *Obi, or The History of Three-Fingered Jack*; profesor, Departamento de Inglés y el Programa de Literatura; decano de las humanidades, Duke University.

JENNIFER A. GONZÁLEZ: autor de *Subject to Display: Reframing Race in Contemporary Art* y numerosas contribuciones a publicaciones especializadas, catálogos de exposiciones, y antologías, incluyendo *With Other Eyes: Looking at Race and Gender in Visual Culture* y *Race in Cyberspace*; jefa, Departamento de Historia del Arte y Cultura Visual, University of California, Santa Cruz.

PEDRO LASCH: exposiciones individuales incluyen *Open Routines* (Queens Museum of Art, 2006) y *Black Mirror/Espejo Negro* (Nasher Museum of Art at Duke University, 2008); exposiciones colectivas en el Baltimore Museum of Art, Walker Art Center, MASSMoCA (Estados Unidos), Royal College of Art (Reino Unido), Centro Nacional de las Artes (México), Singapore Art Museum (Singapur), Gwangju Biennial (Corea del Sur); profesor asistente, Departamento de Arte, Historia del Arte y Estudios Visuales, Duke University.

ARNAUD MAILLET: autor de *The Claude Glass: Use and Meaning of the Black Mirror in Western Art, Prothèses lunatiques: Les Lunettes, de la science aux fantasmes*; Ph.D., Universidad de París; historiador del arte presentemente trabajando sobre la teoría artística y literaria relacionada a las prácticas árabes de la adivinación, profesor en Strasburgo, Francia.

WALTER MIGNOLO: entre sus muchas publicaciones están *The Darker Side of the Renaissance: Literacy, Territoriality, and Colonization*, ganador del Catherine Singers Kovacs Prize, de la MLA Convention de 1996; *Local Histories/Global Designs: Coloniality, Subaltern Knowledges, and Border Thinking*, traducido al español y al portugués; *The Idea of Latin America*, galardonado con el Premio Frantz Fanon de la Philosophical Caribbean Association. Su último libro, de próxima publicación, se titula *The Darker Side of Western Modernity: Global Futures, Decolonial Options*; profesor William H. Wannamaker de literatura y estudios romances, director, Center for Global Studies and the Humanities, Duke University.

MOLLY RENDA: sus colaboraciones y proyectos de diseño de libros incluyen Larry Towell, *El Salvador*; Sam Stephenson, *Dream Street: W. Eugene Smith's Pittsburgh Project*; y Kristine Stiles, *Jean Toche: Impressions from the Rogue Bush Imperial Presidency*; directora artística, *NC State* magazine, NC State University.

PETE SIGAL: autor de *From Moon Goddesses to Virgins: The Colonization of Yucatecan Maya Sexual Desire*, así como muchos ensayos y escritos sobre historia, cultura y sexualidad precolombina; editor de *Infamous Desire: Male Homosexuality in Colonial Latin America*; profesor asociado, Departamento de Historia, Duke University.

Black Mirror/Espejo Negro was designed by Molly Renda in collaboration with Pedro Lasch. The book was typeset in Tribute and Verlag and printed in an edition of 2,000 on 130 gsm Hanno Matte Art paper by C&C Offset Printing Co., Ltd., Shenzhen, Guangdong, China.

Black Mirror/Espejo Negro fue diseñado por Molly Renda en colaboración con Pedro Lasch. Este libro fue compuesto con Tribute y Verlag e impreso en una edición de 2,000 sobre papel Hanno Matte Art de 130 gsm por C&C Offset Printing Co., Ltd., Shenzhen, Guangdong, China.